땡큐도가

12인의 리더, 인문의 숲에서 길을 찾다

# 땡큐 도가

구범준
이동훈
오종철
김양곤
양준철
김준범
정장환
김진욱
김종선
하영목
김규동
박치웅

에이치투 h2

## 추천사

몇 년 전 겨울의 일입니다. 설악산의 달마봉 부근을 등산하다가 길을 잃었습니다. 워낙 사람이 찾지 않는 호젓한 길인 데다가 눈까지 덮여 있어서 길을 알아보기가 어려웠습니다. 한참 가는데도 제대로 된 길인지 알 수가 없었습니다. 이때 제법 높은 능선이 보여서 거기에 올라가 서보니 설악동이 보였고 우리 위치를 알 수가 있었습니다. '높은 곳에 올라가야 올바른 길이 보인다.'는 평범하지만 귀중한 지혜를 실감한 셈이지요.

사람이 살아가는 것을 흔히 '길(道)을 간다.'고 표현합니다. 길을 가는 것이 사람의 기본적인 행위일 뿐 아니라, 길을 가면서 여러 가지 일을 경험하게 되어서 이렇게 말하는 것이겠지요. 우리는 살아가면서 종종 길을 잃고 헤맬 때가 있습니다. 우리가 선현들이 넘겨주신 지혜를 열심히 배우고 공부하는 목적은 높이 오르기 위함일 것입니다. 골짜기에서 사람들끼리 뒤엉켜 헤매는 대신에, 홀로 높은 봉우리에 올라 골짜기를 내려다보며 올바른 길을 찾기 위해서지요.

이 책은 이러한 경험을 모아 놓은 지혜와 깨달음의 이야기들입니다. 우리 사회의 각 분야에서 당차게 살아온 필자들은 나름대로 한계에 부딪혀 어려움을 겪다가, 도가(道家)라는 봉우리에 올라 길을 찾은 이야기를 들려줍니다. 대기업 임원, 건설업 경영자, 방송국

간부, 강연기획자, 투자업 경영 등 다양한 분야에서 일한 분들이기에 그 깨달음이 더욱 알차게 느껴집니다. 특히 이 글들의 가장 큰 덕목은 솔직함입니다. 필자들은 자신이 겪은 실패와 어려움을 숨기지 않고 진솔하게 이야기하고 있습니다. 봉우리에 올랐기에 이러한 진솔함이 가능하지 않았을까요?

인문학의 힘은 마음을 높이 오르게 하여 자신을 넘어서는 지혜를 얻게 해주는 데 있습니다. 이 책을 펴냄으로써 배양숙 대표가 시작한 수요포럼 인문의 숲은 다시 한 번 여러 사람들에게 인문학의 힘을 전할 것으로 믿습니다. 이 책이 여러분에게 '함께 높이 올라갑시다!'라는 초대장이 되길 바랍니다.

**윤재윤** 법무법인 세종 대표변호사

## 추천사

창조경제가 박근혜 정부의 화두다. 그러나 창조경제가 뭔지, 어떻게 하는 것이 창조경제를 펼쳐나가는 것인지 제대로 아는 사람은 드문 것 같다. 백인백색의 창조론이 난무하는 이유다.

'창조'는 어느 날 하늘에서 뚝 떨어지듯이 이뤄지지 않는다. 아이들은 냉장고만 열면 맛있는 먹을거리가 튀어나오는 줄 알지만 어른들은 안다, 돈을 지불하고 맛난 걸 사서 넣어 둬야만 비로소 맛있는 게 나온다는 걸.

창조도 마찬가지다. 부지런히 읽고 생각하고 또한 주변의 지식들을 포획해서 머릿속에 넣어두어야 한다. 그렇게 집어넣은 지식과 생각이 버무려지고 삭아서 전혀 다른 성질의 무엇이 나올 때 그게 바로 창조다. 그래서 '창조는 융합에서 나온다.'고 하는 것 아닐까?

수요포럼 인문의 숲 멤버들은 2012년 한 해 동안 노장과 더불어 긴 배움의 여정을 떠났다. '하늘 아래 새로운 것은 없다.'고 하지만 인문의 숲 멤버들은 하나같이 제 인생을 업그레이드할 창조의 지렛대를 하나씩 찾겠다는 각오로 출발했을 것이다. 그렇게 같이 공부한 멤버들이 참으로 대단하게도 익힌 내용에 때론 더하고 때론 곱해서 훌륭한 책을 냈다.

나이로 보면 저자들 대부분이 인생의 후배들이다. 각자 훌륭한 생업이 있어서 촌음이라도 허투루 쓸 수 없는 분들이지만 탐구에 대한 열정과 배운 것을 현실에 적용해보겠다는 일념으로 도전해 멋진 창조물을 선보였다.

이런 작품이 나올 수 있는 계기를 만들어준 이는 배양숙 대표다. 뿐만 아니라 그는 대오가 흐트러지는 것을 챙기고 스케줄을 독려해줬다. 말하자면 그녀는 멍석, 아니 마법의 양탄자를 깔아주고 노장과 더불어 노닐다 가라고 주선해준 셈이다. 그런데, 동문수학한 멤버들 중 이번에 책을 낸 분들만 왠지 노장의 간택을 받은 신선이라도 된 듯하여 샘도 나고 부러워서 견딜 수가 없다.

**전호림** 매일경제신문사 국장

## 들어가는 글

2011년 12월 초, 캠브리지 대학에서 'H$_2$O는 물인가?'라는 주제의 포럼이 열린다는 소식을 듣고 '이게 뭐지?'하는 호기심이 생겼다. H$_2$O는 당연히 물인데 '물인가?'라고 물음표를 붙인 이유가 너무 궁금해졌다. 바로 영국으로 날아갔다.

과학철학자 장하석 교수님의 강연을 들으며, 모두가 당연한 진실로 받아들이는 과학연구의 결과도, 언제든 다시 정의될 수 있다는 사실을 알고 무척 경이로웠다. 기존의 질서에 순응하지 않고, 의문을 제기하고 해답을 찾고자 하는 열정이, 그 지난한 과정이 역사의 방향을 바꾼다는 것이다.

초겨울의 캠브리지 캠퍼스는 세월의 깊이만큼이나 격이 배어나오고 있었다. 방대한 고고학 자료와 예술품을 소장하고 있는 피츠윌리엄 박물관 앞 벤치에서, 상념에 빠져들었다.

지난 세월 어떻게 살아왔는가?
재정전문가로 지내온 17년 동안, 리더들의 삶을 가까이에서 지켜보며 늘 고마움과 안타까움이 함께했다. '고용'이라는 사회적 책임과 기업의 사활을 건 '결정'을 하고, 그 결과에 대한 책임을 고스란히 떠안고 있는 리더들. 기계 한 대로 시작해, 밤잠을 설치며 고군분투하고, 때론 직원들 급여를 마련하지 못해 전전긍긍하면서도 정작 가족들에겐 한 푼도 가져다주지 못하는 그들. 수많은 시련을 극복하며 회사를 성장시키고 이제 여유가 생기는가 싶을 때는, 자녀들에게 마음 써주지 못한 지난날이 '소통 불가'라는 쓰라린 벽으로 다가와 남몰래 한숨 짓는 리더들.

어디 그뿐인가? 기업 환경은 해가 갈수록 녹록치 않다. 유럽 재정 위기 이후, 금융 시장은 여전히 불투명하고, 3%대 저성장 기조가 예상되고, 중국을 위시한 후발 국가들이 추격해 오고 있다. 그야말로 만만치 않은 대내외 경영 환경이 그들을 기다리고 있다.

리더의 결정에는 '고용의 유지와 확대'라는 숭고한 '사회적 책임'이 항상 존재한다. 수많은 변수가 잠복해 있는 불확실성이 팽배한 시대에 '거시적이고 장기적인 안목으로 의사 결정을 할 수 있는 힘은 무엇일까?'라는 질문이 상념의 끝자락을 붙잡고 있었다.

2011년 늦가을, 2012년 경기 전망이 더 어려워질 것이라는 언론 보도들을 접하며 시작한 '지금 리더들에게 필요한 것은 무엇일까? 내가 도울 수 있는 일이 없을까?'라는 고민이, 영국행 비행기에서도 그리고 지금 이곳 벤치에서도 내내 이어지고 있다. 출국 전에 그 '결정'을 도와줄 수 있는 인문학강좌를 준비하자는 첫 그림은 나왔다. 이제 '구체적인 내용을 무엇으로 채울 것인가'를 결정해야 했다.

결국 귀국 비행기 안에서 '수요포럼 인문의 숲'이라는 이름을 찾았고, 첫 이야기를 중국 도가(道家)철학 40강으로 모두 채우자는 결론을 내렸다. 이렇게 무모하리만치 긴 호흡의 강좌가 그들에게 어떤 '씨앗'이 되어, 조직에서 어떤 모습으로 자라날지… 설레고 벅찬 기분이었다.

대한민국은 인문(人文)이라는 거대한 숲가를 가벼운 마음으로 거니는 사람들로 넘쳐나고 있다. 하지만 이제는 조금 더 진지하게 인문의 숲 속으로 들어가야 한다. 창의성과 통찰력을 발휘할 수 있는 사유의 그릇을 본격적으로 키워야 할 때다.

세계는 이제 중국과 함께 울고 웃는 시대가 되었다. 중국 도가철학의 인문 정신을 따라 긴 호흡으로 걷고 나면 인문학적 통찰이 생길 것이다. 세계를 보는 눈, 미래를 예측하는 힘 그리고 미래의 변화를 감당할 수 있는 마음의 근력이, 지구력이 생길 것이다. 리더들은 '위기'를 '기회'로 만들 수 있을 것이고, '고용'은 더욱 확대될 것이다.

리더! '그들을 위해 내가 할 수 있는 일이 무엇일까?'라는 질문에서 비롯된 〈수요포럼 인문의 숲〉, 1년 40주의 긴 여행은 그 길이만큼이나 순탄치 않은 길도, 굽이굽이 벼랑길도, 장밋빛 길도, 행복과 절망도, 때론 낭떠러지도 지나야 했다.

2012년 2월 1일 시작하여 봄, 여름, 가을을 지나고 겨울의 초입, 첫눈이 펑펑 내리던 날 마침내 그 대장정을 마무리 하였다.

그 쉽지 않은 여정을 견딜 수 있었던 것은, 인문의 숲 멤버들의 눈빛 때문이었다. 하루 종일 격무에 시달리고도 강의에 집중하던, 그 형형한 눈빛들이 나를 지켜주었다. 지금도 그 눈빛들은 내 가슴에 생생히 살아 있다. 마지막 수업을 마치고 기운이 다 빠져버린 나에게, 새로운 열정을 갖게 한 것 또한 그들이었다. 그리고 한 언론사 인터뷰를 하며, 한 분 한 분의 후기를 듣게 되었다.

수많은 직원들이 떠나는 회사를 맡아 고생하다, 인문의 숲을 강의를 듣고, 변화된 생각을 경영에 접목하여 3년 적자이던 회사를 흑자로 전환시키고 기뻐하는 대표님, 수요포럼에서 받은 힘으로 세계방송포럼에서 자신 있게 스피치를 하고, 새로운 방송 목표를 정할 수 있었다는 방송국 라디오 부장님, 평생을 일궈온 사업을 잃고 절망에 빠져 있다 도가 수업을 들으며 다시 재기할 수 있었다는 숲 멤버, 늘 정체성을 고민하다 새로운 자신만의 영역을 개척한 방송연예인…. 눈물이 날 만큼 고마웠다.

〈수요포럼 인문의 숲〉이 생각했던 것보다 훨씬 알찬 결실을 맺는 것을 보고, 나는 말로 형언할 수 없는 감동을 받았다. 리더에게 삶의 지침이 되고, 회사경영의 전환점이 되고, 심지어 생사의 갈림길에서 운명을 바꾸는 단초가 되다니, 이 얼마나 경이로운 일인가.
이 작은 기적들 앞에 잠시, 겸허해진다.

'$H_2O$는 물인가?'라는 질문이 과학의 새로운 물꼬를 튼 것처럼, 나의 작은 의문이 그들에게 큰 울림이 되고, 삶을 긍정적인 방향으로 이끄는 현실을 접하며 만감이 교차한다.

〈수요포럼 인문의 숲〉을 함께 여행한 숲 멤버 여러분, 긴 시간 수고해 주신 최진석 교수님, 변함없이 응원해 주시는 삼성생명 박근희 부회장님과 소중한 고객 분들께 마음깊이 감사드린다. 무엇보다 진솔한 자신의 삶과 경영 이야기를 기꺼이 내어준, 12명의 리더들에게 뜨거운 응원과 사랑을 보낸다.
하나의 이야기를 맺고 나는 또 다른 호기심 어린 눈과 상상으로 두 번째 이야기를 시작했다. 그들은 또 어떤 변화를 꿈꿀 것인가?
상상만 해도 가슴이 뛴다.

'땡큐 도가'가 탄생했다.
현재의 리더, 미래의 리더들에게 선물하고 싶다.
자신의 삶을 스스로 이끌어갈 모든 이들에게도….
분 단위로 일정을 소화하는 리더들이, 일과의 고단함을 이겨내며 1년 동안 공부하고, 자신의 삶과 일터에서 일으킨 변화가 생생히 살아 있는 뜨거운 이야기들이다.
이 소중한 이야기들이 독자 여러분에게 또 다른 '씨앗'이 되기를 기원해 본다.

새싹들이 싱그러운 아침, 집무실에서
수요포럼 인문의 숲 **裵洋琡**

## 차례 Contents

**추천사_윤재윤** • 004    전호림 • 006

**들어가는 글_배양숙** • 008

## 포정해우, 삶을 바꾸는 이야기
**구범준** | CBS PD 〈세상을 바꾸는 시간, 15분〉 연출

포정이라는 백정을 만나다 • 020    내 삶을 성장시킨 두 가지 스토리 • 028
세상을 바꾼 15분의 기적 • 037    스토리가 힘이다 • 043    만나야 성장한다 • 047

## 도가, 낯선 여정의 시작
**이동훈** | 동아쏘시오홀딩스 대표이사

도가로의 첫 걸음 • 052    오상아, 나를 내려놓다 • 061
멍청한 상망이 현주를 찾다 • 066    리더는 인하지 않다 • 070
새로운 변화, 행복한 여정을 즐기다 • 077

## 제대로 놀 줄 아는 사람이 이 시대를 리드한다
**오종철** | 소통테이너 '오종철의 톡쇼' 오거나이저

왜 도가 철학의 시대인가? • 084    꽃이 되기보다 진정한 꽃받침이 되리라 • 091
나를 알아차리는 명철함이 소통의 시작이다 • 100
천하를 얻으려면 모순의 경계에 서라 • 105    당장 내가 쉽게 할 수 있는 것에 집중하라 • 108

## 도가에서 북극성을 찾다
**김양곤** | (주)시우이앤씨 대표

살아야 한다, 내 절박한 화두 • 118    비우고, 비우고, 비워라 • 122
아들아, 막거리 한잔 할래? • 135   고통도 행복도 끝나지 않았다 • 140

## 살고 싶다면 나를 죽여라
**양준철** | (주)온오프믹스 대표

자유로운 영혼으로 자라다 • 146    오상아, 살 길이 열리다 • 152
내가, 내 인생의 개발자다 • 162    도가를 만나 삶의 쉼표를 찍다 • 170

## EBS 라디오를 틀면, 도가 보인다
**김준범** | EBS 라디오 부장

노자 선생, EBS 라디오 부장을 살리다 • 180    상식을 뒤집어 길을 찾다 • 190
미꾸라지 용 되는 법 • 196    대한민국을 사랑한 노자 • 208

## 내일은 내일의 태양이 떠오른다
**정장환** | 링크나우 대표

세상과 내 눈에 씌워진 안경 • 214   첫 단추를 잘 끼우는 법 • 218
오상아, 나를 장사지내다 • 225   내려 놓으면 깨닫는 것들 • 232

## 삶의 그릇 건축, 인문학을 만나다
**김진욱** | (주)ANU디자인그룹 도시디자인 본부장

집을 숨 쉬게 하는 디자인 • 242   운명처럼 다가온 건축 • 248
건축, 인문학을 만나다 • 254   형식의 틀을 뛰어넘는 도시 디자인 • 261

## 천하와 몸의 경계에 서서 춤사위를 익히다
**김종선** | (주)루키스 대표이사

40대, 인생의 2막 1장 • 272   인문의 숲에서 거안사위하다 • 276
도가에서 무위의 경영을 배우다 • 288   행복한 공동체를 꿈꾸다 • 295

## 동행, 함께 가야 멀리 간다
**하영목** | (주)비엔이파트너스 대표

내 인생에서 가장 힘들고 보람 있었던 1년 • 304　새로운 변화를 실험하다 • 308
도가의 경영 철학 • 313　자기를 이기는 경영 • 324

## 나의 첫 걸음이 길의 시작이다
**김규동** | 20대 비전커뮤니티 씽유 대표

방황을 끝내다 • 332　나를 버리고, 씽유의 리더가 되다 • 336
리더는 다투지 않는다 • 352　독일로 가는 길 • 360

## 2세 경영인, 영원한 기업을 꿈꾸다
**박치웅** | 선산토건 주식회사 대표

나는 벽돌이었다 • 366　기업이 인문학에 열광하는 이유 • 370
한비자, 신상필벌이 답이다 • 374　도가, 삶의 나침반이 되다 • 391

**후기**_김원택 • 397　최진석 • 400

2012〈수요포럼 인문의 숲〉 멤버 후기 • 403

# 포정해우(庖丁解牛), 삶을 바꾸는 이야기

구범준

1. 포정이라는 백정을 만나다
2. 내 삶을 성장시킨 두 가지 스토리
3. 세상을 바꾼 15분의 기적
4. 스토리가 힘이다 만나야 성장한다

# 포정(庖丁)이라는 백정을 만나다

그의 손이 닿는 곳이나 어깨를 기대는 곳이나 발로 밟는 곳이나 무릎으로 누르는 곳은 푸덕푸덕 살과 **뼈**가 떨어졌다. 칼이 지나갈 때마다 설정설정 소리가 나는데 모두가 음율(音律)에 들어맞았다. 그의 동작은 상림(桑林)* 의 춤과 같았으며 그 절도(節度)는 경수(經首)* 의 절주(節奏)에 들어맞았다.
• 《장자》 양생주편, 김학주 옮김, 연암서가

---

인문의 숲, 도가 수업은 매주 수요일 저녁에 시작했다. 회사일 때문에 매번 참여할 수는 없었지만 수업에 갈 수 있는 날이면 마음이 설레었다. 그 두근거림은 오랜만에 학생으로 돌아가는 즐거움 때문이기도 했지만 사실 도가 철학이 전해주는 삶에 대한 놀라운 통찰을 배울 수 있다는 기대 때문이었다.

그날도 부랴부랴 하루 일과를 마무리하고 서둘러 교실로 향했다. 마음이야 들떠 있었지만 하루 업무를 고스란히 받아낸 몸은 피곤하기만 했다. 자리에 앉자마자, 숨쉴 틈도 없이 장자 철학 여덟 번째 강의가 시작되었다. 장자의 양생주편. 장자는 각 장이 모두 우

---

상림(桑林): 은나라 탕왕이 상림이라는 땅에서 기우제를 지낼 때 추었던 춤.
경수(經首): 요 임금 때의 음악이라고 전해지는 함지곡의 한 악장.

화 같은 이야기로 구성되어 있다. 그 양생주편에 등장하는 첫 주인공이 포정이라는 백정이다. 몽롱하던 정신이 서서히 깨어났다.

한 백정(白丁)이 문혜왕(文惠王)을 위하여 소를 잡은 일이 있었다. 그의 손이 닿는 곳이나 어깨를 기대는 곳이나 발로 밟는 곳이나 무릎으로 누르는 곳은 푸덕푸덕 살과 뼈가 떨어졌다. 칼이 지나갈 때마다 설겅설겅 소리가 나는데 모두가 음율(音律)에 들어맞았다. 그의 동작은 상림(桑林)의 춤과 같았으며 그 절도(節度)는 경수(經首)의 절주(節奏)와 통하였다.
문혜왕이 말하였다.
"아아, 훌륭하다. 재주가 어찌 이런 지경에까지 이를 수 있는가?"
포정이 칼을 놓고 대답하였다.
"제가 좋아하는 것은 도(道)로 재주보다 앞서는 것입니다. 처음 제가 소를 잡았을 적에는 보이는 것이 모두 소였습니다. 그러나 3년 뒤에는 완전한 소가 보이는 일이 없어졌습니다. 지금에 이르러서 저는 정신으로서 소를 대하지 눈으로는 보지 않습니다. 감각의 작용은 멈춰 버리고 정신을 따라 움직이는 것입니다. 천연(天然)의 조리(條理)를 따라서 큰 틈을 쪼개고 큰 구멍을 따라 칼을 찌릅니다. 소의 본래의 구조에 따라 칼을 사용하므로 힘줄이나 질긴 근육에 부닥뜨리는 일이 없습니다. 하물며 큰 뼈에야 부딪치겠습니까?
훌륭한 백정은 1년마다 칼을 바꾸는데 살을 자르기 때문입니다. 보통 백정들은 달마다 칼을 바꾸는데 뼈를 자르기 때문입니다. 지금 저의 칼은 19년이 되었으며 그 사이 잡은 소는 수천 마리나 됩니다. 소의 뼈마디에는 틈이 있는데 칼날에는 두께가 없습니다. 두께가 없는 것을 틈이 있는 곳에 넣기 때문에 횅하니 칼날을 움직이는데 언제나 반드시 여유가 있게 됩니다.

그래서 19년이 지나도 칼날은 새로 숫돌에 갈아 놓은 것과 같은 것입니다. 비록 그렇다 하더라도 뼈와 살이 엉긴 곳을 만날 때마다 저도 어려움을 느끼게 됩니다. 조심조심 경계를 하면서 눈은 그 곳을 주목하고 동작을 늦추며 칼을 매우 미세(微細)하게 움직이게 됩니다. 그러면 후두둑 뼈와 살이 떨어져 흙이 땅 위에 포개지듯 쌓입니다. 그리고 칼을 들고 서서 사방을 둘러보며 만족스런 기분에 잠깁니다. 그 후에는 칼을 닦아 잘 간수해 둡니다."

문혜왕은 말했다.

"훌륭한지고! 나는 백정의 말을 듣고서 삶을 기르는 방법을 터득하였다."

나는 어떤 생각이 들면 머릿속으로 그 장면을 그려보는 버릇을 가지고 있다. 어린 시절부터 그림 공부를 하며 생긴 습관이다. 나는 포정의 마지막 대사로부터 선명한 이미지 하나를 떠올렸다.

"그리고 칼을 들고 서서 사방을 둘러보며 만족스런 기분에 잠깁니다."

(Low shot 아래로부터 올려 보는 시선에서)

포정은 두 팔을 살짝 벌린 채 당당히 서 있다.

칼을 든 손은 소의 마른 피와 기름으로 번들거린다. 다른 한 손은 칼을 쥐지만 않았을 뿐 칼을 쥔 손과 정확히 대칭을 이루고 있다.

쉴 틈 없이, 물 흐르듯이 몸을 움직인 탓에 호흡은 약간 거칠다.

하지만 사방을 천천히 둘러보는 눈빛에는 한 치의 흔들림도 없다.

어디선가 불어온 바람이 포정의 머리카락을 흔든다.

동물의 살과 뼈를 가르고 바르는 백정은 세상이 천하게 여기는 사람이다. 하지만 여기 이 포정의 당당한 모습 어디에서도 천대받는 사람의 억울함이나 열등감은 찾아볼 수 없다. 오히려 그가 일을 마치고 세상을 바라보는 눈빛으로부터 무한한 자기신뢰와 자유로움이 느껴진다. 그리고 수천 년 전에 살았던 한 백정의 이미지가 뇌리에서 사라질 무렵, 내게 떠오른 마지막 생각은 부러움이었다.

나는 지금 세상을 향해 어떤 자세와 눈빛으로 서 있는가.

## 삶과 일은 함께 성장한다

우리의 삶에는 끝나는 곳(낭떠러지), 한(涯)이 있으나 앎에는 한(涯)이 없다. 한(涯)이 있는 삶을 가지고 한(涯)없는 앎을 뒤좇음은 위태로운 일이다. 그런데도 앎을 추구하는 자가 있다면 위태로울 따름이다.

•《장자》양생주편, 김학주 옮김, 연암서가

종종 사람들은 한 분야의 일에 통달해, 달인의 경지에 이른 사람의 사례로 '포정해우(庖丁解牛)'를 이야기한다. 하지만 '포정해우'는 좀 더 깊은 의미를 전하는 이야기이다. 장자는 양생주 편에서 유한한 생명을 지닌 인간이 무한한 지식에 얽매여 자신의 본성, 생명력에 손상을 입는다고 역설하고 있다. 장자는 지식과 이념에 종속되지 않고, 자신이 삶의 주도권을 쥐고 능동적 주체로 살아갈 것을 권한다. 포정은 장자가 말하는 도(道)를 통해 자연의 이(利)를 체득한 능동적 주체의 대표적인 사례로서 등장하는 것이다. 따라서 포정을 최고의 테크닉을 가진 백정이라고만 볼 것이 아니라 그가 삶에 대해 어떤 태도를 지녔는지, 그리고 어떻게 자신의 일과 삶을 함께 성장시켰는지 생각해 볼 필요가 있다.

세계적인 유명인사가 된 세계은행 김용 총재의 성공 뒤에는 어머니의 훌륭한 교육이 있었다는 것은 널리 알려진 사실이다. 어느 여성 잡지에서 김용 총재의 어머니 전옥숙 여사의 자녀 교육법에 관한 인터뷰 기사를 읽었다. 그 인터뷰에서 전옥숙 여사는 이렇게 말했다.

"아이와 엄마는 함께 커요. 아이들이 저를 더 현명하고 사려 깊은 사람으로 만들죠. 엄마들은 모든 것을 잘할 필요도, 세상에서 가장 현명할 필요도 없어요. 아이들을 만들려고 하지 말고, 아이들이 당신을 만들도록 해야 해요."

이미 모든 것을 잘하는 '나'보다 잘 하려는 '나의 태도'가 더 많은 것을 가져다 준다. 마음껏 자라는 아이들이 훌륭한 '엄마'를 만든다. 자녀 교육만의 이야기가 아니다. 그와 같은 태도가 일과 삶을 함께 성장시킨다.

### 자기신뢰와 열정

도가 수업 중에 들은 흥미로운 이야기가 있다. 서구의 대다수 유명기업이 직원을 뽑을 때 반드시 평가하는 두 가지 항목이 있다고 한다.

바로 컨피던스(confidence)와 인테그러티(integrity)이다. 두 단어 모두 우리말로 옮기면 실제 영어권 사람들이 사용하는 의미를 온전히 전달하기 어렵다.

우선 컨피던스는 우리말로 자신감, 신뢰, 확신 등으로 번역되는데 실제로는 더 큰 말의 느낌을 갖는다. 자신감이란, 보통 자신이 해낸 일이 좋은 평가를 받았을 때 갖게 되는 자기 능력에 대한 믿음을 뜻한다. 그렇다면 경력사원이면 모를까, 이제 막 출발점에 선 신입사원에게 요구할 덕목이 될 수 없는 것이다. 그래서 컨피던스는 자신감보다 좀 더 큰, 자신과 삶에 대한 적극적인 태도에 가깝다. 내가 누구인지, 또 무엇을 욕망하는지, 그 욕망을 위해 어떤 길을 가야 할지를 아는 것. 이것은 바로 기존의 관습이나 지식에 얽매이지 않는 능동적 주체의 중요한 속성이기도 하다.

흔히 온전함, 도덕성, 진실성 등으로 번역되는 인테그러티는 바로 컨피던스를 가진 사람이 지닌 통합적 힘을 의미한다. 표리일체(表裏一體), 겉과 속이 하나인 상태다. 자신의 생각을 행동으로 옮길 수 있는 능력과 열정을 포함하는 단어이다. 그래서 나는 이 두 단어, 컨피던스와 인테그러티를 묶어 '자신에 대한 신뢰와 삶에 대한 열정'이라고 표현하고 싶다.

## 무기력을 이기는 힘

조직이나 개인의 성장을 방해하는 가장 큰 적은 무기력이다. 시스템의 한 부품일 뿐이라는 자괴감, 혼자 힘으로는 아무것도 바꿀 수 없다는 좌절감, 노력해도 소용없다는 냉소, 이 모든 부정적인 감정 상태가 체화되어 나타나는 무기력은 스스로의 삶을 찾아가는 여정에서 늘 만나는 방해꾼이며 길을 막는 견고한 벽이다. 그리고 사람과 사람, 세대와 세대로 끊임없이 학습되고 전이된다. 이것이 무기력의 가장 무서운 속성이다. 조직 안에서 부정적 태도와 학습된 무기력이 형성되는 과정은 '화난 원숭이 실험(게리 하멜과 C.K. 프라할라드 교수의 논문 중)'에 잘 드러난다.

"실험자는 한 무리의 원숭이들이 있는 우리의 천장에 바나나를 줄로 매달아두었다. 바나나를 본 원숭이들이 그것을 먹으려고 줄을 타고 올라가자 실험자들은 호스로 찬물을 뿌렸다. 깜짝 놀란 원숭이들은 물세례를 받고 바닥으로 떨어졌다. 원숭이들은 다시 바나나를 먹으려고 여러 번 시도했지만 줄을 탈 때마다 번번이 찬물이 쏟아졌다. 그러자 곧 어떤 원숭이도 줄을 타고 오르려 하지 않았다. 그리고 그 뒤로 원숭이들은 아예 바나나를 따려는 시도를 하지 않게 되었다.

실험자는 우리 안의 원숭이 중 한 마리를 새로운 원숭이로 교체했다. 천장에 매달려 있는 바나나를 본 신참 원숭이는 눈을 반짝이며 줄을 타고 올라가려고 했다. 그러자 주변에 있던 고참 원숭이들이 버럭 화를 내며 신참 원숭이를 제지했다. 신참이 올라가서 바나나를 건드리면 자기까지 찬물을 뒤집어쓰게 될 것이기 때문이다…(중략)…실험자는 우리 안의 원숭이를 한 마리씩 교체했고, 결국 우리 안에는 직접 찬물 세례를 받은 경험을 가진 원숭이가 한 마리도 남지 않게 되었다. 그러나 여전히 어떤 원숭이도 바나나를 따 먹으려고 하지 않았다."

• 송인혁,《화난 원숭이들은 모두 어디로 갔을까?》, 아이앤유

'화난 원숭이 실험'은 조직 내에서 부정적인 사고와 무기력이 학습되고 확산되는 양상을 잘 보여주고 있다. 나는 많은 사람들이 원숭이들과 똑같은 상황을 회사 혹은 조직에서 실제로 경험했을 것이라고 확신한다. 현대인에게 이미 이와 같은 무기력은 일상이 되었다.

이 실험을 뒤집어 생각하면, 결국 무기력을 극복하는 것은 개인적 경험과는 무관한 것이 된다. 만약 한 원숭이가 찬물 세례를 견뎌내고 결국 바나나를 따 먹었다면 그 원숭이는 과연 어떻게 그럴 수 있었을까? 전에도 그렇게 해 봤기 때문에? 아니다. 그랬던 경험은 없다. 다만 그 원숭이에게는 남들과 다른 태도와 에너지가 있었기 때문에 바나나를 따 먹을 수 있었을 것이다. 무기력에 맞서는 힘은 경험보다는 삶의 태도와 의지에 가깝다. 그 힘이 바로 컨피던스(confidence)와 인테그러티(integrity), 즉 자기 신뢰와 열정이다.

왜 나는 스스로를 신뢰하지 않을까? 왜 우리는 열정적이지 못할까? 최근에 실패를 경험할 때마다, 내가 나와 조직에 자주 던지는 질문이다. 실패에는 다양한 원인들이 존재한다. 어떤 것은 밖으로부터 또 어떤 것은 내부에서 비롯된다. 하지만 진짜 이유는 항상 내부에 있기 마련이다. 혁신은 자기로부터 시작된다.

# 내 삶을 성장시킨 두 가지 이야기

너는 또 이런 이야기를 듣지 못하였느냐? 옛날에 바다새가 노나라 교외에 와서 내려앉았다. 노나라 임금은 그 새를 맞이하여 종묘로 불러들여 잔치를 베풀고 구소의 음악을 연주하여 즐겁게 해 주고, 쇠고기와 양고기, 돼지고기로 안주를 삼도록 하였다. 새는 눈을 멍하니 뜨고 걱정하고 슬퍼하면서 한 조각의 고기도 먹지 못하고 한 잔의 술도 마시지 못하고서 사흘 만에 죽어 버렸다. 이것은 사람인 자기를 양육하던 방법으로 새를 양육하였기 때문이다. 그는 새를 기르는 방법으로 새를 기르려 들지 않았던 것이다.

• 《장자》 지락편, 김학주 옮김, 연암서가

---

## 신입사원, 대기발령을 받다

나의 삶을 성장시켰던 두 번의 시기가 있었다. 기회는 위기를 통해 온다고 했던가. 두 번 다 내게는 참으로 어려운 시절이었다.

첫 번째 위기는 회사에 갓 입사했을 때였다. 방송국에 입사시험을 치르고 합격한 것이 1997년 12월이었다. 이른바 'IMF사태'로 불리는 경제위기가 최고조에 달했을 즈음이었다. PD 한 명을 뽑는 시험에 300명이 달려들었으니 경쟁률도 꽤 높은 편이었다. 한 달 남짓 수습사원 교육을 받고 있을 때였다. 당시 방송국의 한 간부가 신입사원들을 모아놓고 청천벽력 같은 소식을 전했다. 어려워진 회사 사정 때문에 채용을 취소한다는 말이었다. 우리는 회사 사정이 좋아질 때까지 무보수로 일하겠다고까지 말했다. 그때 그가 대답이라고 내뱉은 한마디는 지금도 잊혀지질 않는다.

"회사는 지금 A4용지 한 장 살 돈도 없습니다."

며칠 뒤 PD, 기자, 아나운서 등 신입사원 전원이 기한도 없는 대기발령을 받았다. 결국 A4용지는 남고 우리는 회사를 떠났다. 대기발령은 채용 취소를 위한 형식적인 과정일 뿐이었다. 당시에는 경제위기를 이유로 명예퇴직은 물론 채용 취소 사태가 곳곳에서 벌어지고 있었다. 대기발령을 받고 내일 당장 채용이 취소된다 해도 어느 누구 하나 항의해 줄 사람도 없었다. 경제위기 속의 세상에서 그 누구도 우리에게 관심이 없었다. 이대로 있다가는 몇 년 동안 백수로 지내야 할지도 모른다는 불안감이 밀려왔다. 가만히 있을 수만은 없는 일이었다.

### 인터넷 신문을 만들다

그 당시는 PC통신이 지고 인터넷이 막 대중의 관심을 받기 시작했던 시기였다. 나는 홈페이지 제작 소프트웨어를 독학으로 익히고, 나름 오랫동안 그림 공부를 했던 이력으로 그럭저럭 모양새를 갖춘 홈페이지를 웹에 띄웠다. 그리고 대기발령 중인 신입동기들을 설득해 취재기사와 우리 방송에 대한 모니터 기사, 칼럼 등을 모아 홈페이지에 싣기 시작했다. 지금으로 이야기하면 일종의 인터넷 신문이었다. 그리고 그것은 일종의 항의였다.

"당신들이 버린 청년들이 이렇게 열정이 있는 사람들이오. A4용지 한 장보다 우선순위에서 밀렸던 청년들이 세상을 이야기하고, 사람들의 관심을 만들 줄 아는 인재들이란 말이오. 그러니 우리를 잊지 마시오. 우리를 다시 불러들이는 것이 좋을 것이오!"

그렇게 몇 개월이 지났을 때 우리가 만든 인터넷 신문 홈페이지가 중앙 일간지에 소개됐다. 동아일보가 '대기발령 예비 언론인들'이 만든 홈페이지를 '이 주의 홈페이지'로 선정하면서 사연도 함께 소개했다. 많은 사람들의 격려가 쏟아졌다. 우리를 잊고 지냈던 회사의 선배들도 곧 좋은 소식이 있을 것이라며 힘을 실어주었다.

그 해 겨울 우리는 드디어 정규직 '사원'으로 발령받았다. 대기발령을 받은 지 꼭 1년 만의 일이었다. 14년이 지난 지금 그때 그 청년들은 중견기자와 PD가 돼 회사의 중추로 활약하고 있다.

과거에는 언론사 입사시험을 '언론고시'라고 불렀다. 시험 과목의 범위도 광대할 뿐더러 경쟁도 치열했기 때문이다. 언론사 지원자들은 삼삼오오 스터디 그룹을 만들고 짧게는 6개월에서 길게는 1년이 넘게 시험 준비를 했다. 첫 시도에 합격하는 사람은 운이 좋은 편이었으며, 대다수는 두 번 세 번 연거푸 낙방하는 것이 오히려 자연스러운 일이었다. 나도 몇 번의 재수 끝에 그렇게 꿈꾸던 방송 PD라는 직함을 얻기 직전이었다. 나는 행복했고, 열심히 해서 세상에 회자되는 멋진 방송 PD로 성장할 것을 꿈꾸고 있었다. 그랬기 때문에 회사의 대기발령 소식은 더욱 충격적이었다. 꽃을 피우기는커녕 싹을 틔우자마자 짓밟히는 기분이었다. 무엇보다 막막했다. 나라마저 망했다는데 조그만 방송국이야 오죽했으랴. 그때는 다른 방법이 없었다. 집으로 가라니 갈 수밖에.

다음날 아침에 일어나 갈 곳이 없다는 사실에 너무 화가 났다. 내가 게을러서도 아니며, 내가 뭘 잘못해서도 아니었다. 무엇보다 나는 자신이 있었다. 잘할 자신이 있는데도 그 일을 못하게 된 것이 억울했다. 하지만 울분을 토한들, 억울함을 호소한들 달라질 것은 없었다. 다른 방법이 필요했다. 뭔가 내가 잘할 수 있다는 걸 그들에게 알려줄 묘책이 필요했다. 뭔가 긍정적인 방식의 저항. 세상 사람들의 눈길을 끌고 동시에 회사의 관심을 얻을 만한 일을 꾸며야 했다. 그래서 생각해 낸 것이 우리만의 인터넷 신문 홈페이지였다.

지금 생각해 보면 당시의 나를 움직였던 힘이 바로 자기신뢰와 열정이 아닐까 싶다. 우리는 언론인으로서 아무 경험이 없었다. 정식으로 기사를 써본 적도 없었고, 누군가를 취재하고 인터뷰하는 일은 서툴기만 했다. 더구나 인터넷 신문으로 만드는 것은 더욱 어려웠다. 당시는 방송 프로그램 홈페이지는커녕 방송사 자체의 홈페이지조차 없을 때였다. 다만 할 수 있다는 믿음과 열정이 대기발령 신입사원들의 '복직'을 가능하게 했던 것이다.

## 무기력한 원숭이로 전락하다

내 삶을 성장시키는 두 번째 기회는 입사 10년차가 훌쩍 넘었을 때 찾아 왔다. 무슨 일이든 10년쯤 하면 권태기가 온다고 한다. 나도 그랬다. 우여곡절 끝에 어렵게 시작하게 된 방송 PD였지만, 그 일이 일상이 되면서부터 설렘은 지루함으로 변했다. 무엇보다 견디기 어려웠던 것은 무관심이었다.

지상파 방송이나 몇몇 메이저 케이블 방송을 제외한다면 대다수 수백 개의 케이블 채널 평균 시청률은 0.5%도 채 넘지 못한다. 그게 종교채널이라면 시청률은 더 형편없다. 이러한 대중의 무관심과 시청자의 외면은 조그만 케이블 방송 채널에 종사하는 방송 PD에게는 견디기 힘든 벽으로 다가왔다. 부끄러운 고백이지만 방송 중에 사소한 편집의 실수가 발견돼도 '설마 누가 봤겠어?'라는 말도 안 되는 자조를 핑계 삼아 못 본 척 지나친 적도 있었다.

하지만 처음부터 그랬던 것은 아니다. 애초에 나는 라디오 프로듀서로 입사했다. 그리고 입사 3년차에 케이블 TV제작부서로 발령받았다. 새로운 기회였던 만큼 좋은 프로그램들을 제작하기 위해 열심히 일했다. 10년 동안 그렇게 애썼다. 하지만 그게 다였다. 이곳저곳을 뛰어 다니고, 밤을 새워 편집하고 제작한 프로그램이 방송에 나가도 기대만큼의 반응은 없었다. 새로운 기획을 하려 해도 제작환경은 열악하기만 했다. 동료들도 모두 지치고 열정을 잃어가고 있었다. 언제부터인가 '방송쟁이'로서 지녔던 꿈은 천장에 매달린 '바나나'가 되었고, 나는 그것을 무기력하게 쳐다만 보는 우리 속의 '원숭이'가 되고 말았다.

## 생존의 위기를 직감하다

동료들과의 저녁 식사 자리에서 사소한 논쟁이 붙었다. 문제는 '지난 10년 동안 우리가 만들었던 프로그램이 담긴 영상 테이프의 총 길이는 얼마나 될까?'였다. 다음날 머리를 싸매고 계산하다 울컥했다. 대략 3,600km. 프랑스를 일주하는 사이클 경기인 '투르 드 프랑스'의 총 연장 거리와 맞먹었다. 지난 10년 동안 우리의 땀과 열정으로 만들어낸 결과물의 길이였다. 그리고 그 길고 긴 테이프들은, 우리도 지금은 기억하지 못하는 수많은 이야기들을 담고 방송국 창고 속에 버려져 있었다.

콘텐츠가 힘이다. 콘텐츠를 가진 자가 승리한다. 최근까지 미디어 산업에서 유행하던 슬로건이다. 물론 지금도 유효하다. 1년 365일 영상 콘텐츠를 만드는 방송사가 그 콘텐츠를 '유통'시키지 못하는 것은 일종의 비극이다. 각종 스마트 기기들의 출현에 따른 기존 미디어채널의 침체, 종교채널이라는 근본적 한계 등을 변명으로 삼더라도, 사람들이 보지 않는 프로그램을 만들고 시장에서 유통되지 않는 콘텐츠를 제작하는 것은 심각한 문제다.

외부인들에게는 어리석고 비효율적으로 보이겠지만, 그 조직에 속한 사람에게는 차라리 '슬프다'고 표현하는 게 맞다. 다가올 새로운 미디어 시장의 경쟁에서 우리와 같은 중소규모의 방송사는 생존확률이 그만큼 낮아질 수밖에 없기 때문이다. 결국 상황은 위기를 넘어서 비극이 될 수도 있는 것이다. 또 다시 대기발령 시절처럼 백수가 될지도 모른다는 두려움이 엄습했다. 10년차의 권태와 무기력 속에서 허우적거릴 때가 아니었다.

**중견사원, 세바시를 만들다**

틀을 깨고 버리는 일이 필요했다. 무엇보다 사람들이 즐겨 보고, 또

시장에서 좋은 가격에 팔릴 수 있는 프로그램을 만들고 싶었다. 제작 환경은 여전히 열악했고 내 무기력의 뿌리도 깊었다. 누군가의 도움을 바라기도 했다. 하지만 나는 신입사원이 아니었다. 이제 조직을 이끌어 가는 중견사원이라는 것을 처음 실감했다. '할 수 있다.'는 말을 수없이 반복하며 자신감과 열정을 스스로에게 불어넣었다. 그렇게 시작된 것이 〈세상을 바꾸는 시간, 15분〉이라는 프로그램이었다.

가장 큰 틀부터 깨야 했다. 종교에 국한된 내용이어서는 안 된다. 케이블 TV의 종교 채널의 시청자는 소수의 중장년층뿐이었다. 그래서 모든 사람들에게 즐겁고 유익한 내용을 담아야 한다. 오히려 우리 방송이 추구하는 신앙의 선함이 드러나지 않게 녹아 있어야 한다. 지금 세상을 사는 사람들의 스토리로 다가서야 한다. 그렇다면 케이블 TV 플랫폼과는 다른 방식이 필요하다. 새로운 프로그램의 방송 플랫폼 역시 누구나 접근 가능하고 편리해야 한다. 나는 유튜브와 같은 웹사이트를 떠올렸다. 그리고 폭발적으로 증가하는 스마트폰 사용자가 이용할 수 있는 모바일 플랫폼이어야 한다. 무엇보다 중요한 것은 누구나 웹과 모바일을 통해서 공짜로 볼 수 있어야 한다는 점이다. 오픈. 그것이 확산의 전제조건이었다.

길이는 짧을수록 좋다. 웹이나 모바일 플랫폼에서 시청하는 것이라면 짧은 내용이어야 한다. 대략 15분 정도. 물론 제작규격은 HD 고화질로 만들어야 한다. 기업교육시장이나 타 채널 등 영상 콘텐츠 시장에서 '유통'시키려면 최신 포맷을 유지해야 하기 때문이다.

때마침 우리 사회는 새로운 강연 문화의 바람이 불고 있었다. 세바시의 원형으로도 볼 수 있는 TED 강연\*이 세계적인 인기를 끌었다. 기존의 강의에 대해 소극적이고 부정적이던 사람들도 전혀 다른 반응을 보였다. 강의를 스스로 검색해 참여하고, 심지어 직접 강연을 기획해 사람들을 모으기도 했다. 이런 분위기라면 새롭게 기획한 짧은 강연 프로그램의 성공을 아주 조금은 확신할 수 있었다.

그러나 앞서 이야기한 새로운 프로그램이 성공하기 위한 조건들은 거꾸로 프로그램을 만들 수 없는 명확한 이유가 됐다. 종교 채널에서 신앙 관련 콘텐츠가 아닌 일반 콘텐츠를 제작하는 것은 채널 정체성에 대한 도전이라고 생각하는 사람들도 있었다. 더구나 우리 방송국에는 HD제작 시스템이 없었다. 장비나 시스템 모두 SD(Standard Definition) 체제였다. HD장비를 모두 임대해서 사용하려면 추가되는 제작비를 감당할 수 없었다. 게다가 돈을 버는 콘텐츠를 만든다면서 시청자에게 모두 공짜로 볼 수 있게 '오픈'한다는 것을 이해하는 사람은 드물었다. 많은 이들이 '이게 되겠냐?'라는 표정이었다. 내가 할 수 있는 말은 '되게 하면 됩니다.'뿐이었다.

드디어 2011년 5월의 어느 날. 15분짜리 프레젠테이션 강연 프로그램인 〈세상을 바꾸는 시간, 15분〉이 첫 공개 강연회를 열었다. 우여곡절 끝에 강연장을 마련하고 관객을 200여 명 정도 모았다. 첫 출연자로 섭외된 여섯 명의 강연자들은, 저마다의 주제를 가지고 각자 15분 동안의 이야기를 관객에게 전했다. 그리고 2주 뒤 〈세상을

---

TED(Technology, Entertainment, Design) 1984년 설립된 미국의 비영리 재단으로 1990년부터 정기적으로 기술, 오락, 디자인에 관련된 강연회를 개최하고 있다. 2005년부터 세상을 바꾸는 아이디어를 가진 3명을 선정하여 TED상을 수여한다.

바꾸는 시간, 15분〉의 첫 번째 강연 영상이 세상에 공개됐다.

객관적인 제작 환경을 고려하면 세바시 기획은 모험에 가까웠다. 예산 기획과 플랫폼 디자인, 그리고 강연기획과 섭외, 제작, 소셜 네트워크 활용과 홍보, 스폰서십 유치, 콘텐츠 유통까지 모든 일을 혼자 결정하고 처리해야 했다. 하지만 나는 즐거웠다. 새로운 도전에 나선 그때, 자기신뢰와 열정이 그 어느 때보다 내 삶에 명확히 드러나고 있었다.

# 세상을 바꾼 15분의 기적

또한 물의 깊이가 깊지 않다면 큰 배를 띄울 만한 힘이 없을 것이다. 한 잔의 물을 웅덩이에 부어 놓으면 곧 지푸라기가 그곳에 배가 되어 뜨지만, 잔을 놓으면 땅에 붙어버릴 것이다. 물은 얕은데 배가 크기 때문이다. 바람의 쌓임이 두껍지 않다면 거기에 큰 날개를 띄울 힘이 없을 것이다. 그러므로 구만 리나 올라가면 바람이 그만큼 아래에 있게 되어 그렇게 된 다음에야 이제 바람을 탈 수 있게 된다. 푸른 하늘을 등짐으로써 아무런 거리낌이 없게 된 다음에야 이제 남쪽으로 날 수 있게 되는 것이다.

•《장자》소요유편, 김학주 옮김, 연암서가

---

### 세바시를 둘러싼 기적 같은 일들

프로그램을 시작한 지 만 1년 무렵이 됐을 때였다. 백화점 식당에서 옆자리에 앉은 두 젊은 여자의 대화가 들렸다.

"세바시 봤어? 그거 되게 재미있지?"

"맞아, 나도 봤어."

"진짜 좋은 거 같아, 세바시."

명색이 14년차 방송PD는 생면부지 사람들이 자기 프로그램을 칭찬하는 것을 처음으로 들었다. 내색은 안 했지만 뛸 듯이 기뻤다. 마음 같아서는 그 두 여성분들에게 "그 프로그램 담당피디가 전데 말이죠."라고 당장 나서서 자랑하고 싶었다. 그리고 밥값이라도 대신 내 주고 싶었다.

그 즈음 세바시는 이미 많은 사람들이 즐겨보는 강연 콘텐츠가 돼 있었다. 지하철이나 버스에서 스마트폰으로 세바시 영상을 보는 사람들을 심심치 않게 만날 수 있었다. 초기에는 500석의 드넓은 콘서트 홀을 어떻게 채울 것인가가 가장 큰 고민이었다. 하지만 이제는 자리가 모자라 관객들이 서서 강연을 들어야 할 정도가 됐다. 정기 강연회 관객 모집을 공고하면 한 주 만에 정원을 넘어서 600명에서 700명이 참여 신청을 했기 때문이다.

세바시 영상 콘텐츠는 다양한 사람들에게 활용되고 있다. 특히 교사들의 인사를 많이 받는다. 학생들에게 정말 좋은 교육 콘텐츠라고 말하고 있다. 오전 수업 시작 전에 15분 동안 세바시를 시청하는 교실도 늘어갔다. 많은 사람들이 출근길이나 점심시간, 혹은 취침 전에 세바시를 '복용'한다. 심지어 군인들에게도 인기다. 지난해 한 병사가 강연장으로 직접 찾아왔다. 그 병사는 강원도에 있는 한 포병 대대 소속의 상병이었다. 그 상병은 내게 손으로 쓴 글이 빼곡히 채워진 노트를 보여주며 이렇게 말했다.

"중대장님에게 임무를 부여 받고 오늘 여기에 왔습니다. 저희 부대에서는 점오 전에 매일 세바시를 함께 시청하고, 느낀 점을 이렇게 노트에 적고 있습니다. 그래서 부대원들이 직접 관람하는 게 소원인데, 저희 부대로 오셔서 강연회를 해 주실 수는 없겠습니까?"

나는 처음에는 반신반의했다. 하지만 곧 병사를 내게 급파한 중대장과 통화하면서 그 모든 이야기가 사실임을 확인했다. 걸그룹의 뮤직비디오가 아닌 강연 영상을 애청하는 군부대가 있다는 것도 놀라웠지만, 세바시가 이렇게 다양한 사람들에게 좋은 영향을 주고 있다는 사실에 정말 마음이 뿌듯했다.

방송 3년차로 접어든 최근에는 더욱 놀라운 일들이 일어난다. 지난 1월의 어느 날 한 교도소의 교도관으로부터 한 통의 이메일을 받았다. 수감자들을 위한 직업교육훈련 프로그램에 사용하기 위해 세바시 영상 콘텐츠를 제공해 줄 수 있겠느냐는 요청을 담은 내용이었다. 세상에, 이제 수감된 재소자들까지도 세바시를 본다니! 처음 이 프로그램을 만들기 시작했을 때는 정말 상상도 할 수 없었던 일들이 현실로 벌어지고 있었다. 시청자의 관심이 그리웠고, 아무리 애써 봐도 그 관심을 얻을 수 없었던 한 방송 PD에게 세바시를 둘러싸고 일어나는 모든 일이 기적과 같았다.

세상 사람들의 관심뿐만이 아니었다. 세바시 영상 콘텐츠가 처음 공언한 대로 시장에서 '유통'되기 시작했다. 고화질의 짧은 미니 강의. 게다가 우리 사회 다양한 영역의 메신저들이 전하는 진정성 있는 이야기들. 세바시의 형식과 교육적인 내용이 높은 상품성을 인정받기 시작한 것이다. 공교육 시장은 물론 기업에서 직접 구매하는 사례도 점차 늘어났다.

또 강연회를 직접 후원하겠다는 기업도 늘고 있다. 세바시 강연회와 콘텐츠에 대한 수요가 현저히 증가하면서, 광고 홍보 전략의 일환으로 세바시와 제휴를 원하는 기업과 기관의 요청도 들어왔다.

며칠 전에 모 건설회사의 홍보팀 과장으로부터 전화가 왔다. 그는 짧게 자기소개를 마치고 전화 받는 사람이 세바시 담당피디가 맞느냐고 물었다. '그렇다'는 나의 짧은 대답에 이어 그는 약간 떨리는 목소리로 말을 이었다. 그 내용은 내 예상을 저만치나 빗나갔다.

"매일 출근할 때마다 세바시를 보고 있습니다. 그러다 보니 제 태도가 바뀌더라고요. 제가 바뀌니까 아내도 변화됐습니다. 지금 우리 가정은 전과는 전혀 다른 가정이 됐습니다. 이런 좋은 프로그램을 만들어주셔서 고맙습니다."

감동이었다. 구체적으로 어떤 변화가 있었는지 묻지 않았다. 직접 제작자를 찾아 인사를 건네는 분에게 꼬치꼬치 캐묻고 싶지 않았다. 그냥 너무나 고마울 뿐이었다. 그리고 그가 단순히 인사만을 전하기 위해 전화를 걸어온 것은 아니었다.

그의 회사는 유명 건설사였다. 홍보 전략을 담당하는 그는 평소 즐겨보는 세바시와의 제휴를 염두에 두고 있었다. 큰돈을 들여 지상파 인기 프로그램의 광고 시간을 사는 것만으로는 더 이상 소비자의 마음을 얻을 수 없다고 했다. 단순히 브랜드를 알리는 것보다는, 소비자들과 소통하고 사람들에게 회자되는 이야기 속에 자사의 브랜드를 녹여내야 한다는 것이다. 그는 세바시와 함께 아파트 주민 특히 주부들을 위한 인문학 강연회를 만들자고 제안했다. 한 시청자의 경험이 비즈니스로 이어지는 순간이었다. 사실 세바시의 수익 모델 중의 하나는 기업이나 기관이 제작비와 일정 수익을 제공하고 만들어지는 공동기획 강연회이다. 그리고 놀라운 점은, 외부 스폰서십 계약이 대부분 개인적인 호감에서 비롯된다는 사실이었다.

세바시는 따로 영업하지 않아도 손님이 찾아오는 가게가 되었다.

▶ 〈세상을 바꾸는 시간 15분〉 강연회 공개 녹화현장

## 도가철학, 삶을 통찰하게 하다

예전에 누군가 내게 "평생 걸어갈 길이 무엇이냐?"고 물었다면, 솔직히 답을 할 수 없었다. 해봤자 두루뭉술하게 지금 하는 일을 계속 하겠다거나 그림을 그려보겠다는 다소 엉뚱한 노년의 여가 이야기 정도였을 것이다. 하지만 지금은 답할 수 있다.

세바시를 통해 얻은 경험과 만나는 모든 인연들이 내게 가야 할 명확한 길을 알려주었다. 그리고 도가 철학이 전해 준 삶에 관한 통찰이 그 길을 볼 수 있게 했다. 그 길은 낭만적인 이상도 아니고, 계산적인 현실도 아니다. 내 삶의 정신적이고 물질적인 성장을 동시에 그리고 균형 있게 도모할 수 있는 길이다. 그 여정은 사람들에게 선한 영향을 끼치고 세상을 긍정적으로 변화시키겠다는 도전을 품고 있다. 새로운 도전이, 내 삶이라는 무대 뒤편에서 등장을 준비하고 있다.

〈세상을 바꾸는 시간, 15분〉은 사람들의 삶을 바꾸고 그래서 세상을 바꾸기 전에 이미 나의 삶을 바꾸고 있다. 처음 기획할 때부터, 지금의 모든 '성공'을 확신할 수는 없었다. 다만 '성공'을 위해 가능한 조건들을 집중했을 뿐이다. 심플한 강의, 고화질의 영상, 짧은 시간, 다양하고 혁신적인 주제들, 웹과 모바일 플랫폼 유통은 이른바 '스마트 시대'라 불리는 최근 사회의 성격에 부합하는 속성들이었다. 그러나 어느 하나 확실한 것은 없었다.

단 하나 확실한 것이 있었다면 나의 태도였다. 왜 이 프로그램을 만들어야 하는지, 그리고 어떻게 만들어 나갈지를 결정했다. 그리고 밀고 나갔다. 내 생각과 판단을 믿어주는 것, 그 믿음을 현실로 바꾸려는 노력만이 내게 주어진 확실한 조건이었다.

나를 바꾸기 위해 내가 발휘해야 하는 것. 그것은 자기 신뢰와 열정이었다. 최근 20개월은, 내 삶과 일이 어떻게 함께 성장할 수 있는가를 가장 극적으로 깨닫게 된 시간들이었다.

# 스토리가 힘이다

옛날에 장주가 꿈에 나비가 되었다. 그는 나비가 되어 펄펄 날아다녔다. 자기 자신은 유쾌하게 느꼈지만 자기가 장주임을 알지 못하였다. 갑자기 꿈을 깨니 엄연히 자신은 장주였다. 그러니 장주가 꿈에 나비가 되었던 것인지 나비가 꿈에 장주가 되어 있는 것인지 알 수가 없었다. 장주와 나비는 반드시 분별이 있을 것이다. 이러한 것을 '만물의 조화'라 부른다.

• 《장자》 제물론편, 김학주 옮김, 연암서가

## 능동적 주체들의 감동적인 이야기

내 삶을 성장시킨 두 번의 계기는 이제 '나의 스토리'가 되었다. 사람들 앞에서 강의할 기회가 주어진다면, 나는 그 두 시기에 얽힌 에피소드를 반드시 이야기할 것이다. 어떤 강의든 지식이나 사실의 조합만으로 이뤄진 강의는 무미건조하고 감동도 없기 마련이다. 하지만 그것들이 이야기의 구조 속으로 들어가면 재미와 흥미가 배가 된다. 그리고 그 이야기의 가장 중요한 재료가 자기 신뢰와 열정을 바탕으로 한 경험이다.

 이성과 본질이 중시되는 시대는 과거의 것이다. 현재는 감성과 관계가 더 많은 것을 설명해 준다. 집단보다는 개인이, '우리'보다는 '나'라는 능동적 주체들이 움직이고 변화시키는 세상이다. 지금이 시대를 움직이는 모든 소통은 그 능동적 주체들의 이야기로 가득하다. 바야흐로 '논문'의 시대에서 '스토리'의 시대가 온 것이다.

출연자 한 분의 말씀이다.

"논문에는 감동이 없지만 이야기에는 감동이 있습니다. 왜냐? 이야기에는 '내'가 있기 때문입니다. 바로 내가 주인공입니다. 논문에는 내가 없습니다. 이야기를 할 수 있을 때, 거기에 비로소 자기가 존재합니다."

사실 〈세상을 바꾸는 시간, 15분〉이 성공한 진짜 이유는 기획자나 제작진의 능력에 있는 것이 아니다. 이미 프로그램 '강연' 그 자체에 내재된 힘이 있었기 때문에 가능했던 것이다. 그것이 바로 '스토리'의 힘이다.

출연자들은 대부분 자신의 삶에 대한 태도가 남다른 사람들이다. 삶의 많은 시간을 자기 신뢰와 열정으로 도전하고, 성공과 실패를 되풀이하면서 '자신만의 스토리'를 만들어낸 사람들이다. 과학적 사실 하나를 전한다 해도, 그 과학적 사실이 자신의 삶과 어떻게 관계되었는지, 또 그 관계가 자신의 삶을 어떻게 변화시켰는지를 이야기한다. 이것이 바로 500여 명의 관객과 무대 위에서 강연자가 소통하는 방법, 스토리이다.

### 세바시, 삶을 성장시키는 재료

'세바시가 곶감과 닮은 더 절묘한 사실은 이렇습니다. 곶감 빼먹는 일이야 순식간이지만, 어디 그 달달한 맛이 순식간에 생겼겠습니까. 오랜 세월을 두고 자랐을 감나무와, 그 세월을 함께 했을 봄과 여름과 가을의 바람과 볕, 그리고 주변의 흙과 물이 결국 열매를 맺게 했을 것이고, 누군가의 정성스런 손질과 기다림이 곶감을 만들어 냈을 것입니다. 게 눈 감추듯 곶감 하나 먹어치우긴 쉽지만, 곶감 하나를 만드는 데 필요한 엄청난 세월과 정성을 가늠하기란 쉽지 않은 일이지요.

"대추가 저절로 붉어질 리는 없다.
저 안에 태풍 몇 개
천둥 몇 개, 벼락 몇 개."
• 장석주 〈대추 한 알〉 중에서

15분 동안 누군가의 이야기를 듣는 것은 어려운 일이 아닙니다. 하지만 그 누군가의 15분짜리 이야기에는 보통 15년, 아니 그 이상의 세월이 들어있습니다. 어떤 이는 가난했고, 또 어떤 이는 좌절했으며, 또 어떤 이는 죽고 싶기까지 했겠지요. 그러다 그 어떤 이는 가난을 극복했고, 또 그 어떤 이는 스스로 희망을 만들었으며, 또 그 어떤 이는 사람을 살리는 사람이 되기도 했습니다. 세바시 무대에서 강연자들은 그 오랜 세월, 자신들의 삶에 켜켜이 쌓여온 상처와 훈장을 15분 동안 이야기합니다. 그래서 그 15분짜리 이야기에는 달달하지만은 않은 두근거림과 감동과 눈물과 신념이 들어 있기 마련입니다.'
• 《세상을 바꾸는 시간, 15분》 서문 중에서

한 사람의 삶의 스토리가 압축돼 녹아 있는 세바시의 강연들은 그대로 다른 삶의 재료가 된다. 청중과 시청자는 이들의 강연 속에서 질문의 정답이나 몰랐던 지식을 얻기 이전에, 삶을 대하는 태도와 세상과 관계하는 방식에 먼저 집중할 것이다. 언제나 우리 내면 깊은 곳을 울리는 것은 지식이나 정보가 아니라 감동과 통찰이기 때문이다.

## 만나야 성장한다

"백정이 칼을 놓고 대답하였다. (중략) 조심조심 경계를 하면서 눈은 그 곳을 주목하고 동작을 늦추며 칼을 매우 미세(微細)하게 움직입니다. 그러면 뼈와 살이 후두둑 떨어져 흙이 땅 위에 쏟아지듯 쌓여집니다. 그러면 칼을 들고 서서 사방을 둘러보며 만족스런 기분에 잠깁니다. 그리고는 칼을 닦아 잘 간수해 둡니다."
문혜왕이 말하였다.
"훌륭한지고! 나는 백정의 말을 듣고서 삶을 기르는 방법을 터득하였다."
• 《장자》 양생주편, 김학주 옮김, 연암서가

### 별자리를 만들다

우리 시대에도 무수히 많은 '포정'들이 있다. 자기 삶에 대한 신뢰와 열정을 지닌 사람들. 〈세상을 바꾸는 시간, 15분〉의 무대에서 자신의 삶과 지혜를 압축적인 스토리로 전한 모든 이들이 그들이다. 단지 뛰어난 기술과 방대한 지식 혹은 특별한 경험과 생각을 지닌 사람으로서가 아닌, 자신이 선택한 길보다 그 길을 걷는 태도가 결국 원하는 목적지로 데려다 줄 것이라고 믿고 있는, 그들이 모두 이 시대를 사는 포정이다. 나는 그들과의 만남을 통해 영감과 용기를 얻었다.

〈세상을 바꾸는 시간, 15분〉을 이야기할 때마다 늘 사용하는 비유가 있다.

"세바시는 별자리다."

밤하늘이 아름다운 것은 무수히 많은 별들이 빛나고 있기 때문이다. 유난히 밝고 아름답게 빛나는 별들을 바라보고 있노라면 누구나 가슴이 두근거리기 마련이다. 하지만 아름다운 밤하늘에는 큰 별만 있는 것은 아니다. 자기의 분명한 빛깔은 가지고 있지만 크기가 작거나, 지구와 거리가 멀기 때문에 밝게 빛나지 않는 별도 있다. 우리 사는 세상에도 무수히 작은 별들이 있다. 작거나 혹은 멀리 있지만, 그 별이 전하는 빛은 세상을 이롭게 바꿀 만한 것들이다. 그러나 사람들의 눈길을 사로잡지는 못한다.

나는 그 별들이 서로 만나야 한다고 생각한다. 그 별들이 연합해야 한다고 생각한다. 그래서 그 별들은 별자리를 만들어야만 한다. 사람들은 그 별자리를 보고 새로운 꿈을 꾸고 저마다의 보석 같은 스토리를 만들어낼 것이다. 작고 희미한 별들이 자신의 소중한 빛을 사람들에게 전하는 가장 효과적인 방법, 그것이 바로 별자리다.

나는 〈세상을 바꾸는 시간, 15분〉을 통해서 우리 사회 속에서 의미 있는 빛을 발하며 그 가치를 실천하는 사람과 단체를 많이 만났다. 그들과의 만남, 그리고 그들이 지금의 〈세상을 바꾸는 시간, 15분〉을 만들었다는 것은 조금도 의심할 여지없는 사실이다.

제 아무리 능동적 주체라 할지라도 한 사람이 이 사회의 모든 의미와 관계를 만드는 것은 불가능하다. 자기 삶에 대한 신뢰와 그 온전한 삶을 위한 열정은 혼자서 결실을 맺지 않는다. 우리는 연결될 때 비로소 변화를 만들 수 있다.

끝이 열리는 만남이 진짜 만남이라고 한다. 만나기 전보다 만난 후에 마음이 더 열리고, 삶의 가능성이 더욱 풍부해지는 만남. 그것이 삶을 바꾸는 만남이기 때문이다.

## 또 다른 포정들을 만나야 한다

기름은 촛불이 되어 타 없어져 버리지만, 불은 옮겨주면 다할 줄 모르게 된다. 세상의 사물과 사람의 몸은 유한하지만 불(사물을 기르는 바탕)은 무한하다.

• 《장자》 양생주편, 김학주 옮김, 연암서가

다시 포정을 생각한다. 포정이 세상을 향해 당당히 선 모습에서 그의 자기 신뢰와 열정을 본다. 포정을 만나고 비로소 삶의 소중한 순간들을 되새길 수 있었던 것은 내게 행운이었다. 그리고 〈세상을 바꾸는 시간, 15분〉이라는 프로그램과 '수요포럼 인문의 숲'을 만난 것은 내게 기적과도 같은 일이었다.

수 천 년 전의 세상을 바라봤던 도가철학이 현대에도 이토록 깊은 통찰과 혜안을 주고 있다는 사실에 경외감마저 들곤 한다. 비록 노자와 장자의 철학을 공부한 시간이나 그 깊이를 묻는다면 나는 이런 글을 쓸 자격이 없는 사람이다. 다만 장자가 전하는 포정이라는 백정의 이야기를 접하면서 떠오른 나의 느낌과 생각을 옮긴 것 뿐이다. 거기에 별로 밝히고 싶지 않는 개인사를 적기까지 했다. 하지만 그 가운데 한 가지는 분명해졌다.

문혜왕이 포정의 소 잡는 모습을 보고, 그의 이야기를 통해 '양생(養生)', 즉 삶을 기르는 방법을 배웠듯이, 이 세상 곳곳에 존재하는 또 다른 포정을 만나야 한다는 것 그리고 그들의 이야기가 당신의 삶을 성장시킬 것이라는 사실이다.

# 도가, 낯선 여정의 시작

이동훈

1. 도가로의 첫걸음
2. 오상아(吾喪我), 나를 내려놓다
3. 멍청한 상망이 현주(玄珠)를 찾다
4. 리더는 인(仁)하지 않다
5. 새로운 변화, 행복한 여정을 즐기다

## 도가로의 첫 걸음

천리나 가는 먼 길도 한 발자국에서 시작된다.
의도를 가지고 유위적으로 무슨 일을 하는 자는
결국 그것을 망치게 되고,
꽉 잡고 집착하는 자는
결국 그것을 잃게 된다.
성인은 무위를 행하기 때문에 망치지 않고
집착하지 않기 때문에 잃지 않는다.
• 《도덕경》 64장

---

2012년은 내게 특별한 의미가 있다. 미국에서 한국으로 돌아온 지 만 12년이 지났고, 새로운 12년의 사이클로 들어가는 해이기도 했다. 나는 십진법보다는 12진법이 더 편하게 느껴질 때가 있다. 이유는 잘 모르겠다. 나는 숫자를 공부했다. 세상을 수로 파악하는 수학자는 아니다. 그렇다고 철학자는 더욱 아니다. 내가 다루는 숫자에는 대부분 원(₩), 달러($), 위안(¥), 유로(€), 엔(¥) 같은 기호가 붙는다. 그 숫자들은 늘 무언가로 교환 가능한, 우리 욕망의 크기를 말해 주는 것이다.

## 샹그릴라 호텔에서 생긴 일

2002년, 나는 홍콩에 머무는 시간이 서울에 있는 시간보다 많을 정도로 바빴다. IMF 이후, 한때 장밋빛 전망으로 부풀었던 벤처 열풍이 시들해지면서 많은 기업들이 어려움에 처해 있었다. 정부에서는 어려움에 처한 벤처 및 중소기업에게 자금을 지원하기 위해서 Primary CBO라는 자산유동화증권 프로그램을 제공하고 있었다. 당시 우리 팀은 이 지원프로그램을 활용해서, 국내 중소기업들이 해외에서 자금을 조달할 수 있게 하는 유동화증권의 인수 및 매각 프로젝트에 참여하고 있었다. 금액으로 치면 거의 4,000억에 가까운 큰 금액이었고 자금을 조달받는 기업만 100개가 넘다 보니, 업무가 주는 압박감이 대단했다.

수많은 미팅을 하고, 허구한 날 늦은 밤까지 토론에 토론을 거듭하며 밤을 새우기가 일쑤였다. 그러다 보니 '이른 아침 출근' 대신 '다음날 아침 퇴근'을 선택해야 할 경우도 많았다. 밤낮으로 거의 1년을 매달려 프로젝트가 막바지에 이를 무렵, 가을이었다.

이제 남은 업무는 나와 팀장들이 외국 투자자를 설득할 최종 자료를 정리하는 일뿐이었다. 하지만 금융이란 게 원래 윈-윈(Win-Win)이 쉽지 않은 구조이다 보니, 투자자가 원하는 조건은 까다롭기 그지없었다. 도무지 일에 진척이 없었다. 러시아워의 출근길처럼 꽉 막혀, 더 나가기는커녕 복잡해지기만 했다. 정해진 마감일은 째깍째깍 다가오고 있었다. 그때 같이 일하던 팀원들과 너무 긴장하고 신경이 날카로워진 나머지, '이 마지막 순간의 마무리를 위해서라면 이 샹그릴라 호텔에서 뛰어내릴 수도 있다.'고 처절하게 고

백하기도 했다. 만약 그대로 조건이 깨지거나 투자자를 찾지 못한다면, 지금까지 참여한 수많은 사람들의 땀과 노력은 물거품이 되고, 특히 기업들에게는 치명타가 되는 상황이었다. 하루하루가 피가 마르게 지나간 끝에, 결국 딜이 성공적으로 마무리 되고 100개가 넘는 중소기업이 자금수혈을 받을 수 있게 되었다.

절대 안 될 것 같던 일들이 해결되는 마지막 순간, 문제의 매듭이 스르륵 풀리면서, 일이 마무리 되는 것을 지켜보며 나는 묘(妙)한 느낌을 받았다. 그것은 결코 어느 개인, 어느 팀이 잘해서가 아닌 것 같았다. 마치 그 마지막 결론은, 1년간 프로젝트를 함께한 모든 사람, 팀, 조직, 기관들 하나하나가 서로 영향을 주고, 그 관계들이 만든 묘한 조화가 저절로 일을 되게 하는 것 같았다.

격렬했던 시간을 뒤로하고, 다음날 아침 숙소로 돌아오는 길은 평소와 사뭇 달랐다. 발걸음을 재촉하며 아침 일찍 출근하는 사람들을 거슬러, 혼자 걷는 내 모습이 영 어색했다. 사람, 차, 건물, 거리, 누군가의 손에 들린 테이크아웃 커피의 향기까지 모든 것이 새로웠다. 그리고 그런 내가 다른 사람처럼 낯설었다.

일의 마무리를 지켜보는 그 묘(妙)한 느낌과 아침 퇴근길의 그 낯섦이 철학의 시작이라는 것, 그리고 놓치지 말아야 할 삶의 경계에 선 순간이라는 것을, 나는 아주 나중에서야 알았다.

## 중국집 배달원, KPMG에 합격하다

나는 대학을 졸업하고 잠시 증권회사에 다니던 중 미국 유학을 선택했다. 대학원에 다니며 미국 공인회계사 시험에 합격했고, 그것을 계기로 당시 Big Six라 불리던 세계 6대 회계법인 중 하나인 KPMG에 입사 원서를 제출했다. 미국 유학생들이 한번쯤은 대도시의 직장생활을 꿈꾸는지라, 그 자리도 역시 많은 지원자들이 몰렸고 덕분에 경쟁률이 매우 높았다. 말 그대로 나는 '운' 좋게 합격했다. 나중에야 알게 된 사실이지만, 나는 학점이나 대학원, 회계사와 같은 객관적 지표가 아니라 '면접'에서 경쟁자들보다 월등히 높은 점수를 받았기 때문이다.

나를 인터뷰했던 분은 당시 KPMG에서 인생을 보낸 백전노장의 파트너였다.

"미스터 리! 미국 유학 생활 중 공부 말고 뭐 다른 재미있는 일은 없었나요?"

나는 대학원에 다니면서 한국인 선배와 함께 운영했던 '차이니즈 레스토랑', 미국식 중국집 이야기를 꺼냈다. 동업이라고는 하지만 전반적인 업무는 선배가 맡았고 나는 주로 '배달'을 담당했다. 땅이 넓은 나라이다 보니, 배달 지역이 좁게는 수 마일에서 넓게는 십여 마일 이상이었다. 거기에 도미노피자처럼 '30분' 배달 완수를 마케팅 전략으로 세우고, 촌각을 다투며 배달을 하다 보니 매일 매일이 시트콤, 새로운 에피소드의 연속이었다.

바로 그 덕분이었다. 경쟁이 심했던 그 자리에 내가 들어갈 수 있었던 건. '회계사'로서 '회계법인'에 근무하기 위해 필요한 그 많은 자격조건 중, 나의 '중국집 배달' 경력은 분명 낯선 것이었다. 그 낯선 경험을 KPMG의 노면접관은 높게 사주셨던 것 같다. 왜 그랬을까? 그때는 이해가 되지 않았다. 그러나 이제는 내가 그 면접관의 자리에 있었다고 해도 분명 똑같은 선택을 하리라는 생각이 든다.

## 더 큰 세상을 만나다

중국집의 배달은 저녁 6시부터 9시까지 정신없이 진행된다. 그야말로 전쟁이다. 주문을 받은 음식이 나오면 빨간색 피자 배달 가방에 담아 바로 자동차에 싣는다. 한 번 배달에 서너 개의 주문을 동시에 소화해 내야 한다. 그것도 30분 안에! 그리고 바로 다음 배달을 위해 또다시 출격해야 한다.

길이 막히는 퇴근 시간, 그러다 보니 주로 샛길을 이용해야 했고, 경찰관 출몰 지역은 피해 다녀야 했다. 사람 사는 데는 비슷해서 미국도 생계형 과속이라고 경찰관이 눈감아 줄 때도 있지만 속도 제한이 엄격한 학교 근처에서는 항상 더 조심해야 했다. 거기에 배달원의 주 수입원인 팁이 후한 손님에게는 무조건 더 빨리 가야 한다는 개인적 선택 조항까지 더해져, 그 짧은 시간 동안에도 여러 가지 상황을 감안해 배달 동선을 짜게 된다. 내가 스트레스가 극심한 상황 속에서도, 수많은 변수를 고려해 의사 결정을 내리는 데 별 부담이 없어진 것은, 그때의 경험 덕분이었던 것 같다.

또한 캄보디아에서 메콩 강을 건너 탈출해 왔다는 난민 출신 주방장, 라오스 난민인 주방 보조는 불법체류자였고, 아이 넷을 홀로 키우는 이혼녀 미국인과 금발의 미녀 아르바이트생, 배달동료는 태국 유학생, 주인은 한국 사람이었으니 그 중국집에는 중국인이 한 명도 없었다. 그런데 원조 중국집(authentic Chinese restaurant) 간

판을 붙였으니 거의 사기 수준이었다. 나는 주방에서 그들과 대화하면서, 나와 다른 삶을 살아온 사람들을 어떻게 이해하고 소통해야 하는지를 자연스럽게 배웠다.

게다가 소위 나만의 학문이라 할 '배달 팁 관상학'도 익혔다. 수백 명의 손님들 중 누가 팁이 후할지 얼굴만 보아도 알 만한 경지에 이른 것이다. 그런데 아이러니한 것은 배달 팁을 많이 주는 '직종'이라고 할까? 그게 바로 팁을 받고 사는, 그리 넉넉지 않은 사람들이라는 것이다. 이웃집 피자가게에 중국음식 배달을 가면 10불짜리 음식에 5불짜리 팁을 주고, 우리 역시 피자를 배달해서 5불의 팁을 주는 것이다. 그러다 보니 결과는 '제로섬(zero-sum)'. 그래도 서로의 행복지수는 충분히 높아졌다.

배달하는 틈틈이 존 그리샴의 소설책을 가게 뒤편 주차장에서 쭈그리고 앉아서 읽었는데, 신간까지 다 읽었던 것 같다. 아직도 몇몇 구절은 생각이 나서 영어를 사용할 때 써먹곤 한다. 그리고 무엇보다 귀중한 경험은, '티끌 모아 태산'이라고 1불씩 받은 팁을 1년간 모았더니, 거의 만 불이 넘었는데 그 돈으로 차를 산 것이다. 그리고 KPMG에 입사할 때, 그 차에 태어난 지 한 달 된 큰아이를 태우고 오하이오에서 뉴욕으로 이사를 한 것이다.

지금도 나는 조금씩 매번 반복하면 뭐든지 모인다는 확신을 가지고 있고 그 원칙은 한 번도 실패한 적이 없다. 그 예로, 1불씩 배달 팁을 모으던 기억이 나서 2008년부터 한 주에 역사책 한 권 보기를 시작했는데, 5년차에 들어가는 지금 200권이 넘는 역사책을 읽는 쾌거를 이룩했다. 2018년까지 500권 읽기를 목표로 하고 있다.

힘들고 고단한 날들이었지만, 지금 생각해 보면 그때만큼 행복했던 날도 없었다. 그 안에서 나는 더 넓어졌고 'KPMG' 입사 같은 행운도 만날 수 있었다. 하지만 나는 어느새 그걸 까맣게 잊고 있었다.

## 도가와의 어색한 만남

뉴욕 직장생활이 5년째 되던 해, 신청 중이던 영주권도 포기하고 서울로 돌아왔다. 나는 회계사에서 재무 분야의 커리어로 전환을 시도했고, 삼정 KPMG의 FAS(Financial Advisory Service)에서 금융 및 재무 컨설팅을 하게 되었다. 그리고 2005년에는 파트너로 승진했고 조직의 인정과 성취감에 취해 커리어를 즐기고 있었다.

그리고 미국에서 돌아온 지 만 12년, 2012년을 맞이하게 된 것이다. '수요포럼 인문의 숲'에서 도가철학 강의를 듣기로 한 것도 그 즈음이었다. 그리고 나는 그때 몇 가지 선택의 기로에 서 있었다.

2월 첫 개강 강의는 놓치고 두 번째 강의부터 참석했다. 그리 크지 않은 강의실에 꽤 많은 사람들이 들어차 있었다. 참석자들의 연령대는 40대를 중간 값으로 20대에서 60대까지 골고루 분포되어 있었다. 굳이 저울로 따지자면 약간은 40대 이후로 기우는 상황이었다. 처음부터 어색한 느낌이 나를 압도했다. 그리고 참 오랫동안 새로운 사람들과 한 공간에서 두 시간 이상을 앉아 있어 본 적이 없었다는 것을 깨달았다.

지난 12년간 항상 만나는 회사의 동료, 선후배들과의 미팅, 회의, 식사 자리에만 익숙했다. 업무상 새로운 사람을 만나지만 그것은 정해진 소통의 틀 안에서 이루어진 것이었다. 그 외에는 친구들과의 편안한 만남이 전부였다. 그런데 갑자기 전혀 모르는 사람들과 한 공간에서, 그것도 그동안 내가 다루고 생각했던 주제와는 참 많이 동떨어진 분야의 강의를 듣게 된 것이다. 나에게 도가철학은 그렇게 낯선 경험이었다.

## 철학의 시작, 낯설게 보기

첫 수업, '철학이란 익숙해져 버린 상황이 어느 순간 낯설어짐을 경험하는 것에서 시작한다.'는 말을 들었다. 교수님은 그 순간을, 대학시절 밤새 술을 퍼마신 다음날 집으로 돌아가는 길의 어색함, 마주치는 사물들의 낯섦으로 설명했다. 술을 잘 못해서 그런 경험은 없었지만, 아침에 퇴근을 하고 숙소로 돌아가던 거리의 풍경과 마주친 사물들의 낯선 느낌이 영화처럼 떠올랐다. 나는 철학자가 될 많은 기회를 놓친 셈이었다. 문득 떠오른 이런 생각은 나의 익숙한 일상에 잔잔한 파문을 일으켰다. 그제야 지금까지 익숙했던 내 기준에서 벗어나, 주변을 바라보기 시작했다. 지난 시간들이 한꺼번에 밀려왔다.

나는 흔히 말하는 일종의 전문가다. '쟁이'라고 해야 할까? 내 분야의 지식과 경험을 바탕으로, 일종의 통찰력을 제공하는 것이 내 일이다. 해외경험에서 나오는 국제 감각도 일조해서 조직에서 빨리 성장했고 나이에 비해 중책을 맡기도 했다. 전문가로 인정을 받는 것은 즐거운 일이었다. 그리고 커리어의 미래에 대한 전망도 문제는 없었다. 그냥 하던 대로 하면 언젠가 권한과 책임의 끝에도 갈 수 있었다. 그런 낙관론이, 나의 생활을 지탱하는 근간이었다.

하지만 도가수업을 들으면서, 지금까지 내가 이룬 것이 무엇이고 어떻게 더 가치 있는 일을 할 수 있을까 생각하게 되었다. 그리고 새로운 경험 없이는 더 이상의 발전도 없다는 결론을 내렸다. 특히 자문의 역할에서 벗어나, 직접 일을 실행하는 기업의 한 복판에서 지금까지의 경험을 살려보고 싶어졌다.

마침 그때는 오랜 기간 알던 기업에서 구체적인 영입 제안을 받고 있던 시기였다. 사실 그간에도 나와 함께 하고 싶다는 기업들의 제안이 수 차례 있었다. 그러나 나는 줄곧 그 제안을 거절해 왔다. 내가 그 자리에 오기까지 투자한 시간과 노력이 얼마인가. 재정적인 수입도 지금을 능가하지 않을 것이요, 굴러온 돌로 새로운 조직에서 자리를 만들어가는 모험도 하고 싶지 않다는 판단 때문이었다. 이런 이성적인 판단이 나에겐 익숙했다.

그런 나의 선택의 기준에 변화가 일어난 것이다. 결국 나는 2012년 여름, 정들고 편안했던 내 직업을 정리하고 기업의 임원으로 새로운 도전을 시작했다.

## 오상아(吾喪我), 나를 내려놓다

남곽자기가 안석에 기대어 앉아서 하늘을 우러러 긴 숨을 내뿜고 있는데, 멍한 것이 그 자신조차도 잃고 있는 듯하였다. 모시고 있던 제자(안성자유)가 그 앞에서 시중 들고 있다가 말하였다.
"어째서 그러고 계십니까? 몸은 본시부터 마른 나무처럼 만들 수가 있는 것입니까? 마음은 본시부터 불 꺼진 재처럼 만들 수가 있는 것입니까? 오늘 안석에 기대고 계신 모습은 전날 안석에 기대고 계셨던 모습과 다릅니다."
자기가 말하였다.
"언아, 질문 참 잘하였다. 지금 내가 나 자신을 잃고 있는 것을 너는 알았느냐?"

• 《장자》 제물론편, 김학주 옮김, 연암서가

---

《장자》의 '지금 나는 나 스스로를 잊어버렸다.'라는 말에서 나온 것이 '오상아(吾喪我)'다. 풀이하면 '내가 나를 장사 지내다.'의 의미다. 알 듯 모를 듯하고 의미심장하기도 한 구절이다.

### 내려놓으면 문이 열린다

오상아, 말 그대로 '내가 나를 죽인다', 흔히 쓰는 말로 '나를 스스로 내려놓는다.'는 의미다. 마지막이라고 느껴지는 순간까지, 그만큼 극단적이고 절망적인 상황까지 가본 사람만이 알 수 있는 말일 것이다. 내려놓을 줄 아는 사람은 곧 자기 것, 기득권을 포기할 줄 아는 사람, 헛된 욕심을 부리지 않는 사람이다. 그렇게 될 때 상대편을 이해하게 되고 주어진 상황이 한층 더 유연해지며 더 많은 사람이 행복해지지 않을까.

내 경험에 비추어 '내려놓는다.'는 것은, 끝까지 최선을 다한 후에 상대편에게 의사결정을 맡기고, 편안한 마음으로 결과를 수용한다는 것은 아닐까 생각해 본다.

삶에는 항상 위험이 따른다는 걸 나는 잘 알고 있다. 지난 20여 년간 시시각각 변하는 금융 시스템 속에서 나는 몇 번의 극단적 상황을 경험했다. 5년 전쯤, 조직에서 새로운 미션을 받고 일을 시작했다. 평소에 믿고 아끼던 후배들로 팀을 꾸렸다. 경험이 없는 분야였고 실현가능성이 높지 않았다. 초반부터 시행착오를 겪으며 예정 시간이 두 배, 세 배 더 걸리기 시작했고 팀원들도 지쳐갔다. 하지만 '시작한 일은 완성한다.'는 원칙으로 밀어부쳤다. 아마도 6개월간 300번도 넘는 미팅을 했던 것 같다. 그야말로 입이 닳아 해진다는 것이 무엇인지 실감할 정도였다. 허구한 날 늦은 밤까지 갑론을박과 토론, 자료 준비로 시간을 보내야만 했다. 그러다가 일의 윤곽이 드러나고 방향이 잡히면서 속도가 빨라지기 시작했다. 일사천리로 진행되면서 곧 샴페인을 터뜨릴 수도 있다는 생각이 들었다. 그런데 마음 한구석에는 왠지 모를 불안감이 자리 잡고 있었다.

내가 신규 프로젝트를 진행하면서 경험했던, 매우 결정적인 사건들은 모두 마지막 시점에 발생했기 때문이다. 흔히 이것을 딜브레이커 (Deal Breaker)라고 한다. 예상치 못한 난관에 걸려 일을 망치는 것을 말한다. 처음에는 너무 놀라고 충격을 받은 나머지 멍하게 며칠을 보낸 적도 있다. 하지만 두 번째부터는 다른 방법을 썼다. 내가 해결할 수 없는 부분은 그냥 놓아 버렸다. 물론 포기의 의미는 아니다. 내 주장을 접고 상대편에게 칼자루를 넘겨주는 것이다. 그렇게 나를 내려놓았을 때, 신기한 일이 발생했다. 쟁점사항이 타협에 이르고 상대방이 오히려 주장을 거두며 일이 성사된 것이다.

그때도 마찬가지였다. 예상대로 딜브레이커가 발생했고, 나는 미련 없이 내려놓고 결과를 기다렸다. 프로젝트는 성공적으로 마무리 되었다.

오상아, 나의 죽음을 청하는 것, 그러한 '내려놓음'이 오히려 죽게 된 일을 다시 살리게 된 것이라고 생각해 본다.

### 후회는 아무리 빨라도 늦다

1999년 말, 뉴욕에서 홍콩의 회사로 자리를 옮길 때였다. 나는 욕심 때문에 돌이킬 수 없는 실수를 하였다. 뉴밀레니엄이라는 단어가 내 마음을 너무 강하게 끌어 당겼고, 새 천년을 새 직장에서 시작해 보고 싶었다. 그래서 무리하게 1999년 12월 한 달 동안 뉴욕 생활을 정리하기 시작했다. 7년의 미국 생활을 한 달에 정리하는 것은 불가능했다. 게다가 아내는 둘째 아이를 임신하고 있었다. 그래도 나는 밀어부쳤다. 집도 팔고 차도 팔고 이삿짐도 부쳐야 했다. 다행히 집은 유학생 선배와 일사천리로 계약을 했다. 차는 여동생에게, 가구는 친구들에게 주었다.

그래도 이삿짐을 쌀 시간이 부족해 나머지는 아내에게 맡기고 나는 서둘러 혼자 한국으로 돌아왔다. 그때 임신 8주였던 아내는 나머지 정리를 하고 2월경에 5살 된 큰딸을 데리고 돌아왔다. 나는 다 잘 되었다고 생각했다. 그런데 며칠 후 그동안의 스트레스가 컸는지, 아내가 유산을 했다. 그때의 기분은 뭐라 말할 수 없다. 아내에게 너무 미안했다. 나의 욕심 때문에 소중한 둘째 아이를 잃게 된 것이다.

2000년은 세기말인가, 세기의 시작인가, 밀레니엄 버그 따위의 논쟁으로 세간이 뒤숭숭했다. 달력의 첫 날에 어떤 의미가 있다고 그렇게 집착했는지. 모든 날이 처음이자 마지막 날이라는 생각도 못하는 어리석은 나였다. 내려놓을 줄 모르고, 더 일에 매달리고 성과에만 몰두했던 때의 일이었다.

## '내려놓음'으로 경계에 서다

밝을 명(明)이라는 글자는, 해와 달을 동시에 본다는 의미라고 한다. 이 세계에 존재하는 모든 것은 또 다른 것의 상대로 존재한다. 그래서 명(明)해야만 대립면의 양쪽을 동시에 포착할 수 있다. 그렇다면 리더가 경계에 선다는 것은 무슨 뜻일까?

어느 조직이든 기득권 다툼이 있기 마련이다. 새로운 인물이 나타나 기득권을 빼앗기도 하고, 기존의 세력이 반란을 일으켜 기득권에 도전을 해 오기도 한다. 내가 속해 있던 조직에서도 이 '기득권' 찬탈을 위한 싸움이 벌어졌던 적이 있었다.

처음에는 도전장을 내민 편이 유리해 보였다. 그들이 내건 명분도 분명했고, 결집력도 강했다. 구성원들의 지지도 또한 높았다. 그런데 어느 순간부터 그들은 자신들의 이익을 계산하기 시작했고, 기존의 리더 그룹이 그 틈을 놓치지 않고 강하게 역공을 펼쳤다. 초반의 기세는 온데간데없이 사라지고, 도전 세력은 결국 신뢰와 명분마저 잃은 채 밀려났다.

그런데 여기서 대 반전이 일어났다. 도전 세력이 내세운 명분에 동의했던 구성원들이, 조직의 발전 대신 여전히 자신들의 기득권만을 챙기는 기존 리더 그룹에 크게 실망하고, 기존의 세력도 아니고 도전 세력도 아닌 제 3의 그룹을 선택한 것이다. 왜 이런 결과가 나왔을까?

기존의 그룹도, 도전했던 세력도 모두 자기를 내려놓지 못하고 경계에 서지 못한 것이다. 어느 쪽으로도 쏠리지 않고 한 편의 이익만을 대변하지 않았어야 했다. 리더가 어느 한 편으로 치우친다면, 그 조직은 반쪽짜리로 전락하고 만다. 진정으로 자신을 내려놓을 때 어느 편으로도 쏠리지 않을 수 있다.

그렇게 경계에 서서 양쪽을 모두 포용하고 의견을 조율해 가는 것이 진정한 리더라는 말이다.

# 멍청한 상망(象罔)이 현주(玄珠)를 찾다

황제가 적수의 북쪽에 노닐고 곤륜산 언덕에 올라갔다가 남쪽을 바라보며 돌아오는 길에 그의 검은 진주(玄珠)를 잃어버렸다. 지혜(知)로 하여금 그것을 찾아보게 하였으나 찾지 못하였고, [눈이 밝은] 이주(離朱)로 하여금 그것을 찾아보게 하였으나 역시 찾지 못하였고, [말솜씨 좋은] 계구로 하여금 그것을 찾아보게 하여도 찾아내지 못하였다. 이에 상망(象罔)을 시켰더니 상망은 진주를 곧 찾아냈다. 황제가 말하였다.
"이상하군! 상망만이 그것을 찾을 수 있는 것인가!"
• 《장자》 천지편, 김학주 옮김, 연암서가

---

묘하기 짝이 없는 문장이다. 검을 현(玄), 구슬 주(珠) '현주(玄珠)', 아득하고 가물가물한 모두가 탐내는 그 귀한 구슬을, 재주 있는 자는 얻지 못하고 멍청이가 찾았다니 이게 무슨 뚱딴지 같은 말인가?

### 성공과 실패를 가르는 차이

나는 여러 형태의 투자자를 오랜 기간 보아 왔다.
    투자를 하는 사람들은 성공을 위해 투자론, 재무론, 기업가치론 등 관련분야의 지식을 얻기 위해서 부단히 노력한다. 그리고 다양한 사람들을 만나서 간접경험을 얻고 사람 보는 눈을 기르려 한다. 또 원하는 것을 얻는 말솜씨를 배우기 위해 학원을 다니기도 한다. 그러다 보니 커뮤니케이션 스킬이라는 대학 강좌도 생겼다. 여하튼 많이 아는 것, 밝은 눈을 갖는 것, 말을 잘하는 것이 투자를 성공으로 이끄는 매우 중요한 요건임은 분명하다. 그리고 내가 아는 관련업계의 사람들은 대부분 그 세 가지를 다 가지고 있다. 나 자신도 그 재주들을 갖기 위해 부단히 노력했다.

주식, 채권, M&A 시장에서도 수많은 재주꾼들이 높은 수익을 내기 위해 혈안이 되어 있다. 그리고 그 중에서 모두가 인정할 만한 특출난 성공을 거둔 사람을 목도할 수 있다. 그렇다면 비슷한 교육을 받고 비슷한 연륜과 경험을 가지고, 비슷한 분야에서 똑같이 노력하는데도 실제 결과가 다른 까닭은 무엇일까?

그들의 공통점은 하나다. 이미 정해진 기준, 많이 배우고 적게 배우고, 아이큐가 높고 낮고 따위의 틀로 구분되는 사람들이 아니라는 사실이다. 실제로 학력이나 성장배경 등으로 그들을 분류하기는 불가능하다. 그들의 투자방법은 모두 자신만의 것이다.

그들이 바로, 자신만의 현주(玄珠)를 찾은 멍청한 상망((象罔))들이 아닐까.

### 인문학적 통찰이 필요한 시대

1990년대 초반, 미국에서 근무하던 시절 〈월스트리트 저널〉의 기사 내용이다.

80년대 중반 일본이 공격적 투자로 미국의 반도체 산업을 무너뜨린 것처럼, 한국에 의해 일본 역시 같은 운명에 처할 것이라는 예측이었다. 그리고 10여 년 후, 이 기사의 내용은 정확히 맞아 떨어졌다. 1998년 한국은 일본을 제치고 세계시장 점유율 1위를 차지한다. 그 후 2012년 일본의 반도체 기업방위군, NEC, 히타치, 미쓰비씨가 연합한 엘피다가 삼성전자에 밀려 파산을 신청했다. 현재 한국의 반도체 기업의 경쟁력은 이제 세계 최고이다. 그렇다면 앞으로 10년 또는 20년 후에도 세계 최고의 자리를 지키고 있을까?

전문가들은 쉽게 'Yes'라고 대답하지 못한다.

그렇다면 일본의 전철을 밟지 않기 위해서는 어떻게 해야 할까? 제조 기술의 정점을 달리며 혁신 가도를 달리던 일본이었다. 1980년대 소니 워크맨을 떠올려보라. 혁신적 기능, 멋진 디자인, 내구성이 좋은 한마디로 최고의 제품이었다. 나의 학창시절 많은 친구들의 로망이었다. 그런 일본이 왜 부진의 늪에 빠진 걸까? 왜 세계 최고의 자리에서 밀려난 것일까?

1990년대, 일본은 창조적인 제품보다는 기존의 제품을 잘 개선해, 튼튼하고 정교하게 만드는 데 집중하기 시작했다. 세계 시장을 리드하는 제품, 소비자가 원하는 제품 대신 기존 제품이 주는 과도한 성취감에 빠져 버렸던 것이다.

반면 애플은 혁신적인 아이(i) 시리즈를 하나씩 선보이다, 2007년 마침내 '아이폰(iphone)'을 세상에 내놓는다. 전 세계의 소비자들은 열광했고 순식간에 휴대폰 산업의 지도를 통째로 바꾸어 놓았다. 이제 '스마트폰'은 일반명사가 되었다. 그리고 아이폰의 개발과 출시 시기는, 기업의 흥망성쇠를 가늠하는 중요한 잣대가 되어버렸다.

　왜 소비자들은 아이폰에 열광했을까?

그것은 단순한 휴대폰이 아니었다. 디자인과 기능, 사용방법과 외부와의 연결시스템까지, 기계공학과 생물학, 심리학, 문학, 철학 모든 지식을 '인간'이라는 목적을 향해 집중시킨 결과물이었다. 소비자에게 아이폰은 '자신의 분신'이라는 인식을 심어주었다. 또 다른 내가, 누군가와 나를 연결시켜주는 것이다. 이것은 인간에 대한 깊은 이해 없이는 불가능한 일이었다.

　그러므로 '스티브 잡스'는 이 시대 최고의 인문학자이다. 적어도 '인문학적 통찰력'이란 그를 위해 존재하는 말이다. 이제는 잘 만드는 것보다 새롭게 만드는 것이 중요하고, 따라가기보다 앞서가야 한다.

# 리더는 인(仁)하지 않다

천지는 인하지 않다. 만물을 모두 풀강아지로 여긴다.
성인은 인하지 않다. 백성을 모두 풀강아지로 여긴다.
천지 사이는 풀무와 같구나!
텅 비어 있지만 작용은 그치지 않고, 움직이면 움직일수록 생명력이 넘친다.
말이 많으면 금방 한계에 봉착한다. 중을 지키는 것이 제일이다.

• 《도덕경》 5장

---

### '동물농장'의 무자비한 농장주

나는 등산을 할 때면 정상에 오를 때까지 한 번도 쉬지 않는다. 쉬는 게 귀찮아서 계속 오른다고 하는 게 더 솔직한 표현이다. 그러다 보니 같이 등산을 간 사람들은 내 속도를 맞추느라 힘들어 한다. 나 역시 속도를 맞추기 위해 그들은 기다리는 게 답답하다. 또 등산로에 사람이 많아 속도가 늦춰지는 것도 싫다. 그래서 나는 등산을 할 때면 정상까지 걸리는 게 없도록 '혼자' '새벽'에 오르기를 좋아한다.

내 업무의 진행 과정도 등산과 비슷하다. 뭔가를 하기로 작정하면 무슨 일이 생기든 반드시 끝내야만 한다. 그때 업무에 방해되는 요소가 나타나면 참지 못한다. 내가 정한 기준에 맞춰 구성원들이 쫓아와야만 한다. 그 과정에서 얼마나 많은 사람들이 마음의 상처를 입었을지, 예전에는 미처 생각지 못했다.

10여 년 전, 해외 IR 프로젝트를 진행하고 있을 때의 일이다. IR의 목적은 투자를 유치하는 것이었다. 촉박한 시간에 마음은 급한데, 참여한 기업의 수는 많았고 팀원들이 밤을 새워도 내가 원하는 자료의 수준을 맞출 수가 없었다. 나는 팀원들에게 과도한 업무를 주고 서릿발같이 재촉했다. 결국 일이 벌어지고야 말았다. 그날도 준비된 자료를 보기 위해 회의실을 찾았다. 일부는 밤을 새운 모습이었고, 자리에 없는 사람들 또한 밤늦게까지 일을 하다가 퇴근한 것 같았다. 그런데 오전 9시 30분 회의에 일부 팀원이 나타나지 않았다. 자료 또한 내가 보기에 수준 미달이었다. 나는 불같이 화를 냈다. 팀원 한 명 한 명에게 하나하나 문제점을 지적하고 보완할 것을 지시했다.

나중에 안 일이지만, 팀원들은 그때 큰 상처를 입었다고 한다. 몇몇 여성 팀원들은 너무나 속상해서 화장실에 들어가 펑펑 울었다고 한다. 과도한 업무도 힘든데 리더라는 사람이 격려는 못해줄망정 질책만 해대니 그 상처가 오죽했을까?

업무를 밀어부칠 때면 나는 팀원들에게 가해자였고, 팀원들은 마음에 큰 상처를 받는 피해자가 될 수밖에 없었다. 그때 울지 않았던 유일한 여성 팀원 A는, 지금도 나와 같이 일하고 있는데, 가끔 '그때 울지 않아서 자기가 이겼다.'며 우스갯소리를 할 만큼, 잊지 못할 기억인 것이다.

그러나 학교에서는 내 모습이 달랐나 보다. 내가 겸임교수로 나가는 대학원에서 수업을 듣다가 직원으로 들어온 한 친구가 있었다. 그 친구가 일한 지 6개월인가 지나 사석에서 귀띔해 준 말이었다. 내가 '학교에서는 인자한 좋은 교수였는데 회사에서는 공포의 대상'이더라는 것이다. 심지어 복도를 걸어오는 발자국 소리를 듣고 '나'라는 걸 확인하면 바로 고개를 책상 밑으로 떨구는 팀원들도 있다는 말을 듣고, 큰 충격을 받았다.

내가 그 정도로 두려운 존재인가? 마치 내가 조지 오웰의 《동물농장》에 나오는 무자비한 농장주 같다는 생각이 들었다.

## 목표지상주의자의 변화

그렇게 보면 나는 지극히 목표지향적인 사람이었다. 가만히 그동안 나의 삶을 되돌아보았다. 초등학교부터 앞만 보고 달려왔다. 그리고 항상 앞자리에 있었다. 대학원, 유학 그리고 재교육 과정까지 거의 30년간 교육을 받고 10여 년 전부터는 대학원과 여러 기관에서 다른 사람들을 가르쳐 왔다. 나는 항상 성적을 기준으로 평가 받았고, 그렇게 남들을 평가해 왔다. 평가 기준에 부합하는 사람들은 높은 평가를 받고, 그에 근거해 승진도 하고 보상도 받는다고 생각했다. 내가 받아온 똑같은 방식으로 다른 사람들을 평가하고 보상해 준 것이다. 그래서 나는 이러한 기성 제도에 매우 익숙했다.

리더는 항상 어떻게 하면 조직을 잘 이끌어, 더 많은 성과를 낼 수 있을지를 끊임없이 생각한다. 축구경기는 11명이 하고, 감독, 코치, 후보 선수까지 포함하면 대략 20명 정도가 경기에 참여하는 셈이다. 리더인 감독은 공격진과 수비진, 미드필더를 어떤 선수로 구성할 지 고민한다. 그렇다면 조직이 잘 운영되기 위해서는 어떻게 해야 할까?

나는 구성원의 역량과 능력에 맞게 업무를 배정하고, 업무 효율이 높은 사람에게 더 많은 보상을 해 주는 것을 기본 구조로 삼았다. 그러면 동기부여가 돼 업무의 효율성이 증가하고, 주어진 목표를 더 쉽게 달성하게 되는 선순환의 조직 운영. 이것이 조직 관리의 기본이라 생각했다. 20대 80의 원칙이었다. 조직은 상위 20%가 하위 80%의 구성원을 이끌어간다고 생각했다. 상위 20%에게는 더 많은 것이 요구된다고 믿고 더 강하게 팀원들을 이끌어가야 한다고 생각했다.

업무 성과가 우수한 구성원에게 더 높은 관심을 보였고, 성과 미달인 구성원에게는 과하다 싶을 정도로 실책을 다그쳤다. 목표에 맞춰 진도를 나가야만 하고, 그래야만 일이 이루어진다고 믿었다. 조직의 구성원들도 그에 맞춰 적응해 주었다. 그 덕분에 오랫동안 조직을 이끌어 가는 데 별 어려움도 없고 실적도 문제가 없었다.

그러던 내가 바뀌어야겠다는 생각을 하게 되었다.

**만물을 풀강아지처럼 대하라**

깨달음은 갑자기 온다고 했던가. 도가를 접하면서 어느 순간, 그동안 지니고 있던 내 생각을 버리고 전혀 다른 시선으로 사물을 보고 사람들을 바라보게 되었다. 그러던 중 알게 된 이 구절은 나에게 아주 특별했다.

천지는 인하지 않다. 만물을 모두 풀강아지로 여긴다.
성인은 인하지 않다. 백성을 모두 풀강아지로 여긴다.
천지 사이는 풀무와 같구나!
텅 비어 있지만 작용은 그치지 않고,
움직이면 움직일수록 생명력이 넘친다.

• 노자 《도덕경》 5장

　스타플레이어 한 사람만의 힘으로 축구 경기를 승리로 이끌 수는 없다. 스트라이커가 골을 넣기 위해서는 수비진과 미드필더를 포함한 선수 모두의 도움 없이는 불가능하다. 조직도 마찬가지다. 구성원 한 사람 한 사람 모두를 '풀강아지' 다루듯 공평무사하게 소중히 대해야 한다는 말이다. "텅 비어 있지만 작용은 그치지 않고, 움직이면 움직일수록 생명력이 넘친다."라는 구절은, 어떻게 보면 체계가 없는 것처럼 보일 수도 있고, 명쾌한 역할이 없어 보일 수도 있고, 누가 스타이고 누가 평범한지 구분이 없을 수도 있지만, 공동의 목표를 향해 나아갈 때는 그 빈 공간이 숨 쉬는 생명력으로 살아난다는 것이다.
　이 구절을 보고, 내가 너무 단기적인 게임을 즐겨왔다는 느낌을 지울 수 없었다. 단기전이라면 최고의 선수로 구성해서 혹사를 시켜서라도 승리를 쟁취하면 그뿐이다. 하지만 100게임이 넘는 경기를 이어가려면, 아니 100년이 넘는 기업을 이어가려면, 실패하고 부상당한 선수가 쉴 수 있는 곳, 실력이 부족한 선수가 연습할 곳, 새로운 선수가 들어올 곳, 그런 빈 곳들이 필요한 것이다. 그리고 그들이 들어와 조직에 생명력을 부여하게 된다. 이 생명력이 조직의 목표를 향해가는 큰 힘이고, 장기적인 지속가능성을 높여주는 더 없이 중요한 요소라는 말이었다.

그렇게 도가를 배우고 조금씩 깨달아가며 그냥 자연스럽게 흘러갔다. 그리고 어떤 새로운 변화가 내 가슴 깊은 곳에서부터 샘솟기 시작했다.

## 우리 아이가 달라졌어요

작년 여름, 직장을 옮긴지 얼마 되지 않아서였다. 후배에게 이런 이야기를 들었다. '우리 전무님이 달라졌어요.'라는 것이다. 그래서 무슨 이야기냐고 물었더니, 평상시 나는 업무에 몰입하면, 피도 눈물도 없는, 과격한, 불같이 화를 내는 스타일이었는데, 어느 순간 화도 내지 않고, 싱글싱글 웃어 주고 그러면서 직원들과 대화하는 모습으로 바뀌었다는 것이다. 그들이 느끼기에 전혀 다른 사람이라는 것이다. 더 정확히 이야기하자면, 새 직장의 부하직원과 앞서 얘기한 여성팀원 A의 대화다.

"전무님 성격 좋은 것 같아요. 화내는 일도 별로 없네요."
"아 그래요. 쪼금만 더 기다려보세요. 본색이 드러날 테니."
"그게 무슨 말인데요?"
"3주 안에 더러운 성격 나온다에 내가 지금 가진 돈 전부를 걸겠어요."

조금 과장된 면은 있겠지만 실제 있었던 대화라고 한다. 결국 그녀는 내기에 졌을 것이다. 그녀가 나를 보며 '우리 아이가 달라졌어요.'라고 했다는 것이다.

나는 내 자신이 바뀌었다는 생각을 해 본 적은 없는데, 그 말을 듣고 생각해 보니 이해가 갔다. 인문의 숲 효과라고 해야 하나?

도가 수업을 듣기 시작하면서 조직에 대한 생각이 조금씩 바뀌어 갔다. 그리고 나의 다른 면을 보여줄 수 있었다. 미국에서 중국집 배달을 하던 때도 가끔 생각했다. 그 안에서 만났던 사람들, 따뜻했고 행복했다. 그것들이 내가 그렇게 치열하게 일할 수 있었던 힘이 아니었나 싶기도 하다. 다만 지금까지 내가 너무 앞만 보고 달려왔던 게 문제였다.

불현듯 내가 누렸던 작은 행복들을 조직원들도 누릴 권리가 있다는 생각이 들었다.

## 새로운 변화, 행복한 여정을 즐기다

도는 낳고 덕은 기른다.
기르고 양육하며 안정시키고 성숙시키며 돌보고 덮어준다.
무엇을 낳고도 그것을 소유하지 않고
무엇을 하고도 그것을 자랑하지 않으며
무엇을 길러주고도 그것을 주재하려 들지 않는다.
이것을 현덕이라고 한다.

• 《도덕경》 51장

### 익숙함과의 결별, 새로운 시작

사람 앞에 서는 사람에게는 더 많은 것이 요구된다고 여겼다. 혼자서 견뎌내야 할 것도 많고, 내일을 내다보며 준비해야 할 것도 많다고 여겼다. 그래서 나는 항상 바빴다.

항상 다른 사람들을 자극하고 이끌어가려 애썼다. 치열한 전쟁 같은 일상 속에서, 업무 외의 요소들은 내 귀중한 시간을 빼앗고 목표 달성을 방해하는 장애물이었다. 빈틈없는 계획과 실천 속에 부지런히 목적을 달성하려고 했고, 그것이 미덕이며 성공하는 사람들의 본질이라 여겼다.

그런데 모순이 공존한다는 것, 세상은 관계로 이루어진다는 것,

유무상생(有無相生)이 나에게 다가오면서 처음에는 혼란스러웠지만, 나를 주의 깊게 뒤돌아보고 두리번거리면서 조금씩 고개를 끄덕이게 되었다.

이제 익숙함과의 결별을 고하고 변화를 선택하려 한다.

2012년 여름은 치열했고, 뜨거웠다. 정든 조직을 떠나 대기업의 임원으로 새로운 도전을 시작했다. 그리고 내가 추구하던 리더의 모습에 몇 가지를 더하게 되었다.

첫째는 경계에 설 줄 아는 리더, 둘째는 구성원들을 다양한 관점에서 이해하는 리더, 셋째는 조직과 조직, 구성원과 구성원, 상급자와 하급자들의 관계를 이해하고 각자의 개성을 인정하는 리더이고 싶다. 그리고 마지막으로 '나를 따르라.'고 외치는 리더가 아닌, 구성원에게 더 많은 기회와 권한을 주고, 서로 격려하며 조직의 목표를 향해 나아가는 리더가 되었으면 좋겠다.

도가(道家)가 가져다 준 변화는 설레기도 하고 한편으로는 두렵다. 길을 잘못 들까 두렵고, 시간이 더 걸릴까 조급하기도 하다. 하지만 그 속에서 나는 더 커지고, 미국에서 중국집 배달을 할 때처럼 생각지도 못한 행운들을 만나게 될 지도 모른다.

세상에는 두 부류의 사람이 있다고 한다. 단 하나의 결심을 가진 사람과 그것을 갖지 못한 사람이다. '단 하나의 결심', 변화를 받아들이겠다는 이 결심이 나만의 것으로 머무르지 않고 다른 사람과 함께 할 수 있기를 바라본다.

나는 이제 숫자들의 세상이 아닌, 사람 사는 세상으로 이 즐거운 여정을 이어나갈 것이다.

## 아버지의 유산

얼마 전 가족과 함께 과천 경마장에 갔다. 그날은 우리 말 선시드가 대상경주에 출전하는 날이었다. 그 어느 때보다 기대를 가지고 발주대에 선 말들을 보며, 가슴을 졸였다. 뿌우하는 출발 나팔소리에, 14마리의 말들이 발주대를 박차고 나섰다. 선시드는 처음부터 600미터까지 선두로 질주해 나갔다. 그러나 첫 코너를 돌면서 추격을 당해 결국 결승선에서는 14마리 중에 14등으로 들어오고 말았다. 아쉬움을 안고 자리를 떠나야 했지만 끝까지 최선을 다하며 완주하는 모습에 마음이 짠했다. 그날이 선시드의 마지막 경주였기 때문이다.

다음날 선시드는 경주마에서 은퇴하고 제주도로 내려갔다. 아마도 지금 시원한 바닷바람을 맞으며 목장생활을 즐기고 있을 것이다.

아버지는 우리나라 1세대 수의사로 평생을 말에 대한 연구와 치료에 헌신하셨다. 은퇴하시고 환갑이 지난 후에도, 캄보디아의 시골마을에 작은 학교를 짓고, 선교사와 함께 농촌 아이들을 가르치시며 어느 누구보다 바쁜 나날을 보내셨다. 하지만 정작 당신의 건강검진은 소홀히 하셨고 2009년 대장암 4기 진단을 받으셨다. 나는 40대 중반이 되도록, 아버지의 말씀을 따르기보다 항상 맞서고 부딪치기만 했다. 아버지는 무척 고지식한 분이셨고 외골수로 평생을 살아오신 분이었다. 그래서 금융권에 종사하는 나와는 대화가 쉽게 풀리지 않았고, 좋은 뜻으로 시작한 대화도 항상 논쟁으로 끝나곤 했다. 하지만 아버지가 곧 돌아가실지도 모른다는 생각이 들자 순간 힘이 풀리고 마음이 흔들리기 시작했다.

그리고 지난 모든 일들이 후회로 밀려왔다. 나는 어떻게든 아버

▶ 선시드는 처녀출전에서 우승을 했다.

지가 살아계실 때, 평생 해 오신 일을 이어야겠다는 생각이 들었다. 당장 수의사 공부를 시작할까 생각하기도 했다. 그렇게 고민을 하다, 아버지가 평생 말과 함께 생활하셨다는 생각이 들어, 말을 한 마리 사기로 결정했다. 그리고 아버지께 마주가 되겠다고 했더니 기뻐하시며 첫 번째 말은 당신이 사 주시겠다고 내 손을 잡아 끄셨다. 그때 아버지가 사 주신 말이 선시드였다. 아버지가 주례를 서주셨던 조교사가 직접 제주도에서 수소문해 소개한 말이었다.

한동안 무릎이 좋지 않아 걱정이었던 선시드가 처녀출전을 하게 된 2011년 3월. 아버지는 이미 위중한 상태로 병상에 계셨다. 그리고 선시드는 첫 출전에서 예상을 깨고 우승을 했다. 아버지는 정말 기뻐하셨다. 그때 환하게 웃으시며 기뻐하시는 그 모습이 금방이라도 훌훌 털고 일어나실 것 같았다. 한 달 후, 두 번째 경주에 출전한 선시드는 다시 우승을 했다. 하지만 아버지는 중환자실에서 사경을 헤매고 계셨다. 의식이 불명확하시던 아버지께 우승 소식을 알려드렸다. 의사표현은 못하셨지만 분명히 좋아하신다는 걸 느낄 수 있었다. 그리고 이틀 후 아버지는 세상을 떠나셨다. 아버지의 장례를 치르고, 선시드는 세 번째 출전에서 또 우승을 했다. 기적 같은 일이었다. 우리 가족 모두는 확신했다. 하늘나라에 계신 아버지가 기뻐하시는 것이라고….

선시드는 아버지가 우리 가족에게 남겨주신 가장 소중한 유산이 되었다. 그 후 1년여 동안 경주마로 출전을 하며 우승과 꼴찌를 반복했다. 물론 우승을 하면 더 좋았지만, 승패와 관계없이 최선을 다해 묵묵히 뛰는 모습을 보는 것만으로도, 아버지의 모습이 보이는 것 같아 충분히 행복했다. 그리고 선시드의 우승 상금으로 두 번째 말을 장만할 수 있었고, 두 번째 말의 상금으로 올해 세 번째 말을 장만했다. 그렇게 아버지의 유산은 계속 이어지고 있다.

아버지 장례식 날 새벽, 거동이 불편해 보이는 한 사람이 큰 가방을 끌고 영안실에 나타났다. 자세히 보니 아버지가 캄보디아에 계실 때 근처에서 사역하시던 젊은 선교사셨는데 파킨슨병을 앓고 계셨다. 그분이 부고를 듣고 새벽비행기로 오셔서 몹시 흐느껴 우는 모습을 보았다.

누군가가 나의 죽음에도 저렇게 슬프게 흐느껴 줄까, 나는 그런 삶을 살고 있을까?

아버지는 어떻게 사는 것이 올바른 삶인지 나와 나의 아이들에게 가르쳐 주셨다.

아버지가 보고 싶다. 제주도에 가야겠다.

# 제대로 놀 줄 아는 사람이 이 시대를 리드한다

오종철

1. 왜 도가 철학의 시대인가?
2. 꽃이 되기보다 진정한 꽃받침이 되리라
3. 나를 알아차리는 명철함이 소통의 시작이다
4. 천하를 얻으려면 모순의 경계에 서라
5. 당장 내가 쉽게 할 수 있는 것에 집중하라

# 왜 도가 철학의 시대인가?

도는 텅 비어 있다. 그러나 그 작용은 끝이 없다.
깊기도 하구나! 마치 만물의 근원 같다.
신비롭기도 하구나! 마치 진짜로 있는 것 같다.
나는 그것이 누구의 자식인지 모르겠다.
하느님보다 먼저 있었던 듯하다.

• 《도덕경》 4장

## 내 정체성의 혼돈

2013년 새해, 어느덧 방송에 데뷔한 지도 18년이 되었다. 최근에 나를 알게 된 사람들은 벌써 그렇게 됐느냐며 놀라워한다. 방송에서 내 존재감이 그만큼 적다는 반증이다. 그러고 보면 나는 인기 스타는 아니다. 이 책의 독자들은 정말 특별한 경험을 하고 있는 것이다. 사실 인기 있는 연예인을 만나는 것은 의외로 쉽다. 왜? TV를 틀면 나오니까. 그러나 나처럼 인기 없는 연예인을 특히, 그 사람의 책을 읽는다는 건 정말 특별한 경험이 아닌가.

그러나 나는 공백 기간 없이 쭉 활동해 왔다는 것에 자부심을 갖고 있다. 1996년 SBS 공채 개그맨으로 데뷔했지만, 개그보다는 교양프로그램에서 MC와 리포터로 더 많은 인정을 받았다. 하지만 지상열, 심현섭, 강성범, 김준호와 같은 공채 동기들이 '개그콘서트'와 '웃찾사'를 비롯해 각종 예능프로그램에 출연하며 한창 인기를 얻고 있었을 때, 교양프로그램에서 리포터로만 활동하던 나는 개그맨이라는 정체성에 대해 심한 혼란을 겪으며 살았다. 어디 가서 '개그맨 오종철'이라고 해야 할 지, '리포터 오종철'이라고 해야 할 지 항상 고민했다.

## 내 인생의 터닝포인트 '오종철의 대한민국 성공시대'

그러던 2008년, 'EBS FM 직장인 성공시대'라는 라디오프로그램에서 MC섭외가 들어왔다. 그 프로그램의 담당자는 김준범 PD로 현재는 라디오 부장이다.

"국내 최초 자기계발플랫폼으로 기획된 라디오프로그램이에요. 진행자로 오종철 씨를 모시고 싶어서요."

"왜 하필 전가요?"

"진행자로 딱딱한 정보 전달이 아닌 즐겁게 지식을 전달할 수 있는 개그맨이었으면 좋겠는데, 특히 그중에서 책을 쓴 사람을 찾고 있었어요."

그랬다. 물론 지금은 서점에서 도통 찾기도 어려우나, 2007년 나는 《입사면접필살기》라는 면접 관련 책을 썼다. 그 책이 이렇게 프로그램 섭외에 도움이 될 줄은 몰랐다. 그런 것을 보면 책은 꼭 많이 팔리라고 존재하는 건 아닌 듯싶다.

나는 부족하지만 최선을 다해보겠다는 각오로 이 프로그램을 맡았다. 처음 시작할 때, 청취율 0.0%의 한 시간짜리 프로그램을 3년 동안 진행하며, 방송사 창사 이래 동 시간대 최고 청취율 1.0%와 두 시간으로 확대된 '오종철의 대한민국 성공시대'가 될 때까지 혼신의 힘을 바쳤다. 그리고 이 프로그램을 진행한 것이, 나의 18년 방송 생활에 중요한 터닝포인트가 되었다.

이 방송을 통해 수많은 작가와 강사들, 그리고 기업인과 자기 분야에서 성공을 거둔 분들을 만나며 좁았던 시야를 넓힐 수 있었고, 이를 계기로 오히려 개그맨이라는 내 직업의 정체성을 다시 찾을 수 있었다.

'오종철의 대한민국 성공시대'를 통해 만난 분 중에 가장 큰 도움을 준 사람이 바로 배양숙 삼성생명 FC상무이다. 사실 내가 요즘 토크콘서트와 강연 문화의 대표 브랜드로 활동할 수 있는 데에는 그녀의 역할이 매우 컸다. 강연 토크쇼에 대한 아이디어와 의지만 가지고 있던 나를 이끌어 '오종철의 TOK쇼'의 성공적인 쇼케이스를 열 수 있도록 아낌없는 후원을 해 주었기 때문이다. 만일 그녀가 부추겨주지 않았다면 그저 스쳐 지나가는 생각만으로 끝났을지도 모를 일이다. 무엇보다 고마운 것은, 그녀와의 인연으로 2012년 한 해 동안 도가 철학의 세계를 접할 수 있게 되었다는 점이다. 도가 철학을 공부하면서 내가 하고 있는 일에 대한 철학적 기반을 갖게 되었다. 특히 새로운 문화의 길을 개척해 나가는 데 얼마나 큰 버팀목이 되었는지 모른다.

자, 이제 내가 노자와 장자를 만나 어떤 이야기가 만들어졌을까? 어찌 속세를 살면서 노자의 말처럼 살 수 있겠는가? 그러나 노자를 익히면 익힐수록 지금 현실과 딱 맞아 떨어지는 아주 강력한 철학임을 깨닫는다.

## 인문학의 위기가 인문학 열풍을 불러오다

'수요포럼 인문의 숲' 첫 강의는, 요즘 우리는 왜 인문학에 열광하며, 왜 인문학을 배워야 하는가에 대한 질문으로 시작 되었다.

최 교수님은 "누구나 스스로 생각하는 법을 배워야 하는데, 우리는 다른 사람의 생각만을 배우기에만 급급했고, 그것에 내 생각을 맞추어 살다보니 내 자신이 스스로 생각하는 법을 잊고 살았다."고 강조했다. 우리 사회 전체가 '인문학적 사유'의 부족으로 주변에서 일어나는 현상에 대한 해석이 불가능해진 게 사실이다. 그러나 우리가 살고 있는 사회는 더 빠르게 변화하며 지금까지 배워 온 지식으로는 설명할 수 없는 여러 현상이 일어나 우리를 혼란에 빠뜨리고 있다. 이제야 그에 대한 해답을 인문학에서 찾으려는 '인문학 열풍'이 불고 있다고 역설했다.

근대인과 현대인의 차이는 무엇일까? 근대인은 근대의 철학을 토대로 살았던 사람들이고 현대인은 현대의 철학을 토대로 사는 사람들이다. 그렇다면 지금 우리는 현대인으로서 어떤 철학을 토대로 살아가고 있을까? 과연 도가는 현대 철학으로서 우리가 살아가는 이 시대를 설명할 수 있을까?

그는 이렇게 이야기했다.

"미래를 진단하는 일은 매우 지난한 과정이 요구된다. 하지만 지금까지 일반적으로 논의된 내용들을 볼 때, 만일 미래가 집중보다는 분산으로, 소품종 대량생산보다는 다품종 소량생산으로, 중앙집권보다는 지방분권으로, 절대성보다는 상대성으로, 동일성보다는 차이의 공존으로, 추상적인 이상보다는 구체적인 삶으로, 체계적인 이념보다는 개방적 소통으로, 본질적 실체의 탐구보다는 비본질적 관계의 탐구로 나아갈 것이라는 데에 동의한다면, 노자가 들려 줄 설득력 있는 이야기는 참으로 많아질 것이다."

## 정해진 틀 없이 자유롭게 펼치는 리얼버라이어티

1996년 내가 데뷔할 당시만 해도, 예능을 대표하는 코미디프로그램의 대세는 콩트였다. 기승전결이 확실한, 탄탄한 구성으로 짜여진 대본이 우선이었고, 개그맨들은 정해진 구성대로 연기에 충실하면 됐다. 그 당시 인기 있던 개그맨들은 코미디 연기, 즉 콩트 코미디를 잘하는 사람들이었다. 그러나 콩트 코미디는 사라진 지 오래다.

　최근 들어 예능을 대표하는 건 리얼버라이어티 프로그램들이다. 무한도전, 1박2일, 런닝맨과 같은 리얼버라이어티 프로그램들이 주말 황금시간대를 차지하며 시청률 경쟁에 한창이다. 리얼버라이어티의 가장 큰 특징은 정해진 틀이 없다는 것이다. 또 고정 스튜디오가 아닌 출연자들이 가는 곳이 어디든 촬영 장소가 된다. 또 촬영 시간의 한계도 훌쩍 뛰어 넘었다. 1박2일은 실제 이틀 동안 촬영이 진행된다. 게다가 출연자들은 정해진 대본 없이, 자신들의 독특한 캐릭터를 가지고 그 안에서 자유롭게 자신을 표현하고, 연기가 아닌 실제 자신을 그대로 드러낸다.

불과 10여 년이 채 되지 않은 사이에 우리는 어느새 달라진 예능 프로그램을 즐기고 있다. 예전의 예능 스타들이 정해진 틀 속에서, 자신이 아닌 만들어진 캐릭터를 통해 인기를 얻었다면, 이제는 그 틀을 뛰어넘어 자유롭게 오고가며 자신으로부터 비롯된 독특한 캐릭터로 스타덤에 오른다. 이미 스타들의 이런 진정성 있는 캐릭터가 시청자들에게 더욱 인기를 끌고 있는 것이 현실이다.

### '싸이'의 성공에서도 노자가 보인다

이제 시청자들은 그저 일방적인 수용자임을 거부한다. 예전에는 방송국만이 스타를 만들 수 있었다. 방송국에서는 매년 탤런트와 개그맨을 공채로 뽑았으며 각종 가요제를 통해 가수를 데뷔시켰다. 그러나 최근 '슈퍼스타K'와 같은 오디션프로그램들을 봐도 알 수 있듯이, 심사 결과의 비중을 시청자들의 문자 투표에 가장 많이 둔다. 심지어 유명가수들도 '나는 가수다', '불후의 명곡' 같은 프로그램을 통해 시청자들의 재평가를 받고 있다. 이처럼 시청자들은 보다 적극적으로 참여하기를 바란다. 이렇게 방송프로그램의 변화만으로도 우리 사회가 어떻게 변화하고 있는지 알 수 있다.

또한 미디어의 커뮤니케이션 방식도 기존의 매스커뮤니케이션 방식에서 각각의 개인이 미디어가 되는 휴먼커뮤니케이션 방식으로 바뀌었다. 최근 국제가수가 된 싸이의 성공이 가능할 수 있었던 것도, 방송사의 힘이 아니라 유튜브와 같은 개인 미디어의 영향력이었다. 미디어 권력의 방향도 중앙집권적인 거대 미디어에서 개인의 손 안으로 향하고 있다. 이처럼 내가 속해 있는 방송문화와 커뮤니케이션 분야의 변화는 노자의 이야기와 여러 가지 점에서 방향성이 일치한다.

## 꽃이 되기보다 진정한 꽃받침이 되리라

천지자연은 장구하다.
천지자연이 장구할 수 있는 까닭은
그 자신을 살리려고 하지 않기 때문이다.
그러므로 장생할 수 있다.

• 《도덕경》 7장

### 괜찮니? 괜찮아. 괜찮니?

매 시간 강의를 들으며, 내가 하고 있는 일에 바로바로 대입해 보고 응용해 보는 재미에 빠졌다. 그 중 도덕경 7장은 내가 MC로서 소명을 다지는 데 큰 도움을 주었다.

2006년, 나는 한 강사의 강연을 들었다. 그리고 강연을 마치고 돌아가는 그를 붙잡아 설렁탕을 대접하고 처음으로 그와 인연을 맺었다. 그가 바로 최근 인기 스타강사로 떠오른 소통전문가 김창옥 교수(서울여대 겸임교수)이다. 그가 'CBS 세상을 바꾸는 시간 15분'에서 '나는 당신을 봅니다.'라는 주제로 강연한 영상이 유튜브 조회수 300만 건을 넘길 정도로, TV와 강연분야에서 연예인 못지않은 인기를 얻고 있다.

그의 완벽한 표정 연기와 호흡, 강연 내용까지 내게는 신선한 충격이었다. 게다가 그때 리포터를 양성하는 아카데미 사업을 3년 동안 해 오며 경영난으로 어려움을 겪고 있던 터라 나는 그의 강의에서 큰 위로를 받았다. 방송에서 치열한 경쟁을 하고, 오로지 아이디어 하나로 시작해 냉정한 비즈니스 사회에서 앞만 보고 달리던 나를 스스로 챙겨볼 수 있게 해 주었던 것이다.

만약 지금 이 책을 읽는 당신도 자신을 한 번 포근히 감싸 안아주며 이렇게 말해주시라.

"괜찮니? 괜찮아. 괜찮니? 괜찮아. 괜찮니? 괜찮아."

우리는 가끔씩 사석에서 만남을 이어오다, 2008년 내가 라디오를 맡으며 코너 중 공개특강 시간에 그를 초대했고, 청취자들의 반응이 좋아 고정 코너로 함께 호흡을 맞추었다. 그러면서 우리 두 사람은 서로 같은 꿈을 꾸고 있다는 걸 알게 됐다.

**욕심이 빚은 좌절과 깨달음**

'소통을 주제로 한 토크쇼 진행'의 꿈을 공유했던 우리는, 그냥 먼저 만들어 버리자고 결심하고, 2009년 2월 홍대 어느 북카페에서 '김창옥, 오종철의 소통OK쇼'를 시작했다. 대본도 없이 김창옥은 강연을, 나는 진행을 하며 서로의 호흡을 다져 나갔다. 내가 오프닝을 하고, 그가 미니강의를 하고 이어서 참석한 관객들이 자발적으로 앞에 나와 자신들의 이야기를 털어놓는 순서로 진행했다. 회를 거듭할수록 점점 인기가 좋아져 찾는 사람들이 많아졌다.

그리고 6개월 뒤, 우리는 CBS기독교방송에 '김창옥, 오종철의 강의쇼 〈만사형통〉'이라는 프로그램으로 '소통 토크쇼'를 방송에서 할 수 있게 되었다. 방송프로그램도 CBS-TV 최고 인기프로그램이 되며 2013년 2월까지 시즌2를 성공적으로 마쳤다.

이렇게 되기까지 여러 시행착오가 있었다. 물론 전적으로 내 탓이었다. 프로그램이 잘 되면서 많은 관심을 받게 되자, 나도 모르게 '아니 개그맨은 나인데, 나도 웃겨서 튀고 싶다.'라는 생각이 더욱 커졌고 항상 그에게 쏠리는 관심을 나도 받아보고 싶다는 욕심이 생겼다. 중간 중간 과도한 애드립을 쳤다. 어떻게든 웃겨보기 위해 애를 썼다. 이런 나의 노력은 오히려 재미보다 강연의 맥을 끊어버리는 지경까지 이르게 되었다.

사실 우리 두 사람의 호흡은 철저히 서로의 정확한 역할 구분에서 완벽했다. 그런데 내가 그 룰을 깨자, 프로그램 전체가 흔들렸다. 이 사실은 프로그램을 본 시청자들이 먼저 알았고, 동영상 사이트 댓글이나 시청자게시판에서는 내 진행에 대해 불만을 표하는 사람들이 늘어나기 시작했다.

"엠씨 진짜 심하다. 일부러 방해하려고 미션 받은 거 같을 정도다. 피디는 뭐 하는 거지 제지 안 하고."

"사회자 왜 이렇게 치고 들어오지… 옆에서 가만히 찌그러져 있지. 강의 방해 안 되게끔."

"MC 마이크 꺼버렸으면."

그나마 추리고 추려서 몇 개 적었지만, 내게는 상당한 충격이었다. 그럼에도 김창옥 교수는 내게 이런 불편함을 직접적으로 드러내지 않았다. 결국 만사형통 외에 함께 진행하던 '포프리쇼'는 촬영 당일, 제작진으로부터 MC 하차 소식을 전해 들었다. 예기치 않았던 일방적 통보라 정말 당황스러웠다. 자존심도 엄청 상했다. 며칠 간 그 충격에서 헤어 나오지 못했다. 그렇게 마음이 상해 있을 때, 노자의 이 구절을 배웠다.

천지자연이 장구할 수 있는 까닭은
그 자신을 살리려고 하지 않기 때문이다.
그러므로 장생할 수 있다.
성인은 이러한 자연의 이치를 본받아
자신을 내세우지 않는다.
그러나 오히려 앞서게 된다.

이후 나는 MC로서의 마음가짐을 새롭게 다졌다. 무대의 진정한 주인으로서, 내 자신을 억지로 내세우지 않아도 억지로 튀려고 하지 않아도, 오히려 그것이 더 앞선다는 것을 깨닫게 되었다. 그리고 나의 진행 스타일을 바꾸기 시작했다. 나는 일종의 '추임새'라고 생각했던 '네', '그럼요' 등의 말들을 자제했고, 김창옥 교수가 물어보거나 필요로 하는 내용에 대해서만 대답하거나 받아주며, 자연스럽게 대응하기 위해 노력했다. 내가 진행해야 하는 타이밍에 집중해 프로그램을 이끌어나간 것이다. 다시 우리 두 사람의 정확한 롤이 정해지며, 프로그램은 더욱 재밌어지고 공개녹화 때는 생각지도 못했던 너무 많은 관객들이 찾아와 의자 부족 사태가 벌어지기도 했다. 나는 "이러다 건너편 SBS에서 의자를 빌려와야 하는 거 아니냐."며 너스레를 떨기도 했다.

그렇게 시간이 지났고, 김창옥 교수가 만사형통 방송 강연 중에

▶ 김창옥 교수와 함께하는 만사형통 방송 강연 중 파안대소.

나에 대해 이런 비유를 한 적이 있다.

"저와 오종철 MC는 좋은 파트너이자 친구입니다. 제가 꽃이라면 오종철 씨는 자신의 모든 걸 내어주는 꽃받침과 같은 존재예요. 그래서 제가 더 활짝 필 수 있게 해 주지요."

이 말에 관객들은 내게 박수와 찬사를 아낌없이 보내 주었다. 정말 눈물이 날 것 같았다. '앞으로 오종철은 MC로서 아니 인생이라는 내 무대의 주인으로서, 누구에게나 든든한 꽃받침이 될 것이다.'

꽃받침은 꽃의 밑이 아닌 시작이란 걸 깨달았다. 꽃받침 없이 꽃잎은 스스로 필 수 없으니, 나는 기꺼이 꽃받침이 될 것이다. 그것이 바로 꽃이 아름다울 수 있는 이유이기 때문이다.

### 18년차 개그맨, 소통테이너로 다시 뜨다

위의 소제목은 얼마 전, 한 잡지사와의 인터뷰에서 기자가 쓴 타이틀이다. 내 상황을 잘 말해 주는 것 같아 반가워서 인용했다. 최근 나는 세 가지 영역에서 활동 중이다. 첫째, 기존에 해 오던 방송 출연 및 각종 행사 활동. 둘째, 여러 국가기관 및 기업체 강연 활동. 셋째, 여러 기업체와 함께 정기적인 토크콘서트를 기획하고 진행한다. 이 모든 것이 개그맨이라는 직업의 틀에 갇혀 있었다면 불가능했을 일들이다.

요즘 나는 나 자신을 이렇게 소개한다.

"얼마 전까지 1,000명의 개그맨 중에 한 명이었다가, 세상에 단 하나뿐인 소통테이너로 활동 중인 오종철입니다."

현재 대한민국에는 '개그맨'이라는 직업을 가진 사람이 각 방송사 공채 개그맨만 합쳐도 1,000명이 넘는다. 그러나 이들이 활동할 수 있는 프로그램은 그리 많지 않다. 대표적 인기 코미디프로그램인 KBS의 '개그콘서트'만 하더라도 전체 출연자가 50명 정도밖에 안 된다. 다른 방송국 프로그램을 다 합쳐도 100여 명의 개그맨만이 코미디프로그램에서 활동하고 있을 뿐이다. 그렇다면 그 치열한 경쟁에서 뒤로 밀린 나머지 900여 명의 개그맨은 어떨까? 얼마 전까지 나도 그 중의 한 사람으로 그 100명 안에 들기 위해 치열하게 살았다. 심지어 그 100명의 추락을 은근히 기대하며 살기도 했다. '누가 도박 안 하나, 음주운전 안 걸리나?' 하며 내 자리도 아닌, 그 빈자리를 찾기 위해 연예 기사를 뒤적거린 적도 있다.

수업 중에 노자의 꿈에 대한 이야기를 들었다.

나는 "노자 사상에서 꿈과 목표를 갖는 것이 불가한 것인가?"라고 질문했다.

"그 꿈과 목표는 자기 자신의 욕망에 기인한 것인가, 아니면 사회가 만든 왜곡된 꿈과 목표를 꾸었던 것인가?"라고 교수님은 되물었다. 노자라면 이렇게 답했을 거라며 "너의 욕망에서 비롯된 꿈을 꿔야 비로소 너의 생명력을 발견하게 된다."고 하였다.

그리고 이런 질문을 던졌다.

"지금 당신은 바람직한 일을 하고 계십니까? 자기가 바라는 일을 하고 계십니까? 해야 하는 일을 하고 계십니까? 하고 싶은 일을 하고 계십니까? 좋은 일을 하고 계십니까? 좋아하는 일을 하고 계십니까?"

이 질문은 내게 큰 충격이었다. 개그맨이라는 직업을 가지고 20년 가까운 시간을 보내면서 한 번도 나 자신에게 해 본 적이 없는 질문이었다. 진정 이것이 내 욕망에서 비롯된 꿈일까? 나는 비로소 내가 세상이 만들어 놓은 인기스타라는 허상에 현혹되어, 그들처럼 되기 위해 아무 소명도 없는 꿈을 쫓고 있다는 것을 깨달았다. 그러면서 내 욕망을 들여다보기 시작했다. 세상이 정해놓은 길을 가야 한다는 생각에서 벗어나, 내가 바라고, 하고 싶고, 좋아하는 것에 집중했다.

## 자신만의 브랜드를 찾으라

수 년 동안 내가 성과를 내왔던 프로그램들과 역할들을 하나씩 떠올렸다. 어떤 일을 할 때 가장 신이 났고 행복했는지 생각했다. 나는 MC로서 그 무대의 주인 역할을 할 때 가장 행복했다. 내 프로그램에 나와 준 게스트와 방청객들이 진심으로 고마웠고, 그들이 내 무대에서 역량을 발휘하도록 도우며, 그들이 최고의 모습을 보여 줄 때 보람을 느꼈다.

또한 무대와 객석이 소통하지 못할 때의 불편함을 누구보다 잘 알기에, 중간에서 소통이 원활하도록 돕는 역할에 익숙했다. 가령 강연프로그램에서 강연자는 가끔 전문용어나 이해하기 어려운 이야기를 할 때가 있다. 이때 관객들은 흥미를 잃어버린다. '자기만 이해하지 못했나.' 싶은 부끄러움에 질문도 하지 않는다. 그때 나서서 대신 질문하거나, 쉬운 예를 들어 이해를 도와주면 다시 집중도가 올라간다는 걸 경험했다. 또한 관객들의 집중력이 떨어지는 순간을 감각적으로 알아채고, 중간 중간 위트와 추임새로 분위기를 다잡는 능력이 있다는 걸 알았다.

이러한 생각들은 결국, 남들과 똑같아지려고 치열한 경쟁을 하던 1,000명의 개그맨 중 하나였던 나에게 '소통테이너'라는 '나만의 브랜드'를 찾게 해 주었다.

그 후 작년 한 해 동안, 나는 개그맨이 아닌, 소통테이너로서 이전에는 상상도 못했던 일들을 해 냈다. 먼저 대한민국에 불어 닥친 '토크콘서트' 열풍에 맞물려, 전문MC로서 진행뿐 아니라 여러 기업과 단체들과 함께 행사의 기획과 섭외의 역할까지 하고 있다. 그리고 많은 강연을 통해 나의 소통 경험과 방법을 사람들에게 전하고 있다. 이런 활동 덕분에, 한 강연에이전시의 연예인 강사 순위 1위에 올랐고, 각종 매스컴에서 인터뷰를 하기도 했다. 그만큼 소통은 우리 사회에 꼭 필요한 요소였다.

나의 작은 성공은, 세상이 열광하는 가치의 기준이 변화하는 과정에서 이룬 것이라고 할 수 있다. 산업화 시대에 공장에서 똑같은 물건을 대량으로 만들 때, 우리의 개성은 필요 없었다. 똑같은 가치와 기준으로 우리를 가르쳤다. 우리는 개성을 잃어버렸다. 그리고 우리의 욕망도 획일화되었다.

이제 세상은 변화하고 있다. 남들과 다른 자신만의 개성으로 묵묵히 자기 갈 길을 가는 사람에게 관심을 갖기 시작했고, 그 개성은 사회적 가치로 인정받기 시작했다.

최고가 아닌 유일한 것, 즉 넘버원(NO1)이 아닌 온리원(ONLY1)의 가치에 사람들은 열광한다.

# 나를 알아차리는 명철함이
# 소통의 시작이다

타인을 아는 자는 지혜로울 뿐이지만,
자신을 아는 자라야 명철하다.
타인을 이기는 자는 힘이 센데 불과하지만,
자신을 이기는 자라야 진정한 강자이다.
• 《도덕경》 33장

---

**먼저 자기 자신과 소통하라**

나는 소통테이너로서 소통에 대한 강연을 많이 하게 된다. 여기서 소통은, 그냥 단순히 통(通)하는 것의 의미보다는, 무언가 막혀 있던 것을 뚫고 나서 통하기 시작한다는 조금 더 적극적인 소통을 말한다. 위의 구절은 이를 잘 설명해주고 있다.

나는 강연에서 소통의 대상을 세 가지라고 말한다. 첫째 나 자신, 둘째 내가 하는 일, 셋째 타인이다. 그러나 우리는 '소통해야 한다.'라고 하면 세 번째인 타인과의 소통만을 강조한다. 기업에서도 조직원, 부서 간의 소통을 강조하며 스킬 위주의 교육에 집중한다. 하지만 나는 '자신과 소통하고 내 일과 소통하면 타인과의 소통은 자연스럽게 이루어진다.'고 말한다. 나도 나 자신 그리고 개그맨이라는 내 일과 소통이 되지 않아 꽉 막혀 있을 때는, 아무리 세상과 소통하려 해도 세상은 관심조차 주지 않았다. 그러나 막상 나 자신과 마주하고 내 일과의 소통이 조금씩 시작되자, 세상도 나의 매력을 조금씩 알아봐주기 시작했다.

## 자신과의 소통을 가로막는 심리적 가면

최근에 나 자신과의 진정한 소통을 경험했다. 나와 김창옥 교수는 만사형통 뉴욕특집 녹화를 위해 뉴욕에 가서 모처럼 한 방을 쓰게 되었다. 그때 나는 그와 진행하던 '포프리쇼'에서 일방적 하차 통보를 받은 지 얼마 되지 않은데다, 나의 진행스타일에 대한 불만 댓글 등으로 심리적으로 굉장히 불안한 상황이었다. 도움이 절실히 필요했으나, 남에게 신세지기 불편해하는 성격상 누군가에게 도움을 청하기는 쉽지 않았다. 그러나 그와 함께 있을 때, 아주 어렵게 강연에 대한 지도를 부탁했다.

"창옥 샘, 나 강연하는 것 좀 봐줘요."
라고 말문은 텄지만, 내심 속으로는 "창옥샘, 나 좀 도와줘요. 나 정말 잘하고 싶은데, 그게 잘 안 돼요. 나 좀 도와줘요."라고 외치고 있었다.

그는 내 속마음을 읽은 듯, 내 곁으로 바짝 다가와서 나를 바라보았다. 그리고 아무 말 없이 노트북을 켜고, 내가 출연했던 'CBS 세상을 바꾸는 시간 15분'의 강연 동영상을 보여주며 조언을 시작했다. 볼륨을 줄이더니 내 표정부터 보란다. 말소리가 들릴 때는 몰랐으나 말소리를 없애고 보니, 얼굴에 표정의 변화가 거의 없었다.

"보세요. 볼륨을 끄고 보면 그 사람의 표정이 확실히 보입니다. 근데 종철 샘은 코밑의 움직임은 활발한데, 코 위로의 눈이나 이마 등의 표정이 거의 없습니다. 이는 선천적으로 근육에 문제가 있거나 진정한 자신이 아닌 심리적 가면을 썼을 때 나타나는 현상이에요."

분명 얼굴 근육 문제는 아니니 내 심리 상태에서 비롯된 것일 것이다. 그러면서 왜 내가 진정한 내 감정의 표정이 아닌 무표정의 가면을 쓰게 됐는지 이야기를 해 보라고 했다. 나는 간단한 스피치를 위해 그를 향해 주춤거리며 일어서는 순간, 개그맨에 처음 데뷔했을 때 선배들이 웃겨보라고 시키던 일이 떠오르며 갑자기 눈물이 나기 시작했다. 그동안 감정을 추스르며 억지로 억눌러 놓았던 그 무엇이 터진 것 같은 기분이었다.

그는 울고 있는 나를 위로하며 이렇게 말했다.

"우선 종철 샘께서 먼저 용기 내서 도와달라고 말해 줘서 고마워요. 아까 저한테 부탁하실 때, 그 마음의 무게가 온전히 느껴졌습니다. 아마 오늘 이 시간으로 인해 종철 샘에게 아주 좋은 변화가 있을 거라 생각합니다."

그리고는 내가 미처 알지 못했던 나의 심리적 가면의 원인을 함께 찾아보기 시작했다. 그러면서 알게 된 것은, 나는 무언가 평가받는 자리를 매우 불안해 한다는 것이다. 그러다 보니 방송이든 행사든 사람들의 반응에 굉장히 신경을 쓴다. '왜 이렇게 재미없어' 하는 표정만 봐도 경직되고 온몸에 땀이 나기 시작한다. 무대에 설 수 없는 조건을 갖춘 셈이다. 자연스레 감정을 속이는 것에 익숙해졌고, 나도 모르게 나의 진정한 표정이 아닌 가면을 쓰게 된 것이다. 왜 그럴까? 의문은 계속됐고, 결국 나는 그 이유를 찾았다.

### 나와의 진정한 마주침에서 찾은 해답

내게는 모든 것에서 나보다 뛰어났던 여덟 살 위의 형이 있다. 형은 과외 없이도 전교 1등에 서울대를 떡하니 들어갔다. 얼마 전까지 외국회사의 임원으로 있다가 최근 국내 대기업의 임원으로 활동하고 있다. 나는 모든 것에서 형에게 뒤처졌다. 그러다보니 당연히 부모님의 걱정거리는 나였다.

그런 상황인지라 나는 내게 문제가 생긴다는 것을 내 스스로 용납하지 못했던 것 같다. 그래서 어려서부터 무슨 일이 있어도 아무 일 없는 듯해야 했고, 힘들어도 힘들지 않은 척하고, 부모님이 반대하던 개그맨이란 직업을 택한 탓에 생활이 어려워서 빚을 내는 한이 있더라도 부모님에게만큼은 아무 일 없이 잘 지내는 아들로 보이고 싶었던 것이다. 기분이 상하고 화가 나도 묵묵히 참아 견뎠고, 누군가의 이야기를 이해하지 못해도 이해한 척하고는, 나중에 혼자 끙끙대며 어렵게 익히곤 했다.

짧은 시간이었지만, 그동안의 여러 모습들이 생생하게 떠오르며, 그 안에서 가슴 졸이는 내가 보였다. 순간 눈물이 왈칵 쏟아지기 시작했다. 정말 펑펑 울었다. 예전에는 울고 싶어도 자동으로 감정을 추스르는 바람에 울지도 못했다. 그러나 그 순간만큼은 그냥 그대로 울고 싶었다. 실컷 울고 나니 속이 후련했다. 그동안 미처 깨닫지 못했던 나와의 만남이 정말로 반가웠고, 그것을 알아차렸다는 것만으로 새로운 힘이 생기는 것 같았다.

아무 일 없다고 괜찮다고 숨겨두는 건, 오히려 그 일을 크게 키우는 일이라는 것을 깨달았다. 일을 하면서도 남에게 싫은 소리 할 줄 모르고 그냥 좋게 좋게 넘어가는 것이 낫다고 생각했던 모습들이, 오히려 내 감정을 감추는 가식적인 가면을 만들었던 것이다.

  그 이후 내 삶의 방식이 조금씩 바뀌기 시작했다. 한 순간 모든 것을 바꾼다는 것은 불가능했지만 가면을 조금씩 지워가며 내 진정한 모습을 만났을 때의 기쁨은 매우 컸다. 배우고 싶은 것이 있으면 가르쳐 달라고 했고, 남들의 칭찬보다는 따끔한 일침을 겸허히 받아들일 줄 알게 됐으며, 도움이 필요할 땐 조금씩 부탁까지 할 수 있게 되면서 오히려 사람들과의 관계가 많이 좋아졌다. 만약 다른 이들과의 관계로 고민이 있다면, 그 관계에 집중하지 말고, 그 방향을 자신에게 먼저 돌려보길 바란다. 분명 해답은 나와의 진정한 마주침에서 찾게 될 것이다.

# 천하를 얻으려면 모순의 경계에 서라

자신의 관점으로 보지 않기 때문에 최고의 인식에 도달하고,
자기를 옳다고 하지 않으니 오히려 빛나게 되며,
자기를 드러내지 않기 때문에 공이 있게 되고,
자기를 내세우지 않기 때문에 지도자가 된다.
오직 다투지 않기 때문에 이 세상에 아무도 그와 다툴 수 없다.
옛날부터 내려오는 '곡즉전'이라는 말이 어찌 헛된 말이겠는가!

• 《도덕경》 22장

---

### 이미지와 철학을 알려라

경계인이라는 말이 자주 들리는 요즘이다. 노자는 어느 한 쪽에 치우치지 않고 양쪽 모두를 수용할 수 있는 사람, 모순의 경계에서 이 모순을 해결할 수 있는 사람을 최고의 리더로 꼽았다.

지난 해 여름, 한 인터넷 취업포털 회사에서 연락이 왔다. 그들은 당시 CI, 즉 기업의 로고를 새롭게 바꿨는데, 이를 알리기 위한 다양한 홍보방법을 찾는 중이었다. 나에게도 토크콘서트와 관련한 기획을 요청했다. 물론 다른 업체도 참여하는 입찰 방식이었고 아이디어가 필요했다.

나는 우선 회사 소개서와 홈페이지를 통해, 회사의 비전과 미션,

기업 철학과 문화를 살폈다. 그 중에 '직업'이 갖는 근원적 가치와 업의 진정성 추구라는 구절을 찾았다. 직업(職業)이라는 두 글자를 풀어보면, 직(職)은 그 일자리를 뜻하고 업(業)은 일을 대하는 태도, 소명을 뜻한다고 한다. 나는 '업'이라는 단어에 포커스를 맞췄다.

현재 대한민국은 일자리가 부족한 문제보다 그 일을 대하는 소명(召命)의 부재가 더 심각하다. 내가 개그맨이라는 일을 아무 소명 없이 했던 것처럼 그렇게 일하고 있는 사람들이 많다는 말이다. 그러다 보니 자꾸만 회사를 옮긴다. 또 대학생들은 전공을 바꾸기 위해 편입 준비에 몰두한다. 사실은 그 일을 대하는, 내 전공을 대하는 태도를 바꾸는 게 우선해야 한다. 뭐가 되는 것이 먼저가 아니라 왜 그것을 하려 하는지에 대한 소명의식이 필요하다. 그리고 나의 이런 생각이 그 회사의 경영철학과 잘 맞았다.

때마침 사회적 이슈는 '꿈의 부재'였다. 단순히 뭐가 되겠다는 꿈이 아닌, 방향과 목적의 상실이었다. 또한 이 꿈은 젊은 청춘들에게만 해당되는 것이 아니었다. 점점 빨라진 조기 은퇴자들에게도 인생 이모작을 위해 꼭 마련해야 할 전략과도 같은 것이었다. 나는 이 꿈과 토크콘서트의 목적인 새로운 로고를 알리는 방법을 연결해 줄 방법을 생각했다.

이 회사의 새로운 로고는 '드림마크'라고 해서 마치 말풍선처럼 생겼다. 문득 그 말풍선의 공간에 뭔가 쓰고 싶어졌다. 그거였다. 회사의 로고가 사람들의 꿈을 쓰는 공간이 되는 것이다. '드림마크는 사람들의 꿈을 담는 그릇이다.' 결국 나의 기획안이 채택되었고, 이 모든 아이디어가 접목되어 탄생한 것이 바로 '힐링 토크콘서트 나꿈소'다. 여기서 '나꿈소'란, '나의 꿈을 소리치다.'라는 뜻이다.

구성은 이렇다. '네 명의 연사가 출연해서 자신의 성공 스토리가 아닌, 자신만의 구체적인 꿈을 각각 20분씩 강연 형태로 이야기한다. 강연이 끝나고 관객과 출연자가 꿈에 대한 질문과 답변을 한다. 참석한 사람들에게 미리 나누어준, 회사의 로고가 새겨진 티셔츠에 자신의 꿈을 적어보라고 한다. 관객들은 그것이 회사의 로고라는 사실을 인지하지 못한 채, 자신의 소중한 꿈을 가슴에 새기듯 정성스럽게 써서 채운다. 그리고 관객과 출연자 모두가 함께 자신의 꿈을 외치며 마무리한다.

작년 한 해, 이 행사는 총 4회에 걸쳐 진행했고, 2013년에는 총 10회가 더 진행될 예정이다. 또한 현재 케이블TV를 통해 프로그램으로 방영되고 있다. 이것은 기획단계에서 상상도 못했던 것이다. 또한 이 로고의 런칭 후 사이트 방문자 수가 크게 증가했고, 토크콘서트를 활용한 기업마케팅의 대표적인 성공사례가 되었다.

# 당장 내가 쉽게 할 수 있는 것에 집중하라

어려운 일을 하려는 자는 그 쉬운 일부터 하고
큰 일을 하는 자는 그 작은 일부터 한다.
세상의 어려운 일은 반드시 쉬운 일에서부터 시작되고,
세상의 큰 일은 반드시 작은 일에서부터 일어난다.
• 《도덕경》 63장

## 못 웃기는 개그맨의 기구한 방송 인생

2011년 2월, 3년 동안 진행했던 라디오를 갑자기 그만두게 되었다. 억울함과 분통이 쉽게 사라지지 않았다. 내 입장에서는 방송을 하차해야 할 이유가 절대 없었다. 잡히지도 않던 청취율이 최고 1% 가깝게 올랐고, 한 시간에 100통도 오지 않던 문자 사연이 두 시간에 3,000통까지 오게 된 상황이었으니, 제작진과 MC 교체를 이해할 수 없었다. 개인적으로도 혼신의 힘을 다해 내 모든 것을 걸고 만들어낸 작품이라, 말할 수 없을 정도로 상심했다. 게다가 현실적으로 내 수입의 3분의 2가 줄어들었으니 상실감이 더욱 컸다. 그러면서 개그맨이라는 일을 하면서 내가 얼마나 불행한 사람인지를 떠올렸다.

나의 방송 생활은 항상 그랬다. 뭔가 잘 된다 싶으면 항상 사고가 터져 다시 원점으로 되돌아왔다. 8년 전 인기리에 진행하던 라디오프로그램은 개편 걱정도 없는 방송국 간판프로그램으로, 내가 스스로 그만두지 않는 이상 없어질 가능성은 전혀 없었다. 그런데 방송국 자체가 망하고 말았다. 참으로 기구한 내 방송 인생이여.

상실감 때문에 한 동안 아무 것도 할 수 없었다. 인기 없는 연예인으로 제대로 대우받지 못한다는 자격지심은 더욱 커졌고, 심각한 스트레스로 인해 아내와 아이들에게도 예민하게 반응하며 힘들게 했다. 그렇게 살 수는 없었다.

어느 날 가족이 모두 잠든 새벽 혼자 멍하니 책상 앞에 앉았다. 개미 방귀소리도 들릴 것 같은 적막과 고요함 속에서, 내가 나 자신에게 속삭이는 소리가 들렸다.

'힘드냐? 어이 웃기지도 못하는 개그맨, 힘들어? 그럼 변명이라도 해봐. 치사하지만 변명이라도 해야 살 것 같잖아. 이러다가 너 죽어.'

정말 죽을 것처럼 내 삶 자체가 억울했다. 아니 그렇게 생각하니 살면서 억울했던 일들만 떠올랐다. 그러나 이내 마음을 추스르고, 정말 살기 위해서라도 치사하지만 나 자신에게 해 줄 변명이 하고 싶어졌다. 순간 이 말이 떠올랐다.

"그래 뭐, 나 못 웃기는 개그맨이다. 근데 개그맨이 꼭 남을 웃기기만 해야 해? 세상 사람들이 '웃을 일'을 만드는 사람도 개그맨이다."

치사한 변명이었지만, 이 말은 지금의 나를 살린, 내 삶의 명언이 됐다. 그래 당장 사람들을 재미있게 웃기는 것도 개그맨의 일이지만 웃음에도 종류는 많다. 사람은 자신이 고민하던 문제가 해결됐을 때 웃는다. 사람은 자신이 몰랐던 것을 깨닫고 알게 됐을 때 웃는다. 사람은 자신이 좀 더 나아졌다고 생각할 때 웃는다. 그리고 웃을 수 있는 일을 만날 때 웃는다.

## 사소한 일이 엄청나게 큰 변화를 가져온다

'세상에 웃을 일이 많아지게 하는 개그맨'이라는, 내 일과의 소통을 통해 다시 내 주변을 살펴보기 시작했다.

그리고 우연히 전화기에 저장된 전화번호를 정리하다가 놀라운 사실을 발견하게 됐다. 라디오를 진행하기 전의 내 전화번호부에는 주로 연예인 동료들의 번호가 대부분이었다. 그런데 국내 최초 자기계발 플랫폼을 지향했던 '대한민국 성공시대'를 진행하고 나니 방송에 출연했던 대한민국을 대표하는 저자, 강사, CEO 등의 연락처들이 대부분을 차지하고 있었던 것이다. 나도 모르는 사이, 내 삶의 영역이 자연스럽게 연예계에서 지식 시장으로 옮겨왔음을 실감했다. 나는 방송국의 결정에 휘둘리는 불안한 자리가 아니라, 내가 스스로 그 무대를 만들겠다고 결심했다.

그러던 중에 광화문 올레스퀘어 앞을 지나다 '톡콘서트'라는 프로그램 안내를 보게 되었다. 어떤 프로그램인지 잠깐 검색해 보니, 강연과 공연을 한 무대에서 하는 행사였다. 참여했던 사람들의 블로그를 살펴보니 주로 '강연시간이 길어져 공연시간이 짧았다', '강연과 공연이 생뚱맞다' 등의 이야기였다. 바로 이거였다. 나는 무언가에 이끌린 듯 무작정 올레스퀘어로 들어가 톡콘서트를 진행하고 싶다고 했다. 담당자는 제안서를 가져오라고 했고, 생전 처음 제안

서라는 것을 썼다. 방송 16년차 연예인으로서 상당히 자존심 상하고 체면 구겨지는 순간이었지만, 다른 섭외가 들어올 때까지 마냥 기다리는 것보다, 당장 내가 할 수 있는 일에 집중할 수밖에 없다는 절실함이 더 컸다.

결국 두 달이 지나, 실제 톡콘서트의 담당자를 만날 수 있었다. 강연과 공연을 접목해 새로운 컨셉으로 시작했지만 관객 참여가 너무 저조해 없애려던 차에, 내 제안을 받게 되었다고 했다. 담당자에게 나는 자신 있게 아이디어를 내놓았다.

"이 무대에는 kt도 강사도 관객도 어느 누구도 주인이 없다. 이 프로그램이 성공하기 위해서는 주인부터 찾아야 한다. 그 역할을 내가 하겠다."

담당자는 나에게 두 번의 기회를 주었다. 물론 결과가 좋지 않을 시에는 곧바로 폐지하겠다는 조건을 달고 톡콘서트를 진행하게 되었다. 나는 기회를 놓치지 않았다. 두 번 모두 대성공이었다. 2013년 1월 현재, 매달 한 번씩 진행된 드림스테이지는 26회를 맞이하고 있으며 대한민국 토크콘서트의 대표 브랜드 중 하나가 됐다. 이를 통해 앞서 사례로 들었던 '나꿈소'도 탄생하게 됐고, 나는 대한민국 강연 문화를 선도하는 사람 중의 한 명이 되어 가고 있다.

갑자기 위기가 닥치거나 문제에 봉착하면, 대부분 그 해답이 내가 아닌 멀리 다른 곳에 있다고 생각한다. 그러나 모든 해답과 열쇠는 이미 내 안에 있다. 문제가 어려우면 답도 어려울 것이라는 생각은 오해일 뿐이다. 아무리 큰 문제도 눈앞의 작고 쉬운 것을 바로 잡으면 의외로 쉽게 해결되는 경우가 많다. 그리고 아무 것도 아닌 사소한 일이 엄청나게 큰 변화를 가져오기도 한다.

어려운 일을 하려는 자는 그 쉬운 일부터 하고
큰일을 하는 자는 그 작은 일부터 한다.

• 《도덕경》 63장

## 자선콘서트 '모나콘'의 행복

최근 이 내용을 토대로 새로운 토크콘서트를 만들었다. 이것은 '나의 꿈을 소리치다.' 1회에 출연한 인디밴드 '요술당나귀'의 리더 라마 씨의 꿈에서 시작됐다. 그가 소리친 꿈은 '소아암 어린이들을 위한 특수 가발 100개'를 만드는 것이었다.

소아암에 걸린 아이들은 계속되는 항암치료로 머리카락이 모두 빠진다. 육체적인 고통도 심각하지만 이 아이들이 정서적으로 겪게 되는 쇼크도 만만치 않다. 특히 병원에 있을 때는 그나마 덜하지만 상태가 호전되어 퇴원하면, 오히려 친구들과 어울리지도 못하고, 학교에 가지도 않는단다. 따라서 이 아이들을 위한 특수한 가발을 만들어야 하는데, 인조머리카락이 아닌 파마와 염색을 하지 않은 사람의 실제 머리카락과 면역력이 떨어진 아이들의 예민한 피부 보호를 위해 천연소재의 원단을 써서 맞춤 제작을 해야 하니, 한 개 당 제작비용이 무려 200만 원 정도가 든다고 한다.

나는 라마 씨와 함께 소아암 어린이들의 가발을 만들어 주기 위한 자선 토크콘서트 '모나콘'을 만들었다. 일단 기본 컨셉은 이렇다.

• 나눔을 목적으로 하나, 전면에 드러내지 않는다.

- 진행자인 나와 라마, 또 초대된 강연자와 공연자는 재능 기부로 참여한다.
- 모나콘서트는 '모하고 사냐, 나는?'이라는 주제와 '모발 나눔'이라는 주제가 어우러진 토크콘서트다.
- 관객들은 입장료로 이 강연과 공연을 1만 원에 즐긴다. 그리고 이 수익금은 한 개에 200만원 하는 가발 제작비용으로 기부한다.
- 관객들은 생각지도 않은 나눔의 참여와 가발 제작을 위한 모금액 달성을 함께 경험하며 재미와 의미를 동시에 받아간다.

2012년 12월, 첫 회를 시작한 모나콘은 2013년 1월 열린 2회까지 가발 제작비용 530만 원을 모으는 데 성공했다. 함께 했던 사람들은 좋은 강연과 공연에 지불한 대가가 다시 나눔에 쓰인다는 생각에 함께 기뻐하고 그 순간의 뿌듯함을 즐겼다. 게다가 강연에 참여했던 멘토들의 기부금과 공연팀들의 음반현장 판매수익까지 더해져 그 성과는 더욱 커졌다. 또한 모나콘의 소식을 들은 많은 분들이 장소와 영상 그리고 디자인과 홍보에 대한 재능기부를 약속해 주셨다. 이어서 모나콘 전용 극장과 영상팀 그리고 홍보채널까지 마련됐으며, 지금은 내가 생각지도 못한 수많은 아이디어들이 넘쳐 난다.

나는 내가 할 수 있는 가장 쉬운 일에 집중했다. 오로지 목표도 소아암 어린이들의 가발 만들기에만 집중했다. 그랬기에 나와 라마 씨는 모나콘을 시작할 수 있었다. 나는 앞으로 소아암 아이들을 위한 가발 제작 나눔에만 집중할 예정이다. 이 책 외에 앞으로 발간 예정인 내 책의 인세 일부분도 역시 이 일에 쓰일 예정이다.

▶ 출연자, 진행자 모두 재능기부로 참여하고, 수익금 전액을 소아암 환자 가발 제작에 기부한 자선콘서트 '모나콘'의 한 장면.

각자가 자기가 할 수 있는 '가장 쉽지만 결코 쉽지만은 않은 일'을 할 때, '작지만 결코 작지만은 않은 일'을 할 때, 우리가 사는 세상은 더욱 풍요롭고 아름다워질 것이라 믿는다.

### 지금 당장 할 수 있는 작은 것부터 실천하라

우리 주변에는 허황된 꿈만 쫓아, 무조건 큰 성공만을 꿈꾸는 이들이 많다. 꿈을 위해서 당장 그 어느 것도 실천하지 않고 가슴만 졸이며 사는 사람들, 1년의 성공만을 꿈꾸며 오늘 하루의 성공에는 만족하지 않는 사람들을 보면 안타깝기만 하다.

얼마 전 '쇼호스트'를 지망하는 한 취업준비생을 만났다. 매주 같은 꿈을 꾸는 몇몇 친구들과 만나 스터디를 하며 홈쇼핑에 계속 지원하고 있다고 했다. 나는 그들에게 만약 진짜 쇼호스트가 되고 싶다면 회사가 뽑아줄 때까지 기다리지 말고 스스로 일을 시작하라고 조언했다. 그러면서 홍대입구에 길거리에서 호떡을 파는 할머님이 계시는데, 쇼호스트로서 호떡집 할머니를 도와 호떡부터 팔아보고 그 영상을 유튜브에 올리라고 했다. 그건 스터디 이상의 더 많은 것을 느끼게 해 줄 것이며, 이미 쇼호스트가 된 것이라고 강조했다. 게다가 그 할머니의 호떡집은 당신들로 인해 유명해지고 장사도 더 잘 될 것이다. 그럼 결코 당신들의 시작은 작지 않은 것이라고 말해 주었다.

당신도 만약 큰 성공을 꿈꾼다면, 지금 당장 자신이 할 수 있는 작은 실천부터 시작해 보라.

## 장자, 놀이와 스토리로 다시 뜨다

이번 '수요포럼 인문의 숲'을 통해 처음으로 노자와 장자 철학을 공부하였다. 역사의 흐름 속에 뜨고 지는 철학의 운명을 보며, 지금 우리가 살고 있는 이 시대에 다시 뜨고 있는 장자의 이야기로 내 글을 마무리 하려 한다.

대한민국의 오늘을 살아가며, 그동안 우리는 나만의 무대가 무엇인지도 모르고, 무조건 내 무대도 아닌 곳에 가서 주인공이 되기 위해 애쓰며 살았다. 모두가 주인공의 의상과 소품은 걸쳤으나 정작 주인공의 대사는 없었다. 그것이 지금 이리저리 방향을 잃고 정신없이 살아가는 우리의 모습이다.

　이를 위해 장자는 '놀이'를 그 해답으로 제시한다. 우리는 놀이를 할 때, 제 역할을 이해한다. 술래는 술래로서 쫓아다니고, 숨는 자는 숨는 자대로 자기 역할을 위해 최선을 다한다.

　이제 제대로 놀 줄 아는 사람이 이 시대를 리드한다. 그런 사람들에게 주인공의 대사가 만들어지고, 그 대사는 누군가의 마음을 뒤흔들어 놓을 스토리가 된다.

　앞으로도 나는 이런 스토리가 가득한 놀이터를 하나씩 하나씩 만들어 갈 것이다.

　여러분은 언제든 오셔서 '소요유(逍遙遊)' 하시길.

# 도가에서 북극성을 찾다

김양곤

1. 살아야 한다, 내 절박한 화두
2. 비우고, 비우고, 비워라
3. 아들아, 막걸리 한 잔 할래?
4. 고통도 행복도 끝나지 않았다

# 살아야 한다, 내 절박한 화두

애착이 심하면 반드시 큰 대가를 치르고
많이 쌓아두면 반드시 크게 잃는다.
족함을 알면 욕되지 않고 멈출 줄 알면 위태롭지 않아 장구할 수 있다.
• 《도덕경》 44장

---

### 저주를 퍼붓는 새벽, 봄은 잔인했다.

2012년 봄, 양재천 산책로를 따라 과천에서 역삼동 사무실까지 매일 걸었다. 두 시간 남짓 걸으면 천변 아지랑이에도 현기증이 났다. 딱딱한 구두바닥으로 전해지는 묵직한 통증은 지친 발걸음을 더욱 무겁게 했다.
  어디서부터 잘못되었는지조차 가늠할 수 없었다. 핸드폰에 들어 있는 아이들의 웃음도 마음을 다잡아주지는 못했다. 상황은 해결할 수도 내려놓을 수도 없는 방향으로 치달았다. 몰염치한 채무자의 태도와 잘못된 결정을 했다는 자책감이 분노와 좌절을 반복하게 했다. 가슴이 짓눌리는 느낌에 숨쉬기도 어려워지곤 했다. 이런 상황을 만든 사람들에 대한 분노로 매일 술에 취해 살았다. 알코올의 힘을 빌려 간신히 잠들었다가도 금세 깨어났다. 사방이 조용한 새벽, 수십 억씩 빌려가고도 연락조차 되지 않는 그놈의 음성사서함에 살벌한 메시지를 남겼다. 저주를 퍼붓는 새벽, 봄은 잔인했다.

## 나락으로 떨어지다

대기업 건축직 사원으로 입사해서, 나는 정말 열심히 배웠다. 중소기업으로 옮기고 나서는 그 기업이 대기업의 반열에 오르기까지 나름의 역할과 기여를 했다는 자부심도 있었다. 그 기세를 안고 사표를 썼다. 그리고 사업을 시작했다. 고위험 군에 속하는 건축 시행사업을 하면서도, 원칙과 신뢰를 바탕으로 착실히 운영했다. 덕분에 10년 누계 매출 5,400억을 달성할 정도의 성과를 이루었다.

사업을 시작한 지 꼭 10년째인 2011년, 수년간 하향 곡선을 그려온 건설경기와 주택사업 분야의 침체를 겪으면서도, 이제는 바닥을 치고 올라올 시기라고 판단하고 투자의 해로 삼았다.

"사업에 성공했다고 자만하고, 쉽게 자신을 믿기 시작하면 위기가 온다."는 말이 있다. 나 역시 예외는 아니었다. 고수익 단기 투자라는 말에 현혹되어 수십 억을 대여해 주었고, 그 자금이 회수되지 않으면서부터 일이 꼬이기 시작했다. 게다가 30억이나 되는 거금을 정확한 상황 파악도 못하고 빌려준 것이다. 처음에는 부정적이었다. 하지만 그의 처가 소유인 36억 상당의 토지를 담보로 제공받고, 나름대로 확인해 본 결과 원금과 이자를 회수할 수 있다는 직원들의 말을 믿고 돈을 빌려주었다.

회수기간은 계약상 한 달로 되어 있었고, 구두로는 일주일이면 상환이 가능하다고 했다. 자금은 회수되지 않았다. 결국 담보로 잡았던 토지를 경매에 붙이기로 했다. 자금을 빌린 사람의 협조만 있다면, 어느 정도 손실은 감수해도 자금의 회수가 가능했다. 그러나 그는 연락을 끊거나 회피하기를 반복했다. 덜컥 뭔가 잘못되었다는 생각이 들었다.

 돈을 빌려주기 전부터 우려해왔던 포항 아파트 사업 부지의 입찰일이 다가왔다. 외부에서 돈을 빌려 입찰에 참여해 간신히 계약은 했지만 잔금을 마련해야 했다. 아파트 사업마저 지지부진한 주택경기로 인해 토지 계약금까지 날렸다. 부족한 자금을 메우기 위해 담보로 잡혔던 집마저 경매에 넘어갔다.

 순식간에 벌어진 상황이었다. 처음에는 믿기지 않았다. 작지만 나름 애써서 지켜왔던 사업이 몇 번의 판단 착오와 신중치 못한 투자로 무너졌다. 고단하게 지켜왔던 삶의 방벽들이 이곳저곳에서 무너져 내렸다. 당황한 마음에 이리저리 헤매다 수개월 동안 웃음을 잃고 살았다. 사무실에 틀어박혀 하루 종일 불도 켜지 않은 채 주저앉아 있었다. 눈물이 쏟아졌다. 나는 너무나 무기력하기만 했다.


**다 잃고서야 돌아보다**


매일 매일을 불안과 분노와 공포로 보냈다. 생각을 정리하려 해도 비관적인 상상만이 머릿속을 꽉 채웠다. 빠져나가려 할수록 더 깊은 구렁텅이로 빠져들었다. 이미 발생된 상황과 앞으로 닥쳐올 모든 상황을 견디기에는 나는 너무나 약했다. 그 동안의 삶이 모두

무의미해 보였다. 참 많이 울었다. 참담하고 두려웠다.

나는 누구이고 무엇을 위해 살고 있었나? 도대체 해답을 찾을 수 없는 내 자신이 가엾고 원망스러웠다. 진즉 했어야 할 질문 앞에서 나는 너무나 무기력했다. 구체적인 실행 방법을 찾기 시작했다. 비겁한 회피라는 생각이 들면서도 중압감을 이겨낼 수가 없었다.

마침내 결행을 결심한 날이었다. 두려움과 미련이 발목을 잡았다. 자살 예방센터의 전화번호를 눌렀다. 몇 분간의 상담으로 정신병원 전화번호를 받아들었다. 망설임 끝에 수화기를 들었다. 신호가 가고 안내원의 목소리가 들렸다.

"예약을 해야만 상담을 하실 수 있는데요."

사무적이고 단조로운 목소리였다. 나는 말없이 전화를 끊었다. 어떻게든 살아보겠다고 힘겹게 든 수화기였다. '다 포기한 사람에게 뭘 설명하고 예약까지 하라고?' 화가 치밀었다. 그래서였을까? 살고자하는 의지가 더 강해서였을까?

나는 다시 전화를 해서 예약을 하고 직접 찾아가 상담까지 받았다. 일주일마다 상담을 하며 그간의 내 이야기와 저녁에 꾸는 꿈들을 기억해 내서 기록하고, 다시 그 내용을 의사와 같이 이야기하는 과정을 반복했다. 그리고 병원에서 주는 약을 먹는 것이 치료의 전부였다. 기대했던 극적 반전은 없었다. 다만 처방해 준 약을 먹으면 기분이 급격히 가라앉는 것은 조금 덜해졌다. 하지만 상담을 하면서 내 삶의 의미에 대한 고민이 시작되었고, 그 답을 구하기 위한 몸부림도 격렬해졌다. 살고 싶었다. 그것도 잘 살고 싶었다.

# 비우고, 비우고, 비워라

사람이 하늘과 땅 사이에 살고 있는 것은
마치 날랜 말이 좁은 틈새 앞을 지나가는 것처럼 순간적인 것에 불과하오.
• 《장자》 지북유편, 김학주 옮김, 연암서가

---

 책을 읽고, 밑줄을 긋고, 노트에 옮겨 쓰고, 또 와 닿는 글귀는 메모지에 써서 외웠다. 길거리 광고판에서도 지하철에 걸린 시를 보면서도, 이 어려움을 이겨내고 삶의 의미를 발견하고 싶었다. 이해가 안 되면 외워서라도 내 삶을 이어갈 '단서'를 발견하고 싶었다.
 단순히 읽고 외우는 것만으로는 한계를 느껴 찾은 곳이 명상센터였다. 그곳에서 배우는 명상법과 기체조 등은 여러 가지 면에서 나를 빠져들게 만들었다. 호흡법이 조금씩 익숙해지면서 몸도 한결 편안해지고 마음도 안정되어 갔다. 2개월이 지나갈 무렵 얼굴에 열꽃 같은 것이 생기더니 이내 딱정이가 내려앉았다. 그곳에서는 수련 후에 나타나는 명현 현상이라고 설명했다. 그것이 무엇이든 신기한 경험이었다. 조금씩 마음을 내려놓는 연습을 했다.
 '수요포럼 인문의 숲'을 찾아 강의 한마디 한마디에 의미를 부여하며, 무언가 열심히 찾았던 것도 그 무렵이었다. 그렇게 매주 수요일에는 인문의 숲 강의를 들었다.
 주말마다 책 몇 권을 들고 영월이며 춘천, 어디든 조용히 집중할 수 있는 곳을 찾았다. 절망 속에서 희망을 찾기 위한 몸부림이었다. 다시 살기 위해서 무엇이 필요한 지가 나의 최대 화두였다.

## 시련은 성장통이다

일찍 출발한 덕분에 아홉 시도 되지 않아 영월 공기리 산골 초가집 민박에 도착했다. 내비게이션에도 없는 깊은 산골, 목적지가 근처인데도 올라가는 길을 못 찾아 다른 길로 들어섰다. 좁은 길에서 차를 돌리다가 뒤쪽 범퍼와 후미등을 전봇대에 부딪쳐 깨트려버리고는, 조심성 없는 운전을 자책하다 들어갈 비용이 생각나서 화를 냈다. 보일락 말락한 작고 거무스레한 바탕색의 이정표를 간신히 찾아내고는 만나지도 않은 주인장을 욕했다. 마음을 가라앉히기 위해 찾은 산골에서도, 울컥 울컥거렸던 예전의 내가 튀어나온다.

대문도 없는 민박집을 들어서는 순간 주인인 듯한 아낙과 마주쳤다. "여기가 산골초가집인가요?"

까무잡잡한 피부의 주인 아낙은 선선한 표정으로 지금은 방이 다 차 있으니 오후에 오라 한다. 영월 읍내로 나가 아낙이 일러준 대로 고기와 막걸리를 좀 샀다. 다시 민박에 도착하니 열두 시가 넘지 않았는데도 다행히도 방이 나왔단다. 여러 채의 초가집 중 한 곳을 안내받았다. 외관과 방안 분위기가 예전의 초가집 정서를 느끼기에 손색이 없다. 주방이며 화장실은 깨끗한 현대식이었다. 라면을 끓이려 싱크대를 여니 이미 라면과 쌀 등이 준비되어 있다. 냉장고 안에는 묵은지와 밑반찬들이 가지런히 준비되어 있다. 주인 아낙의 말대로 몸하고 술만 가지고 오면 되는 곳이었다.

　방이며 주방이 잘 정리되어 있었고, 반찬통 하나하나에 붙여 놓은 이름표에서 주인장의 내공이 느껴졌다. 라면과 함께 먹은 묵은지의 맛이 기가 막혔다. 식사를 하면서 이곳을 다녀간 사람들이 써 놓고 간 방문후기 노트며 메모를 읽었다. 그들이 느꼈을 소박한 감동이 고스란히 전해졌다. 예전의 나였다면 이런 것을 찾아 읽지도 않았을 것이다.

　널찍한 대청마루에 앉아 다른 초가집들과 마당 그리고 잘 가꿔진 정원을 둘러보았다. 할머니 댁에서 놀던 생각이 아련히 떠오른다. 마음이 가라앉는다. 맑은 공기 덕분인지 머리가 한결 맑아진 느낌이다. 방에서 미니 컴포넌트와 커피포트 그리고 자그마한 밥상을 들고 나와 마루에 놓으니 한결 좋다. 나지막이 흐르는 가요와 커피 한 잔. 가져온 책을 폈다. 마루 한쪽에 마련되어 있는 화덕과 산에서 내려오는 물이 계속 솟아 나오게 만들어 놓은 개수대가 보였다. 갑자기 도심에 두고 온 사람들이 그립다. 비오는 날 아내와 아이들을 데리고 오면 좋을 것 같았다.

　어느덧 해가 기울어 대청마루 끝까지 햇볕이 들어왔다. 초가지붕을 받치는 기둥 그림자만이 유일하게 햇볕을 피할 자리가 되었다. 해가 앞산 끝을 넘어가며 아쉬운 듯 나뭇잎 사이를 통과해 부서져 내린다. 눈의 호사였다.


　《장자(莊子)》〈지북유편(知北遊篇)〉의 "인간이 한평생 천지 사이에서 사는 것은 마치 날랜 말이 낡은 집의 틈 사이로 새어 들어오는 빛을 뚫고 준마가 지나가는 것처럼 순간이다."라는 구절이 생

▶ 인생은 빛의 틈 사이를 뚫고 준마가 지나는 것처럼 순간이다.

각났다. 인생은 찰나의 순간을 통과하는 짧고 유한한 것이다. 우리가 아는 불변의 진리 중의 하나는 '사람은 누구나 죽는다.'이다. 우리가 바로 내일 죽는다는 걸 안다면, 지금 당장 삶을 대하는 우리의 태도는 크게 변할 것이다. 그러나 우리는 바쁘게만 살면서 이것을 인식하지 못한다. 죽음에 대해 삶의 유한성에 대해 몸으로 느낄 수 없는 것이다. 그래서 일상에서 크게 변화를 일으키지 못하고 흘려보낸다. 아마도 내일 죽을 것처럼 산다면 어떤 인생도 극적으로 변화시킬 수 있을 것이다.

정말 이 순간을 뚫고 일어설 수 있을까?

이 한계를 극복할 수 있는 힘이 나에게 있을까?

이런 내 삶에도 의미가 있을까?

질문들을 던져 본다.

아픔은 아직도 끝나지 않았다. 그러나 그것이 나를 이곳으로 이끌었고, 지금 잠시나마 평화를 느끼고 사색에 잠긴다. 이 평화가 오래 가진 않겠지만, 나는 지금도 절실히 살고자 한다. 누군가 그 길을 알려준다면 목숨이라도 다시 내어줄 판이었다.

## 아내도 울고 딸도 울고 나도 울고

1년 동안 수많은 금융권과 시공사를 찾아다니며 사업 참여를 의뢰했지만 반응들은 냉담했다. 입찰 전 협의할 때는 참여의사를 밝혔던 건설 회사들조차 태도를 바꾸었다. 계약금과 그 사이 투입된 사업비를 합해 약 50억이나 되는 돈을 몽땅 날려버릴 위기였다. 하루하루 피가 마르는 느낌이었다.

그러던 중 지인의 소개로 우리나라에서 주택사업을 꽤 많이 하는 대기업에 포항 사업이 소개되었다. 다행히도 의사결정을 비교적 빠르게 할 수 있는 오너(Owner) 체제의 회사여서 실낱같은 희망을 품었다. 검토가 진행되고 현장방문을 하고 결정할 시기가 다가오는 동안 매일 기도하는 마음이었다. 그 회사에서 인수해 준다면 상당부분의 투자금을 건질 마지막 기회였다. 보름여가 지나고 토요일 오후까지는 결정하겠다는 통보를 받았다. 그리고 기다리던 토요일 다시 연락이 왔다. 회장님의 스케줄로 인해 결정이 다음날로 미뤄졌다는 것이었다.

일요일 오후가 지나고 있었다. 혹시나 연락을 못 받을까 싶어 핸드폰을 손에 꼭 쥐고, 초조한 마음을 안고 집사람과 양재천을 걷고 있었다. 그때 손이 부르르 떨려왔다. 메시지였다. 가슴이 철렁 내려앉았다. 그 시간에 전화벨 소리가 아닌 메시지, 감이 좋지 않았다.

아내의 손을 꼭 쥐며 혹시나 하는 마음으로 메시지를 열었다.

'죄송합니다.'로 시작하는 메시지였다. 더 이상 읽을 수 없었다. 아내의 얼굴이 보였다. 너무나 미안했다. 아내는 그즈음 살고 있던 집이 경매에 넘어가는 상황을 아무 말 없이 견뎌내고 있었다. 메시지의 내용을 차마 입 밖으로 말할 수 없었다. 떨리는 내 손을 통해서 짐작하고 있었을 것이었다. 아내도 나도 아무 말도 할 수 없었다. 가족들에게만큼은 고통을 주고 싶지 않았지만 이미 엎질러진 물이었다. 이제 아이들에게도 설명을 해 줘야 하는 게 아닌가 하는 생각이 들었다. 자세히는 아니어도 현재 벌어지는 일들을 아이들에게 설명했다.

잠도 못 자고 밥도 먹는 둥 마는 둥했다. 가끔씩 멍한 표정의 내 모습을 본 딸아이가 제 엄마에게 "아빠가 너무 불쌍해 보여!"라고 말했단다. 아내와 아이들이 무슨 죄가 있다고 앞으로 닥칠 일들을 겪게 한단 말인가? 잘 나가지도 않던 성당에 가족들과 함께 나갔다. 가족들에게 위로라도 됐으면 하는 마음이었다. 기도 중에 아내가 소리 없이 운다. 딸아이도 따라 운다. 나도 울었다. 괜찮아질 거라고, 걱정 말라고 몇 번이나 말하면서도 너무 미안했다. 그저 아무렇지도 않은 것처럼 밥이라도 잘 먹는 모습을 보여주는 것이 내가 할 수 있는 최선이었다.

**걷고 걷고 또 걷다, 삶의 방식이 조율되다**

절망적인 상황조차 오래 지속되진 않았다. 결국 올 것이 오고야 말았다. 포항 아파트 부지의 권리를 가졌던 금융기관은 잔금 납부가

1년 이상 지체되자 계약금을 몰취하고 제3자에게 재매각을 결정했다. 잔금을 치르지 못한 상황에서의 재매각 결정은 사형선고였다. 결국 7월말 제3자가 해당 부지를 매입했고, 이 사태를 막기 위한 모든 노력들은 물거품이 되었다. 돈을 빌려주고 못 받게 된 일부터 포항 사업비까지 거의 80억이 넘는 돈을 잃었고, 가족들이 살던 집까지 다 날리고 말았다.

8월 1일, 간단히 짐을 꾸려 무작정 길을 나섰다. 아무 계획 없이 서울역으로 향했다. 서울역에 도착해서 그 시간대에 가장 빨리 출발하는 열차를 타고 여수에 도착했다. 허름한 여인숙에서 하룻밤을 묵고 구례로 향했다. 그곳에 도착한 후 쭉 걸었다. 한여름 땡볕에 숨이 턱턱 막히고 땀이 비 오듯 흘렀지만 그냥 걸었다. 그것 말고는 할 수 있는 것이 없었다. 그 동안의 모든 일들을 떨쳐내려는 듯이 걸었다. 조금만 걸어도 숨이 턱턱 막히고 출발하자마자 옷이 땀으로 흠뻑 젖어버리는 날씨에 해발 400M가 넘는 산들을 넘어 다니는 건 그리 쉬운 일이 아니었다. 둘레길 특성상 코스 중간에는 민가나 상점이 없었다. 점심은 컵라면으로 때우며 걸었다. 더운 날씨에 인적도 드물고 그늘도 별로 없는 길을 따라 몇 개씩 이어지는 고개를 넘다 보면 허기지고 갈증도 났다. 몸은 참 정직했다. 페트병에 물을 가득 담아 배낭 양쪽에 넣고 출발해도, 얼마 가지 않아 바닥을 드러내 목적지에 다다르기 전까지 갈증에 시달려야 했다. 약국에서 미리 사둔 식염 몇 알을 삼켰는데도 너무 많이 흐르는 땀 때문에 탈수가 걱정되었다. 배낭 이곳저곳이 땀에 섞여 나온 소금기로 허옇게 변해버렸다. 힘겹게 고개를 넘어 산동마을이라는 곳에 도착했을 때, 너무나도 평화로운 마을 풍경은 그런 고생을 보상해 주고도 남았다.

작은 규모의 찜질방이 눈에 들어왔다. 주인의 눈치를 보며 샤워장에서 땀에 흠뻑 젖은 옷을 세탁해서 널어놓으니 넘어가는 햇살에도 빨래가 금세 말랐다. 근처에 관광지가 있었는지 관광객들이 많이 찾아 찜질방은 금세 만원이 되었다. 그들 틈에서 새우잠을 자고 이른 아침 다시 출발했다.

오솔길을 따라 걷다 흔치 않은 연리지를 만났다. 큰 나무 둥치를 비비꼬며 올라간

▶ 둘레길에서 만난 연리지

나무의 모습이 신기하기도 하고 무엇인가 영험한 기운을 풍기는 듯도 했다. 나무 주변에 평평한 마루가 있다. 잠시 걸터앉아 쉬다 이 나무로부터 좋은 기운을 받을 수 있다면 좋겠다는 마음에 기도했다.

"나무 신이시여, 제발 제가 이 고난을 극복하고 참다운 인생을 살 수 있도록 도와주소서."

둘레길의 험난함이 그나마 최악의 환경에 처박아둔 채, 괴롭혀 왔던 몸을 해칠까 두려워졌다. 얼마 전까지만 해도 포기하려던 것이었다. 웃음이 나왔다. 그래 그렇게 변하는 것이 맞다. 그렇게 나를 정당화시키며 코스를 제주도로 바꿨다.

인천으로 올라와 배편으로 이동했다. 첫 번째 코스는 성산일출봉에서 시작하는 올레길. 도착하자마자 걷기 시작했다. 길은 비교적 험하지 않았다. 아직 익지 않아 푸릇한 감귤을 단 나무들이 끝없이 이어졌다. 걷다 보니 아름다운 풍경이 눈에 박히듯 다가온다. 올레꾼들은 거의 만날 수가 없었다. 가끔씩 민가를 지나며 동네 주민들에게 인사하는 것이, 입을 열어 하는 말의 전부였다.

숙소에 손님이 없어서 옥상의 널찍한 방을 혼자 차지하고, 평상에서 바닷가를 바라보며 식사와 더불어 멍게 한 접시와 소주 한 병을 먹을 수 있었던 날도 있었다. 해변의 게스트하우스에서 주인아주머니가 옥상에 널어놓은 이불이며 수건 등을 걷는 일을 좀 도와주었다고 베풀어 주신 넉넉한 답례였다. 제주 여행에서 내가 누린 최고의 호사였다.

어느 날은 무리수를 두어 하루에 두 코스를 걷기도 했다. 늦게 도착하는 바람에 여간 낭패가 아니었다. 동네 사람들에게 물어 겨우 아담한 게스트하우스를 찾았다. 젊은 주인부부는 서울살이가 싫어져 이곳으로 내려와 집을 구하고, 새롭게 개조해서 게스트하우스를 운영한다고 했다. 젊은 사람들이 그런 생각을 하고, 실행에 옮겨 산다는 것이 그 동안의 내 삶과 비교되었다. 정해진 틀 안에서 앞만 보고 달려온 내 모습을 다른 각도로 보게 만들었다.

늦은 저녁, 아장아장 걷는 귀여운 여자아이를 데리고 주인장 부인의 직장 언니가 놀러왔다. 그들과 함께 별채에 있는 조그만 카페에서 이야기를 나누게 되었다. 처음 만난 사람들에게 나에게 일어났던 일들을 이야기했다. 이야기를 들으며 안타까워하는 표정을 짓는 그들의 모습에 위안을 느꼈다. 또 그들의 이야기를 들으며

▶ 제주도 올레길에서 만난 풍경은 내게 훌륭한 치유의 선물이었다.

사람은 누구나 어려운 일을 겪으며 헤쳐 나간다는 사실도 새삼 느꼈다.

이들과의 만남뿐만이 아니었다. 나뭇잎 그늘로 터널처럼 만들어진 오솔길, 해변 언덕 위에 지어진 아름다운 집, 더위와 갈증에 지칠 무렵 만난 작고 소박한 카페의 커피, 카페 주인의 잔잔한 미소 등등. 그것들만으로도 훌륭한 치유가 되었다.

'다 내려놓고 처음으로 돌아가 찾아보자! 상상만 해도 가슴 벅찬 것들!'

카카오톡 프로필 문구를 들고 매일 피곤에 쓰러져 잠들었다가 새벽같이 일어나 또 걸었다. 혹여나 해서 가져온 책들은 배낭의 무게만 늘리는 거추장스러운 물건이 되어 택배로 집에 보내 버렸다. 그런데도 배낭의 어깨끈에 눌린 부위가 쑤셔서 잠을 설쳤다. 그렇게 몸의 고통으로 지난 정신의 고통을 눌러가며 걷는 것도 어느덧 종착역이 보였다.

서서히 내 마음에 들끓던 감정의 소용돌이와 몸 안에 쌓였던 무언가가 조금씩 빠져나가는 느낌이었다. 몸의 기운이 다 소진되었고, 생각도 소진되었다. 왠지 텅 빈 그릇만 남은 것 같았다.

힘들었던 200킬로미터의 걷기 여행으로도 깨달음을 얻은 것은 아니었다. 다만 약간의 '단서'들이, 그간 살아왔던 삶의 방식들이, 조금씩 조율되는 느낌이랄까? 마음이 조금은 편안해졌다.

### 존재의 이유

얼마 후 대천의 바닷가를 찾았다. 서울역에서 무작정 장항선을 타고 간 곳이 대천 해변이다. 학생 때 MT로 몇 번 가본 곳이다. 예전처럼 슬레이트 지붕의 허름한 민박집을 예상했지만 완전히 변해 있었다.

깔끔하게 포장된 도로, 즐비하게 늘어선 횟집과 모텔들이 나를 맞이했다. 비수기의 해변은 관광객보다 횟집이 더 많다. 낯선 풍광 때문인지 어디 묵어야 할지 결정을 못 한 채 그저 모래사장을 몇 번이고 왔다 갔다 했다.

익산 친구에게 전화를 했더니 대천으로 달려오겠단다. 고마웠지만 다음날 근무하는 친구를 생각해 말렸다. 그래도 한사코 당장 출발하겠단다. 짐짓 못이기는 척 동의하여 결국 청주에 사는 친구까지 불러 해변 횟집에서 소주잔을 기울였다.

우리 세 사람은 그날 저녁 해변 횟집에서 소주잔을 기울이며 참 많은 이야기를 했다. 그동안 살아온 이야기, 지금 아픈 이야기 그리고 앞으로 어찌 살 것인지…. 내가 겪고 있는 상황에 대해 절실하게 느낄 수는 없었겠지만 배설하듯 내뱉는 말들을 들어주고 도닥거려주는 친구들이 한없이 고마웠다. 술잔이 몇 순배 돌자 심각했던 것들도 잔 속에 묻혔다. 그러다 어린 시절 이야기가 나오고 껄껄대며 웃는 나를 발견하였다. 정말 그동안 한 번도 제대로 웃어보지 못 했다는 걸 깨달았다. 사람이 살면서 웃을 수 없는 고통이 이렇게 큰 것인 줄 몰랐다. 웃음은 마치 배설 같다. 이런 배출과 그 기회를 준 친구들이 없었다면 얼마나 더 고통에 사로잡혀 있었을까? 숙취도 가시지 않은 채 새벽을 갈라 직장으로 출근하는 친구들의 뒷모습을 보면서 나는 목적지도 없이 일단 기차역으로 발길을 돌렸다.

그리고 갑작스런 간암 선고를 받고 불과 7개월여 만에 세상을 떠버린 대전 친구의 죽음은, 남은 친구들에 대한 그리움을 더 깊게 만들었다. 그 뒤로 나는 생각나면 바로 출발해서 친구들을 찾아다녔다. 친구들을 보자는 핑계였지만 나를 위로하기 위한 것이었다. 시쳇말로 잘 나갈 때 잘 해 주지 못했던 미안함을 풀기 위한 것이었을지도 모른다. 청주며 철원이며 대전이며 친구들이 사는 곳을 찾아가 무작정 재워 달라 했다. 결혼한 이후로는 오랫동안 못해 봤던 '친구네 집에서의 숙박'을 감행했다. 처음 얼마간은 친구 가족들에게 신경 쓰이고 눈치가 보였으나 횟수가 거듭될수록 그러길 잘했다는 생각이 들었다.

아픔을 풀어내는 것, 아프다고 말하는 것. 그것은 훌륭한 치유였다. 각자의 아픔이 있겠지만 조금 더 아파보이는 친구를 위한 그들의 노력은 눈물겨웠다. 고향 익산에 거의 유일하다시피 사는 친구에게는 미안할 정도로 자주 의지했고 싫은 기색 없이 애써준 친구에게 감사했다. 해외에 있는 친구는 국제전화를 통해 위로의 목소리를 들려주었다. 그의 목소리에서 진정으로 걱정해 주는 마음을 느낄 수 있었다. 고맙고 또 고맙다. 나는 아직 살아야 할 이유가 많은 사람이라는 것을 느꼈다.

지금 내가 먼저 간 친구를 그리워하며 그가 떠난 것을 원망하듯이 다른 친구들도 그럴 것이다. 만약 나도 그때 그 결심을 실행으로 옮겼다면…. 친구들의 얼굴이 스쳐간다. 그들이 지을 표정과 그들이 느낄 죄책감을 만들지 않아서 다행이고 또 다행이다.

# 아들아, 막걸리 한 잔 할래?

텅 빈 상태를 유지해야 오래 가고, 중을 지켜야 돈독해진다.
만물이 다 함께 번성하는데, 나는 그것을 통해 되돌아가는 이치를 본다.
만물은 무성하지만 제각각 자신의 뿌리로 돌아간다.

• 《도덕경》 16장

---

### 아버지가 돌아가셨다

어려운 과정을 보내며 부모님에 대한 생각이 많아졌다. 어렸을 때에도 자라면서도 그리 훌륭한 아들은 아니었다. 그런데 나이를 먹어서까지도 걱정을 끼치게 하고 마음을 쓰이게 하였다. 죄송스럽고 민망했다. 마음의 짐을 덜어내려 기회 있을 때마다 찾아뵙고 싶었으나 그도 쉽지 않으면 틈을 내어 찾아뵈었다.

그날도 부모님들을 찾아뵙겠다고 KTX를 타고 내려갔다. 그런데 동네에서 오랜만에 만난 친구와 이런저런 넋두리로 시간을 죽이다 새벽 두 시가 넘어서야 들어갔다. 다음날 성당에 가시는 부모님께 아침 인사도 못 드리고 숙취에 몸도 못 가눈 채 점심때가 돼서야 일어났다.

미사를 마치고 돌아오신 아버지가 점심상을 앞에 두고 조심스레 말씀하신다.

"막걸리 한 잔 할래?"

"아이고! 새벽까지 마신 술을 또 어떻게 마셔요. 아버지 혼자 드세요."

그렇게 얼렁뚱땅 받아 넘겼다. 아버지는 내 사업이 어려워진 것 때문에 항상 마음 쓰시고 마치 본인의 잘못인 양 도움이 못 되는 것을 미안해 하셨다. 그 마음을 알기에 술 한 잔 권하는 것을 사양하면서도 죄스러웠다. 다음에 와서 제대로 한 잔 받아드리면 되겠지라고 핑계를 대며 그 몇 시간 동안 얼굴을 뵙는 것으로 짐을 덜려 했다. 그리곤 휑하니 다시 서울로 올라와버렸다. 그것이 내가 본 아버지의 깨어 있는 마지막 모습이었다.

수화기에서 누나의 울먹이는 목소리가 들린 것은 며칠 후였다. 아버지가 쓰러지셨다는 소식이었다. 아내가 모는 차를 타고 내려가면서 많이도 울었다. 병원에 도착해서 본 것은 의식 없는 아버지와 머리에 꽂힌 관이었다. 뇌 깊숙한 곳의 혈관이 터졌단다. 그곳의 피를 빼내기 위한 것이란다. 처음에는 불행 중 다행이라 생각했다. 의식은 없으셨지만 손발을 조금씩 움직이셨기 때문이었다. 다시 정상으로 돌아올 수 없을지는 몰라도 깨어나실 거라 믿었다. 하지만 보름 정도 의식불명 상태로 지내시다 가족들에게 한마디도 못하시고 눈을 감으셨다.

아버지는 연세에 비해 건강하셨다. 거의 실명상태이셨던 어머니 (오랜 당뇨병으로 여러 합병증에 시달리셨다)의 손과 발이 되어주셨고, 집안의 가장 큰 어른으로서의 역할에 아무 지장이 없으셨던 분이셨다. 그랬던 분의 갑작스러운 죽음 앞에서, 나는 아무 것도 할 수 없었다.

그날 아버지와 함께 막걸리라도 한 잔 했더라면 죄스러움이 좀 덜어졌을까? 이렇게 사무치게 아플 줄 알았더라면 출근을 못하는 한이 있더라도 그날 아버지와 막걸리 한 잔 할 걸 그랬다. 아버지 죄송합니다. 아버지 정말 죄송합니다!

### 아버님 전상서

몇 년 전 아버지께 보내드렸던 편지를 꺼내서 읽어 봤다. 그리고 마음만큼 다 행동으로 표현하지 못해 다시 한 번 죄송한 마음에 고개를 떨구고 말았다.

아버지께 올립니다.
아버지!! 잘 지내고 계신지요? 자주 전화도 못 드리고 찾아뵙지도 못해서 죄송합니다. 항상 그렇지만 어머니 건강도 걱정됩니다. 저희 자식들로서는 너무 죄송스럽고 염치없는 일이지만 곁에서 아버지께서 힘이 돼 주세요.
요즘 제가 하는 사업이나 전체적인 경제상황에 대해서 아버지 어머니께서 걱정하시는 게 저로서도 참 안타깝습니다. 하지만 항상 걱정하시고 기도해 주시는 덕분에 약간의 어려움은 있지만 큰일 없이 잘 해 나가고 있으니 너무 걱정 마세요.
요즘 이런저런 일로 좀 힘이 든다고 생각해서 그런지 몰라도 저희 어렸을 적 아버지 모습이 가끔 떠오릅니다. 예전에 남중동에 살 때 고모 둘, 삼촌 둘 그리고 저희 형제 여섯이 한집에 모여 살면서 그 많은 형제며 자식들을 다 아버지 어머니 두 분의 힘으로 학교 보내랴, 뒤치다꺼리 다하랴, 참 고생이 많으셨을 것 같습니다. 그때는 어려서 그냥 그러려니 했던 일이지만 이제 제가 성인이 되어 자식도 낳아 키워보고 아버지처럼 장남의 입장에 서다 보니 그 시절 그리고 지금에 이르기까지 아버지께서 어깨에 지셨을 짐의 무게와, 견디고 참아야 하셨을 고민의 깊이를 조금이나마 짐작할 수 있을 것 같습니다. 아버지!! 참 고생 많으셨습니다.

중학교 다니던 시절 어느 여름날에 버스를 타고 하교하는 길에서 버스 창 밖을 물끄러미 바라보다가 짐칸에 전구박스를 가득 싣고 힘들게 자전거 페달을 밟고 가시는 아버지를 본 적이 있습니다. 아주 짧은 시간이었지만 휙 스쳐가는 아버지 모습과 표정을 지금도 제 머리 속에 아주 강하게 기억합니다. 제가 그때 철이 들었더라면 그 무거운 자전거를 끌고 그 먼 곳까지 배달을 하시며 저희들을 먹이고 입히고 가르치시느라 고생하신 것에 보답이라도 하기 위해 참 열심히 살았을 것 같습니다. 그때는 그저 어려운 형편 때문에 하고 싶은 것 마음대로 못하는 게 불만이었고, 공부 안 한다고 나무라시는 아버지가 야속했었습니다. 이제 시간이 지나서야 조금씩 아버지를 이해할 수 있게 되는 것 같아 한편으론 너무 죄송스럽고 또 한편으론 감사하는 마음입니다.

아버지!! 이제 형균이가 중 3이 되었습니다. 다연이도 초등학교 5학년이니 그 아이도 조금 있으면 중학교에 가겠죠. 아버지가 하셨던 것처럼 제가 또 이 두 아이의 아버지로서 이 아이들이 사회에 나가 제 역할을 할 수 있도록 잘 가르치고 보살피겠습니다. 좋은 아버지가 되는 게 쉽지만은 않아서 제 스스로 많은 노력과 실천이 필요할 것입니다. 다소 힘들고 익숙하지 않더라도 애쓰겠습니다.

아버지!! 그간의 고생을 저희가 다 보답 드리지 못해 죄송합니다. 하지만 아버지 어머니의 큰 은혜로 저희가 지금 이렇게 편안하게 사는 것에 대해 항상 감사하는 마음으로 살겠습니다. 자식들이 다 표현하지 못하는 것에 대해 너무 서운해 하지 마시고 항상 마음 편안히 생활하세요. 어디에 있든 저희는 아버지 어머니의 자식입니다.

사랑합니다! 아버지, 어머니….
아버지, 어머니의 큰아들 양곤이가 올립니다.

## 고통도 행복도 끝나지 않았다

자신의 몸을 천하만큼이나 귀하게 여긴다면
천하를 줄 수 있고
자신의 몸을 천하만큼이나 아낀다면
천하를 맡길 수 있을 것이다.
• 〈도덕경〉 13장

---

노자는 '자신의 몸을 천하만큼이나 귀하게 여긴다면 천하를 줄 수 있고 자신의 몸을 천하만큼 아낀다면 천하를 맡길 수 있다.'고 말한다. 그리고 장자에 나오는 양주는 '털 하나를 뽑아 천하가 이롭게 되더라도 나는 그렇게 하지 않겠다.'라고 했다.

 우리는 살면서 "나는 소중한 존재이다. 우리 각자는 우주의 유일무이한 존재다."라는 말을 가끔씩 듣는다. 그러나 나는 자신을 알지도, 소중하게 여기지도 않았다. 오히려 다른 사람을 대하는 것보다 더 심하게 대하며 살아왔다. 사회에서 배운 대로 남들이 말하는 성공만을 위해서 살면서, 그 성공에 취하고 나만 옳다고 믿었다. 나는 이념의 숭배자였다. 내 생각만 하고 다른 이들에게 고통을 주고 그틀 안에 집어넣으려 했다. 그리고 내게 다가온 고통이 그 허망함을 일깨워주었다.

 어느 순간 옳다고 믿었던 것들이 무너지는 경험을 하고, 내 삶을 지탱해줄 어떤 다른 가치를 찾으려 했다. 아직도 나는 그것이 무엇인지는 정확히 모른다. 그러나 나는 아직 살아있다. 그리고 또 살아갈 것이다.

## '신입방'에서 시시포스를 떠올리다

2013년, 첫 출근을 했다. 새로 옮긴 사무실은 다섯 평도 채 되지 않는다. 단출한 책상 하나에 간단한 사무집기가 다이다. 그 많던 직원들이 북적거리던 사무실을 정리하고, 책상 앞에 혼자 앉은 나는 훨씬 담백했다. 그리고 현장에서 가까워 일이 수월하다. 나는 강남의 한 낡은 주택을 신축하는 일을 맡았다. 큰 규모의 공사를 여기 저기 벌이던 때에 비하면 아주 작은 일이었지만, 마음을 다잡고 최선을 다하고 있었다.

그런데 아침 열 시가 좀 넘어서는 시간에 낯익은 전화번호가 핸드폰에 떴다. 작년에 사업이 어려워지면서, 자금운용 과정에서 발생한 고소 건으로 몇 차례 조사를 받았던 검찰청 조사계장의 전화번호가 핸드폰에 떴다. 작년에 사업이 어려워지면서 이런저런 자금운용 과정에서 발생된 횡령 혐의 건으로 몇 차례 조사를 받았던 검찰청 조사계장의 전화번호….

"구속영장이 신청되어서 법원에 가서 영장실질심사를 받아야 하니 지금 바로 검찰청으로 오시죠!"

아니, 실질적인 피해자도 없고 대부분 원만히 해결된 건인데 무슨 영장청구를 이렇게 갑작스럽게 하고, 또 전화로 지금 바로 오라니!

"지금은 여러 가지 상황으로 갈 수가 없으니 다음에 갈 수 있도록 조치해 줄 수는 없나요?"

"변호사 선임 등의 사유로 하루 정도는 연기가 되지만 그 이상은 곤란합니다. 내일은 출석하셔야 돼요!"

당황한 마음으로 이리저리 급하게 전화하고 뛰어다녀 늦은 오후에야 변호사를 선임할 수 있었다. 별일이야 없겠지, 그렇게 위로했지만 불안감을 떨칠 수 없었다. 아침 열한 시 반이 넘어서야 판사 앞에 섰고 약 30여 분간 진행된 실질심사에서 질문과 대답이 이어졌다. 크게 무리 없이 끝났다는 생각이 들면서도 불안감은 여전했다. 다시 검찰청으로 올라가 배달된 점심을 먹고 결과를 기다리는데 경찰관 두 명이 검사실로 들어오더니 다짜고짜 내 주민번호와 이름을 확인하고 수갑을 꺼내들었다. 검찰청 내에 구금 시설이 없으니 영장심사 결과가 나올 때까지 경찰서 유치장에 가야 한다는 검사실 조사관의 설명을 듣는 와중에 손목에 수갑이 채워졌다.

경찰서 유치장. 모든 소지품을 압수당하고 온몸을 수색당한 후 철창에 갇혔다. '조금만 참으면 원래 자리로 돌아가겠지.'라고 위로하며 철창 밖 TV에 시선을 주었지만 신경은 온통 유치장 밖의 상황에 쏠려 있었다. 저녁 일곱 시가 넘어서야 이름이 불렸다. 유치장 문을 나서며 '나가나 보다.' 생각했다. 그때 사복차림의 경찰이 서류 한 장을 얼굴 앞에 내밀고 설명했다. 이 시간부로 구속이 확정되어서 지금 바로 교도소로 가야 하는 상황이라고. 수갑과 포승줄에 묶인 채로 호송차에 올라 교도소에 도착했다.

입소 절차. 입고 있던 모든 옷이 벗겨지고 알몸이 되었다. 육안으로 하는 신체검사를 받은 후 속옷 한 벌, 죄수복 그리고 고무신이 지급되었다. 이름 대신 수번이 정해지고 '신입방'이라는 곳에 수용되었다. 철문이 닫혔고 나는 그저 창살 밖을 멍하니 내다볼 수밖에 없었다. 때마침 그날은 사십 몇 년 만에 찾아왔다는 기록적인 추위를 자랑한 날이었다. 황량한 마음에 더한 매서운 추위가 작정하고 괴롭혔다. 잠을 잘 수도, 배식구로 들어오는 음식을 먹을 수도 없었다.

'그동안 그렇게도 힘들었는데 끝이 아니었나?'

마치 신화에 나오는 시시포스 같다. 시시포스는 손톱이 까지고 근육이 파열되며 뼈가 드러날 정도의 상처를 안으며 바위를 밀어 올렸다. 그렇게 힘겹게 바위를 산 정상으로 밀어 올린다. 그리고 드디어 목적지에 도달하여 한숨을 돌린다. 그렇게 잠깐 추슬렀다 생각하자 동그란 바위는 흔들, 요동치며 다시 산 아래로 구르기 시작한다. 내가 마치 그걸 멍하게 바라보며 절망하는 시시포스 같았다.

'과연 내게 바닥이란 것이 존재할까?'

그 와중에도 인간은 환경에 적응하는 존재다. 유치장 벽 액자가 눈에 들어왔다.

"현재 내가 가진 모든 것은 결국 내가 걸어온 무수한 발자국의 또 다른 이름이다."

'그래 이 상황도 받아들여야겠구나.' 생각했다. 겪어야 한다면 겪고 지나갈 일인 것이다. 이런 모든 일들도 내가 진정으로 삶과 정면으로 마주할 기회를 주는 것이다.

갑자기 사무실에 둔 화분이 떠올랐다. 추위에 괜찮을까?

### 지나면 추억이 되리라

여러 사람들이 애써주고 특히 훌륭한 변호사님의 조력으로 예상보다 일찍 다시 일상으로 돌아왔다. 앞으로 재판과정이 남았지만 정황상 큰 무리 없이 끝날 것이다.

기억은 현재의 생각으로 각색된다. 과거의 어떤 생각이나 사건도 시간이 지나면서 현재의 생각과 입장에 따라 다르게 바뀌어 기억된다. 내게도 그렇게 작용할 것이다. 성공과 실패도, 슬픔과 기쁨도, 행복과 비극도, 안락과 고통도 언젠가 끝이 난다. 최근 2년여의 아픔과 절망 또한 지나고 나면 추억이 되리라.

그 동안 인문의 숲을 만나고, 친구를 만나고, 여행지에서의 사람을 만나고, 자연을 만났고 또 나를 만났다. 그 만남들이 나를 다시 서게 만들었다. 모든 만남이 나만의 북극성으로 자리 잡기를 그리고 앞으로 걸어갈 수 있는 힘이 되어주기를 간절히 바란다.

돌아온 사무실은 차가웠다. 그 와중에도 걱정했던 화분은 아직 잘 견뎌내고 있었다. 벽에 걸어두려 사온 액자의 포장지를 풀었다. 액자를 걸고, 바로잡고, 책상에 앉았다. 허리를 곧추 세워보고 액자를 쳐다본다. 난방을 켜고 화분을 옮겼다. 물을 떠와서 화분에 조금씩 뿌려주었다. 초록색 이파리가 살짝 흔들린다.

장자는 "나는 호숫가(濠上)에서 물 속에 노니는 물고기의 즐거움을 알았다."고 했다. 화분 속 화초가 즐거운 듯 보였다. 나도 따라 웃어 주었다.

늦게 찾아왔던 방황은 그렇게 새로운 시작을 맞이하고 있었다.

# 살고 싶다면 나를 죽여라

양준철

1. 자유로운 영혼으로 자라다
2. 오상아(吾喪我), 살 길이 열리다
3. 내가, 내 인생의 개발자다
4. 도가를 만나 삶의 쉼표를 찍다

# 자유로운 영혼으로 자라다

정말 큰 음은 소리가 없고,
정말 큰 형상은 모습이 드러나지 않는다.
도는 감추어져서 이름이 없지만,
오직 도만이 잘 시작하고 잘 끝낼 수 있다.

· 《도덕경》 41장

---

### 27세 고졸이 의대생을 가르치다

나는 2011년 12월 연세대 의과대학에서 특성화 과정 지도교수로 위촉을 받았다. 그리고 두 달여 동안 의대생들을 대상으로 컴퓨터를 이용한 프로그래밍 실무와 IT 업계 현장에서 일어나는 다양한 사례별 적용 방법들을 가르치게 되었다. 당시 나이 스물일곱, 학생들과의 나이 차는 많아야 두세 살이었다. 소위 '일류대', '엘리트'라 불리는 의대생들의 특성화 과정을 지도하게 된 나는 평범한 '고졸 출신'이다.

언제부터인가 각종 미디어에서는 내게 성공한 청년 창업가라며 인터뷰를 요청하고, 벤처 창업이나 스타트업 관련 행사에서는 사회자나 멘토 역할을 맡아달라고 한다. 이런 상황을 두고, 내 진심을 아는 이들은 호감과 존중을 표하고, 모르는 이들은 부러움을 넘어 시기 질투를 한다. 나라는 사람은 한 사람인데 내 존재에 대해 저마다 다르게 평가하는 일은 10대 때부터 늘 있어왔기에 낯설지 않다.

17세 고등학생일 때 처음 창업을 하면서 유명세를 타기 시작해, 연이은 두 번의 사업 실패 후 20살부터 26살까지 일곱 군데의 직장 생활을 거쳐 지금의 온오프믹스 대표가 되기까지, 사람들은 나라는 존재에 대해서 자신들의 기준으로 끊임없이 평가해 왔다.

대학 졸업장을 받지는 못했지만, 나이에 비해 적지 않은 다양한 경험을 가진 덕분에 후배의 소개로 '연세대 의과대학 특성화과정 지도교수'라는 직함을 얻었을 때도, 주변에서는 '고졸이라는 학력으로 이루어낸 쾌거'라며 축하해 주었지만 나는 전혀 기쁘지 않았.

많은 사람들이 나의 어린 시절의 이야기를 들으면 '컴퓨터 신동'이라거나 '10대부터 창업을 시작한 전도유망한 개발자이자 창업가'라고 말한다. 그러나 이러한 시선과는 달리 나는 내 삶에 대해 상당히 비관적이었다. 어린 나이에 참으로 많은 우여곡절을 겪은, 시쳇말로 사주팔자가 사나운 삶이라고 여겼다. 그나마 운이 좋아서 기회를 얻었고 그 운들이 나를 이끌었다고 생각했다. 하지만 2012년, 도가를 만난 이후 나는 달라졌다. 과거에 대한 부정적인 생각들이 긍정적으로 바뀐 것이다. 내가 살아온 28년 동안 일어난 일이 '불쌍하지도', '운에 의한 것'도 아니라는 것을 깨닫게 되었다.

## 책임질 수 있는 한도 내에서 하고 싶은 일을 하라

부모는 자식의 거울이라고 하듯 나도 부모님의 영향을 많이 받았다. 내가 중학교 때까지 아버지는 회사와 집, 교회만을 오가는 성실한 분이셨다. 술과 담배도 전혀 하지 않으셨고 늘 독서를 하시거나, 어떤 생각이 날 때마다 곧바로 노트에 적는 습관을 갖고 계셨다. 아버지는 등록금이 없어 대학 입학을 포기하고 생활전선에 뛰어드신 분이었다. 당신의 아픈 기억 때문인지 내가 바라는 건 어떻게든 할 수 있게 적극적으로 도와주셨다. 아버지가 늘 내게 강조하시던 말씀이 있었다. "살인, 강도, 강간 등 나쁜 일을 제외하고 네가 책임질 수 있는 한도 내에서 하고 싶은 일은 무엇이든 해도 된다."는 것. 그래서일까. 나는 내가 원하는 것을 충분히 즐길 수 있었다. 호기심이 충만했던 나는 매사에 질문을 했다. 또한 그 답을 찾기 위해서 끊임없이 몰두하는 시간을 방해받지 않는 자유로운 환경에서 자랐다.

미혼시절 국방부에서 근무하셨던 어머니는 자유롭고 씩씩한 스타일의 여성이시다. 하고 싶은 일이 생기면 바로 실행에 옮기는 분이었고 정해진 길만을 고집하지 않으셨다.

"엄마, 오늘은 정말 학교 가기 싫어요. 오늘만 안 가면 안 돼요?"

"그래? 준철이가 요즘 학교생활이 힘든가 보네. 어쩔 수 없지. 그럼 우리 코엑스에 전시회 보러 갈래? 아님 우리 어디 여행 다녀올까?"

부모님의 자유로운 교육방식 덕분인지, 나는 어려서부터 무엇이든 척척 대답하는 영리한 모습을 보였고, '천재'라는 소리를 들으며 자랐다. 하고 싶은 일이 있으면 몇 날 며칠이고 그것에만 몰두하는 일이 잦았다. 그 대표적인 것이 컴퓨터였다.

내가 컴퓨터를 처음 사용하게 된 건 일곱 살. 아버지가 다니시던 은행의 여직원으로부터 MSX-Ⅱ 기종(대우에서 나온 IQ2000 모델로 카세트테이프에 데이터를 저장하는 방식이었다.)의 중고 컴퓨터를 선물로 받게 되면서부터였다. 컴퓨터는 오롯이 내 차지가 되었다. 처음 본 기계였음에도 불구하고 이리저리 꽂아보고 빼보고 하다, 곧잘 연결해서 부팅을 시키고 게임을 했다. 그때부터 부모님은 '컴퓨터로 뭔가 해낼 것 같다.'는 생각을 하셨다고 한다. 하지만 사고도 참 많이 저질렀다.

"어머, 너 지금 뭐 하는 거니?"

"컴퓨터가 좀 느린 것 같아서요. 이거 다 분해해서 물로 닦고 있어요. 안에 먼지가 너무 많은 것 같아요."

"그러면 컴퓨터 못 써. 저 비싼 걸 아까운 줄 모르고 사고를 치네."

"내버려 둬! 저 가지라고 준 건데 지가 알아서 하게 놔둬야지."

그냥 놔두라는 아버지의 말씀에 힘입어, 나는 계속 컴퓨터 부품들을 물로 다 씻어냈다. 이후 드라이기와 수건을 이용해 말리고 그대로 창가에 두었다. 그런데 신기하게도 이틀이 지났을 때 정상적으로 작동이 되는 것이었다. 그뿐만이 아니다. 어려서부터 나는 무엇이든 직접 해 보지 않고는 직성이 풀리지 않았다. 전기에도 호기심을 많이 가졌는데, 멀티 탭을 분해하고는 전선을 직접 전구에 연결해서 두꺼비 집을 내려가게 한 적도 있고, 전기를 느껴보겠다며 쇠 젓가락을 220V 구멍에 꽂았다가 감전이 되어 소스라치게 놀랐던 기억이 지금도 생생하다.

**사이버 목사를 꿈꾸던 아이**

나는 기독교 집안에서 태어났다. 어릴 적부터 호기심덩어리 사고뭉치였지만 아버지를 닮아 책을 좋아했고, 학교와 교회, 그리고 집 밖에 모르던 아이였다. 주말이면 교회에서 보내는 것이 매우 즐거웠다. 자연스럽게 목회자의 길을 꿈꾸게 되었다. 좋아하는 컴퓨터와 종교를 접목시키고 싶다는 생각을 했다. 교회 건물 없이 IT시스템을 이용해 목회를 하는 소위 '테크노 목사'가 되고 싶었다. 하지만 읽어가는 책의 양이 늘어나고, 지식이 많아질수록 질문이 계속 늘어났다.

'신이 존재한다면 세상에 왜 극빈층이 존재하며, 기독교를 믿는 자들에 의해서 그들이 구원받지 못하는 걸까?'

'왜 때때로 종교인들에 의해 그들이 더 핍박받고 괴로움을 받는가?'

이런 질문들로 시작된 비판적 시각은 '종교적 독실함'으로 나를 끌고 가지 못했다. 급기야 유신론과 무신론 사이에서 고민하며 종교인들의 행동을 비판하는 사람이 되었다. 나는 종교에 심취해 있거나 심취하길 바라는 그들에게서 '특이한 종자', 심지어 '교회를 다니지 않게 생겨먹었다.'는 비난을 듣기도 했다.

그 후 첫 번째 오상아(吾喪我)를 겪으면서 나는 완전히 '비판적 유신론자'가 되었고, 어릴 적 꿈이었던 목회자의 길을 접게 되었다. 이러한 생각은 지금까지도 변함이 없는데, 최근 페이스북에 적어 놓은 글을 그대로 소개하자면 다음과 같다.

나는 신의 존재를 믿는다. 그가 하나님이건, 예수이건, 부처이건,

알라신이건 내게 중요한 것은 아니다. 중요한 것은 어느 종교의 경전이든지 공통적으로 말하는 메시지를 실천하는 것이다.

1) 선하게 살아라.
2) 스스로의 양심을 위해서 살아라.
3) 남에게 피해를 주지 말고 도움을 주라.

신이 있다면 내가 살아있는 동안 걸어온 길을 그가 알 것이요, 신이 없다면 내가 살아가는 동안 걷는 길을 사람들이 알 것이다.

# 오상아(吾喪我)*, 살 길이 열리다

온 세상이 칭찬을 한다 해도 더 신나지 않았고,
온 세상이 비난을 한다 해도 더 기죽는 일이 없었다.
그는 자기 자신과 밖의 일의 분수를 일정하게 알고
영예와 치욕의 한계를 분별하고 있었기 때문에 그럴 수 있었다.
그는 세상일에 대하여 급급하지 않았다.
• 《장자》 소요유편, 김학주 옮김, 연암서가

## 사랑받고 싶고, 관심받고 싶은 나를 죽여라

평범한 샐러리맨이었던 아버지의 봉급으로는 넉넉한 생활을 하기 힘드셨나 보다. 내가 초등학교 5학년 때 어머니는 선물 가게를 창업하셨다. 그리고 어느 날 TV에서 소개한 창업 종목 중 유망하다고 판단하신 철제가구를 팔기 시작했다. 어머니의 예감은 적중했다. 매일 재고가 소진될 정도로 장사가 잘 됐다. 아버지가 직장을 그만두고 합류하시고, 어린 누나와 나까지 일손을 거들어야 할 정도로

---

오상아(吾喪我) - 장자가 한 말로 '내가 나를 장사 지낸다면 나의 죽음을 청하는 것과 같다고 생각할 수 있다'는 뜻이다. 풀이하자면 자신을 죽인 이후에야 비로소 다른 사람을 받아들이고 더 큰 뜻을 이룰 수 있다는 의미이다.

주문이 밀려 왔다. 우리 집의 사업 번창 소식이 파다하게 퍼졌다. 사업이 잘 될수록 부모님을 찾아오는 사람들이 많아졌다. 교회 내에서도 아버지의 위치가 달라졌다. 사람들은 장로 후보로 거론되시던 아버지는 물론, 나와 누나에게까지 과분한 친절을 베풀곤 했다.

하지만 이러한 관심과 친절은 하루아침에 사라지는, 그저 '물질과 권력에 따라 움직이는 신기루' 같은 것임을 얼마 지나지 않아 깨닫게 되었다. 철제 가구 사업이 잘 된다는 소식을 접한 지인이 같은 업종을 창업해 대규모 자본을 투입하였다. 가깝게 지내던 사이가 경쟁자가 된 것이다. 부모님의 사업은 날이 갈수록 어려워졌다. 결국 부도가 나서 부모님은 채권자들을 피해 야반도주할 수밖에 없었다. 나와 누나는 하루아침에 부모님의 생사조차 알 수 없는 처지로 전락하였다. 그 후 2년 동안 할아버지, 할머니와 함께 살아야 했다.

나의 첫 번째 오상아는 이때쯤 시작되었던 것 같다. 부모님의 사업이 잘 될 때 친절했던 사람들이 사업이 실패하자 부모님을 비난하기 시작했다. 채권자들은 집과 학교로 매일 찾아와 부모님을 욕했다. 심지어 누나를 집창촌에 팔아 버리겠다는 위협까지 서슴지 않았다. 인간적 굴욕감과 무기력이 나를 지배했다. 어린 나이였지만, 누나를 지켜야 한다는 신념으로 평소보다 두 시간씩 일찍 일어나 누나를 학교까지 데려다 주고 등교했다. 누나와의 동행은 누나의 졸업식이 있던 날까지 하루도 빠짐없이 계속되었다. 지금의 건장한 내 몸은 아마도 어린 나이에 힘을 키우겠노라며, 하루 여덟 끼를 먹어대면서 이를 악물고 운동을 했기 때문일 것이다.

중학교 1학년, 14세. 너무 일찍 철이 들었나 보다. 나는 부모님을 대신해 누나와 할아버지, 할머니를 보호해야 했다. 그 책임감은 '마냥 사랑받고 관심받고 싶었던 양준철'을 죽이고, '세상을 살아갈 수 있는 힘을 갖춘 새로운 양준철'로 다시 태어나기 위한 고민을 낳았다. 빨리 돈을 벌어야 한다는 막연한 생각이 나를 지배했다. 먼저 두 가지 질문에 대한 답을 찾아야 했다. '사업 성공의 비결'과 '돈을 버는 구조'를 어떻게 규정할 것인가? 몇 달 동안 다양한 책을 읽어가며 몰두한 끝에 나의 질문에 대해 나름대로 결론을 내렸다.

1. 사업에 성공하기 위해서는 '자본력', '경험', '파트너'가 필요하다.
2. '전문지식'을 갖고 있고 '경력'을 쌓으면, 그 지식을 활용하는 '시간'에 대한 보상으로 돈이 만들어진다.

어린 나이에 빌게이츠의 《미래로 가는 길》과 같은 경제·경영 도서들을 읽었고, PC통신에서 알게 된 형들과 만나면서 '프로그래밍'과 '서버' 등 컴퓨터와 관련된 지식을 배워갔다. 하루는 EBS TV에서 '빌 게이츠'와 '스티브 잡스' 그리고 '실리콘밸리의 신화'와 관련된 다큐멘터리를 보게 되었다. 유복한 집안에서 자란 빌 게이츠보다는 부모에게 버림받고 양부모 밑에서 자랐지만, 어린 시절부터 컴퓨터에 눈을 떠 열심히 노력한 끝에 결국 세계적인 기업을 세우는 스티브 잡스의 스토리에 빠져들었다. 나도 스티브 잡스처럼 어려움을 딛고 '세계적인 기업가'가 되겠다는 꿈을 꾸었다. 꿈을 이루기 위해 여러 가지 자료를 찾던 중 '성공하고 싶다면 인생을 10년 단위로 계획하라.'는 내용이 눈에 들어왔다. 아래 내용은 내가 중학교 2학년 때 세운 '10년 단위의 인생 계획표'이다.

- 10대: '20대가 되기 전에 도전하고 망하자!'
  어린 시절의 도전과 실패의 경험이 성공의 발판이 될 것이다.
- 20대: '믿을 수 있는 파트너 다섯 명과 함께 성공하는 사업을 만들자!'
- 30대: '세계적인 기업으로 키우자!'
- 40대: '장학재단을 만들어 많은 후배들을 양성하자!'
- 50대: '내 경험을 담은 책을 출판하고 가족과 함께 세계 일주를 하자!'

30대에 세계적인 기업을 세우고 싶었던 나는 20대에는 한국에서 성공하는 기업을 만들어야 한다고 생각했고, 20대에 한국에서 성공하는 기업을 만들려면 10대에 실패 경험을 쌓아야 한다고 생각했다.

지금 생각해 보면 현실 감각 없는 맹랑하기도 하고 치기어린 계획이었지만, 지금의 나를 만드는 발판이 된 이 인생계획표는 내 인생에 큰 지표가 되었고 힘든 시간을 지탱할 수 있는 기반이 되었다.

## '다른 이의 눈에 보이는 나'를 죽여라

중 3때 평소 인터넷 채팅을 통해 알게 된 친구들과 함께 NPTS (Network Power Technology of Student)라는 팀을 운영하면서 창업의 길이 보이기 시작했다. 컴퓨터통신 관련 지식을 이용한 홈오토메이션 시스템을 구축하자는 데 의견을 모았다. 그러나 창업을 한다고 해서 고등학교까지 포기할 수는 없었다. 전국의 여러 고등학교에 무작정 전화를 걸었다. 창업을 지원하고 입학시켜 줄 수 있는지 물어보았는데 대부분 '장난 전화 하지 마라.', '해 줄 수 없다.'

는 싸늘한 반응이었다. 그러던 중 경기도 평택에 위치한 청담 정보통신고등학교에서 연락이 왔다. 마침내 교장선생님 앞에서 나의 거창한 사업 계획을 발표하였다. 교장선생님은 내 열정과 패기가 마음에 드셨는지, 흔쾌히 입학과 함께 창업 지원을 수락하셨다.

이후 우리는 포스코 과학 홈페이지 제작 경진대회에 참여해서 '가작'을 수상하였고, 공동 수상한 다른 팀의 리더 한에녹을 만나 의기투합하였다. 창업이 현실화되었다. 회사명은 T2DN(Teen, Design, Develop, Network). 청소년, 디자이너, 개발자, 네트워크 전문가가 함께 한다는 뜻에서 붙여진 이름이다. T2DN의 사업 영역은 웹사이트 제작과 서버호스팅 사업. 이외에도 기업용 소프트웨어인 'E-BIZKEY'를 제작하고 판매했다. 그 당시에는 컴퓨터에 재능이 있는 아이들이 창업을 한다는 것 자체가 획기적인 사건이었다. T2DN의 창업 이야기는 지상파 방송에서 전파를 탔다. 여러 신문에 활자화되기도 했다. 창업에 관심 있는 사람들이 찾아와 도움을 구하기도 했고, 미국 실리콘밸리에서 사업하는 분이 메일을 보내 응원을 할 정도로 유명세를 탔다.

하지만 예상하지 못했던 세상의 큰 주목은 어린 나이에 감당하기 힘든 것이었나 보다. 결국 내부 갈등을 만드는 원인이 되었고, 이후 밝히기 부끄러운 여러 사건들을 겪게 되면서 1년 반 만에 정리 수순을 밟게 되었다. 이 무렵 나는 동료들과의 갈등 속에서 마음에 상처를 입었다. 이때 '다른 이의 눈에 보이는 나'에 대한 집착을 키우게 되었고, 이것은 두 번째 창업을 시작하는 데 있어 잘못된 선택을 하는 씨앗이 되었다.

2002년 10월경, 미디어를 통해 소식을 접했다며 한 사람이

▶ 2001년 T2DN 창업멤버들(좌측부터 신승민, 한예녹, 송종식, 양준철) 노란색 머리를 하고 장난기 어린 미소를 짓고 있는 나, 참 자신만만했고, 그 누구도 꺾지 못할 만큼 강한 자부심으로 살았다. 지금의 내 모습은 그 당시처럼 맑은 웃음을 짓지 못하는 어른이 되어버렸지만, 예전의 순수했던 모습으로 돌아가기 위해 열심히 준비하고 있다.

찾아왔다. 자신이 하고자 하는 3D 쇼핑몰 사업에서 CTO(chief technology officer)의 역할을 해 달라고 요청했다. 동료들 때문에 상처를 입은 상태였던지라 처음에는 경계심을 가지고 그를 대했다. 하지만 나를 설득하기 위해 3개월 동안 정성을 다하는 모습을 보고 마음이 흔들렸다. 당시 그가 제시했던 것은 최근에서야 ETRI가 비슷한 기술을 발표할 정도로 파격적이고 시대를 앞서가는 매력적인 아이템이었고, 내가 규정했던 사업의 성공 공식 즉 '자본력과 경험이 있는 파트너'라는 조건을 만족하는 대상이었기 때문이다.

그러나 그는 좋은 기업가 정신을 갖지 못한 사람이었다. 기관으로부터 사업계획을 심사 받아 10억을 투자 받았지만, 외제차를 사고 유흥이나 즐기는 방탕한 생활에 돈을 물 쓰듯 썼고 정작 사업을 위해서는 전혀 투자하지 않았다. 나중에 알게 된 일이지만, 그는 불과 몇 개월 만에 10억이라는 큰돈을 모두 탕진하였다. 결국 그는 돈에 쪼들리게 되자 당시 수입금지 품목이었던 약을 해외에서 불법으로 수입해 판매하고, 문제가 있는 기업인으로부터 억대의 돈을 빌리기도 했다. 도저히 파트너로서 함께 할 수 없는 사람이었다. 함께하는 기간 동안 총 20억 원에 가까운 돈을 유치하고 차입했지만 사업은 궤도에 올라보지도 못한 채 무너졌다. 그런 일은 꿈에도 생각 못하고 그저 개발에 몰두했던 나는, 고3이라는 나이에 월급도 받지 못한 채 2천만 원에 가까운 거액의 빚을 진 채무자가 되었다.

빚보다 나를 더 힘들게 했던 것은 사람에 대한 실망감이었다. 부모님과 내 사업 실패의 원인이 바로 '사람' 때문이라는 생각에, 사람을 미워하고 세상을 저주하게 되었다. 6개월 간 두문불출하면서 밤마다 술을 마시고 영화를 보다가 울며 잠드는 과정을 반복했다.

부모님과 떨어져 살면서 어린 나이에 사람들에게 뜻하지 않은 비난을 많이 받아서였을까? 아니면 부모님과 떨어져 살면서 외롭게 사업을 시작하고 실패해서였을까? 10대의 나는 '다른 이의 눈에 보이는 나'를 무척이나 중요시 여겼다. 그래서 세상의 주목을 받았다가 체면이 깎이는 것에 대한 '두려움'과 좋은 결과를 내지 못한 것에 대한 스스로의 '아쉬움' 때문에 참 많이 힘들었다.

술과 자기 비난에 빠져서 이렇다 할 희망을 찾지 못했던 그 시절, 나를 변화시켜준 것은 바로 탱고음악으로 유명한 영화 '여인의 향기(Scent of a Woman)'였다. 처음 봤을 때는 그냥 음악과 춤이 멋진 영화라고 느꼈을 뿐 제목이 의미하는 것에 대해서는 진지하게 생각하지 않았다. 그러나 영화를 반복해서 보는 동안 영화 속 인물, 장면, 대사, 사건, 카메라의 흐름들이 하나하나 눈에 들어오면서 새로운 면들이 보이기 시작했다. 영화를 달리 해석하게 된 것이다.

알파치노가 연기한 프랭크는 매우 지적이지만 괴팍한 성격의 인물이다. 장교였던 그는 진급에서 두 번 누락이 된 후 수류탄 묘기를 하다 사고로 시력을 잃게 되면서 중령이라는 계급으로 전역해야 했고, 그로 인해 극심한 염세주의에 빠져 있는 사람이다. 영화의 초반에 프랭크는 가족을 윽박지르고 자기 뜻대로만 행동하는 괴물과 같은 모습으로 그려진다. 비행기에서 여자의 몸과 키스에 대해서 논할 때는 변태가 아닐까 싶기도 했다. 그래서 누구에게도 환영받지 못했던 프랭크는 자살을 계획하고, 앞을 보지 못하는 자신을 돌보기로 한 고등학생 찰리와 함께 마지막 여행을 떠난다. 여행 내내 호기로운 마초의 모습으로 행동하던 프랭크는 순수한 고등학생 찰리가 겪고 있는 부당한 사건에 대해 조언을 해 주게 되고, 자살을 시도하려는 자신을 진심으로 걱정해 주는 찰리의 관심을 통해서, 남의 탓만 하던 자신의 두려움을 조금씩 이겨내고 삶의 의미를 찾아간다.

그는 여자가 쓰는 향수와 억양만으로 생김새나 이름을 유추해 낼 수 있을 정도로 센스가 있고 기억력이 좋은 사람이지만, 그때까지만 해도 프랭크는 그저 호색한 정도로 그려진다. 하지만 다시 살아야겠다고 마음을 먹은 후, 비로소 그의 진가가 발휘되는 유명한 탱고 장면이 나오는데, 여자를 위해 아무것도 못 할 것처럼 보였던 그가 젊고 아리따운 여자의 마음을 설레게 할 정도의 춤솜씨와 말솜씨를 보여준다.

  수첩에 적어둔 죽기 전에 하고 싶었던 일들을 하나씩 실행하면서 삶의 의미를 되찾아가는 프랭크. 그는 목록의 마지막이었던 창녀와의 하룻밤을 보내고 세상 누구보다 행복한 표정으로 찰리와 함께 집으로 돌아가게 되는데, 이때 영화의 하이라이트라고 할 수 있는 찰리가 학교로부터 부당한 대우를 받는 강당의 재판 장면이 나온다. 이 재판에서 프랭크는 '리더십'과 '교육'이 무엇인가에 대한 확고한 철학이 담긴 명연설로 찰리를 곤경에서 구하고, 재판에 참여한 전교생들로부터 존경의 박수를 받으며 괴팍하고 이기적인 늙은 퇴역장교가 아닌 멋진 남자 프랭크가 된다. 그리고 집으로 돌아온 프랭크는 평소 윽박지르기만 하던 손녀의 손을 잡고, 따뜻한 말을 건네는 자애로운 할아버지의 모습으로 돌아간다.

  나는 이 영화를 다섯 번째 봤을 때, 비로소 영화의 제목인 '여인의 향기 - SCENT OF A WOMAN'가 남자에게 있어서 관심과 사랑, 그리고 여성성의 부재가 얼마나 큰 의미를 갖는지를 암시한다는 것을 알게 되었다. 이 영화를 여러 번 반복해 본 경험은 나에게 어떤 관점을 갖느냐에 따라 사물이나 사건에 대한 생각이 달라질 수 있

▶ 영화 여인의 향기. 알파치노 주연

다는 것을 깨닫게 해 주었다. 자살까지 결심했던 프랭크가 새로운 삶의 희망을 찾는 모습에서는 내 삶이 투영되는 것 같았다. 그리고 이 영화를 통해 내 삶을 다시 돌아보게 되었다. 나의 과거를 영화처럼 찬찬히 돌려보면서, 그 동안 나의 삶이 참 행복했고 기회가 많은 삶이었음을 알게 되었다.

나는 그동안 '다른 이의 눈에 보이는 나'를 중요시 여기고 집착해 왔다. 그러나 그것은 나를 성장시키는 데 아무런 도움이 되지 못하고, '거울을 통해 보는 나'를 중요시해야 한다는 것을 깨닫게 되었다. 그리고 이 깨달음은 나에게 찾아온 두 번째 오상아를 무사히 끝마칠 수 있게 도와주었다. 요즘 나는 강사로서, 진행자로서 여러 행사 석상에 서면 이렇게 말한다.

"자신의 정체성을 사회나 여론에서 찾지 않길, 다른 이에게서 자기 인생의 원인을 찾지 않길 바랍니다. 주변의 많은 개발자들이 '내가 하는 일에 대해서 알아주지 않는다.'며 한탄하는데, 남이 알아주든 말든 무슨 상관인가요? 제가 좋아하는 MISS A의 수지는 이렇게 얘기합니다. '너는 나를 모른다. You don't know me.' 내 인생은 내가 개발하는 것이며, 우리가 하는 일은 세상을 바꾸는 가치 있는 일들입니다."

# 내가, 내 인생의 개발자다

자신의 관점으로 보지 않기 때문에 최고의 인식에 도달하고,
자기를 옳다고 하지 않으니 오히려 빛나게 되며,
자기를 드러내지 않기 때문에 공이 있게 되고,
자기를 내세우지 않기 때문에 지도자가 된다.
오직 다투지 않기 때문에 이 세상에 아무도 그와 다툴 수 없다.

• 《도덕경》 22장

---

### 나는 내 인생의 개발자다

열심히 공부해서 일류대학을 가는 것만이 성공한 인생을 설계할 수 있는 유일한 길이라고 외쳐대는 시대. 모두가 대학과 학벌을 외치고, 이 법칙을 따르지 않으면 낙오자로 손가락질 해대는 사회.
 '어째서 성공의 방정식이 대학 진학으로 결정될 수 있을까?' 나는 이러한 방식에 대해 의문을 가지고 고심하던 끝에 아주 큰 결심을 하게 되었다. 모두가 '학력'을 쫓을 때 그 반대편에서 묵묵히 내적 성장인 '경험'을 쫓겠다는 결정이었다. 이러한 결정은 20세 이후의 내 삶에 중요한 영향을 미치는 두 가지 일로 이어졌다.
 첫 번째는 고등학교 때 블로그에 쏟아냈던 염세적인 글들을 읽으시고 내 재능을 아까워한 한 어른의 제안으로 다음커뮤니케이션

에 입사하게 된 일이며, 두 번째는 정규 대학이 아닌 사이버대학에 진학하여 직장생활과 학업을 병행하기로 한 결정이었다.

10대 시절 창업 실패의 이유가 경험과 지식 부족이라고 생각했던 나는 '다시 찾아온 기회들은 절대 쉽게 놓치지 않겠다.'는 결심을 했다. 그리고 또다시 앞만 보고 달렸다.

20세에 다음커뮤니케이션 플랫폼본부 카페팀과 자회사인 나무커뮤니케이션 Daum사업부 기획팀에서 사내 업무시스템을 자동화하는 업무를 성공적으로 마쳤다. 21세에는 네오위즈에서 검색엔진을 개발한다는 말에 입사하여 (주)첫눈의 창업과정에 참여했다가 다른 회사에 매각될 것을 예감하고는 여행사인 투어익스프레스로 이직해 여행업계 최초로 OPEN API와 위젯을 도입하고 통합검색엔진을 구축하는 프로젝트를 맡았다.

23세에는 병역의 의무를 다하기 위해 병역특례 회사인 스페이스 인터내셔널에 입사하게 되었고, 이듬해인 24세에는 온라인투어라는 여행사로 이직하여 새로운 항공·호텔 검색엔진을 구축하는 프로젝트를 맡았다. 25세가 되던 해에 CD Networks라는 국내 최고의 콘텐츠·미디어 관련 네트워크 기술 회사에서 마지막 산업기능요원 생활을 마치게 되었다. 이 시기에 짧은 기간에 많은 이직을 하게 되는데, 여기엔 나만의 기준이 있었다.

'이 회사를 다니면서 배울 것이 있는가?'라는.

그때는 새로운 창업이라는 나만의 목표를 위해 끊임없이 배우고 또 배우던 시기였다. 하지만 좋은 대학을 가지 못했다는 이유로, 제대로 된 경력을 쌓지 못했다는 이유로 주변의 친구들로부터 비교당하고 조롱당해야 했던 시절이기도 했다. 그래도 나는 내 결정을 후회하지 않을 거라는 막연한 믿음이 있었다. 언젠가 내 뜻이 그대로 인정받고 받아들여지는 때가 올 것이라는 믿음 말이다.

## 내 인생의 '청춘 콘서트'

"준철아, 어쩜 좋냐. 서버가 다운됐어."

회사의 이상규 부대표가 떨리는 목소리로 말했다. 나 역시 예상치 못한 상황에 당황했다.

"도대체 몇 명이나 접속한 거지?"

2011년 6월, 온오프믹스 대표가 된 지 1년이 좀 지나서였다. 당시 나는 평화재단으로부터 '청춘 콘서트'라는 행사의 참여자를 접수하고 관리해 달라는 요청을 받았다. 좋은 취지의 무료 행사였기에 흔쾌히 진행을 도와드린다고 했다. '아무리 많아도 동시 접속자 수가 200명 정도일 테니 감당할 수 있겠지.' 생각하고 준비했다. 그러나 다음날 아침 출근해 보니 이미 서버가 죽어 있었다. 수천 명의 신청자가 동시에 접속하는 상황이었다. 정신없이 실시간으로 신규 서버를 늘리며 대응하는 동안 아침부터 신청자들의 문의, 항의 전화가 빗발쳤고, 심지어 욕을 하는 경우도 있었다. 전국 각지에서 열린 행사이다 보니, 욕도 각 지역 사투리로 다양하게 먹었다.

예상하지 못했던 대규모 트래픽이었고 우리가 감당하지 못했기에, 평화재단 측에서는 다른 대안을 찾을 수도 있는 상황이었다. 그 순간 제일 먼저 해야 할 일은 평화재단 측에 상황을 설명하고 대응 계획에 대해서 공유해야 한다고 생각했다. 무료로 진행되는 행사

▶ 평화재단에서 주최한 2011년 청춘 콘서트. 법륜 스님과 김제동 씨. 젊은이들에게 희망을 준 역사적 이벤트의 한 축을 온오프믹스에서 담당하였다.

였음에도 불구하고 성실하게 대응했던 내 진심을 알아 준 평화재단은 계속해서 우리가 청춘콘서트를 접수받을 수 있도록 배려해주었다.

2011년 모두 24개의 도시에서 36회나 진행된 '청춘 콘서트'는 이렇게 시작되었다. 이 시대의 지성으로 손꼽히는 안철수, 박경철, 법륜 스님의 주옥같은 강의는 88만원 세대, 등록금 1천만 원 시대의 젊은이들에게 희망을 주었고, 규모로도 유례 없는 전국 순회의 대형 이벤트가 되었다.

청춘콘서트가 높이 평가받는 부분 중 하나는 큰 돈 들이지 않고 자원봉사자들의 힘으로 진행되었다는 점이다. 모든 게스트들은 재능 기부를 하고, 대관료도 최소화하였으며, 필요한 최소의 경비도 모금을 통해 마련했다. 덕분에 모든 입장객들은 무료로 강연을 들을 수 있었고 강연이 축제로 거듭날 수 있었다. 내가 운영하는 회사가 이런 역사적 이벤트의 한 축을 담당했다니 뿌듯했다. 그리고 한 시대를 상징하는 역사의 현장에 서 있었다는 자부심에 더하여 사업적으로도 회사의 기틀을 마련하는 큰 계기가 되었다. 현재 사이트의 전체 회원 수가 22만 명인데, 청춘콘서트가 진행되었던 2011년 삼, 사분기 동안에만 5만 4천여 명이 신규 회원으로 가입하는 폭발적인 회원 증가를 경험하게 되었다. 청춘콘서트를 통해 회사가 알려지면서 여러 행사들이 연이어 우리를 찾아왔다.

## '온오프믹스' — 온라인과 오프라인을 융합하다

'온오프믹스'는 업무회의, 비즈니스 미팅, 교육, 세미나, 전시회와 같은 공적인 만남부터 동호회, 모임, 파티, 취미생활에 이르는 사적인 만남까지, 모든 모임을 온라인에서 쉽게 홍보하고 관리할 수 있도록 도와주는 이벤트 비즈니스 플랫폼이다. 그리고 모임에 필요한 다양하고 유익한 콘텐츠들을 지속적으로 제공한다. 사용자들이 모임을 개설해 커뮤니티를 형성하는 것뿐만 아니라 페이스북, 트위터 등과 같은 소셜네트워크서비스(SNS)와 연동해 인적네트워크를 넓힐 수도 있다.

지금은 내가 대표를 맡고 있지만, 온오프믹스는 2007년 8월 두 명의 개발자에 의해서 만들어진 서비스 회사다. 처음에는 아주 간단한 기능만을 갖고 오픈한 서비스였다. 나는 초창기 베타테스터

멤버로 참여한 일반 회원에 지나지 않았지만 '온오프믹스'라는 이름을 통해서 내가 오랫동안 꿈꿔왔던 '온라인과 오프라인을 융합한다.'는 것을 이룰 수 있다는 생각이 들어 무척 마음에 들었다. 이 서비스를 조금만 더 발전시키면 엄청난 사업을 창출할 수 있을 것 같았다. 당시만 해도 모든 것이 온라인으로 가능한 세상인데 이상하게도 행사 신청과 접수는 여전히 오프라인 방식에서 벗어나지 못하고 있었기 때문이다. 온오프믹스는 이런 문제를 일거에 해결해 줄 수 있는 서비스였으므로, 행사 유치를 위해 외부 업체에 주는 막대한 비용을 절감할 수 있다고 판단했다. 그런데 몇 개월의 시간이 흘렀음에도 불구하고 서비스가 더 이상 발전하지 않았다. 가끔 오류가 발생하기도 했다. 나중에 알고 보니 운영자가 건강이 좋지 않아 서비스 운영에 많은 공을 들일 수 없는 상황이었다.

그러던 중 2008년 4월에 온오프믹스를 인큐베이팅 했던 '소프트뱅크 벤처스 코리아 산하 소프트뱅크 미디어랩'으로부터 인수를 제안 받았다. 나는 크게 고민할 것도 없었다. 해 보고 싶었던 창업 아이템이었기에 단번에 승낙했다.

이때 그 회사가 나를 찾아온 이유는 지금 생각해도 참 특별했다. 서비스의 발전 가능성에 대해서 기대가 컸던 그들의 입장에서는 온오프믹스의 가능성에 공감하면서도 단순히 이익만을 위해서 움직이는 사람보다는 '제대로 된 기업가 정신을 갖춘 사람을 찾고 있었다.'고 한다. 그동안 내가 '북스타일'이라는 서평 전문 팀블로그에 올린 경영/경제 도서에 대한 서평이나 개인 블로그에 끄적였던 기업가 정신에 대한 글들을 눈여겨보고 있다가 나에게 인수 제안을 하게 되었다는 것이다. 자화자찬 같지만 당시 나는 여러 블로거들이나 업계 사람들로부터 '무척 열심히 사는 진솔한 사람'이라는 평을 받고 있었다.

처음 서비스를 인수했을 때는 병역특례 중이라, 사업에 직접적으로 참여할 수가 없어서 투자유치와 같은 자금마련 활동을 할 수 없었다. 직장생활을 하면서 버는 돈으로 버텨야 했기 때문에 비용을 아끼기 위해 북아현동 재개발 지역의 허름한 방을 얻어서 시작했다. 여름에는 에어컨이 없어 땀을 뻘뻘 흘리며 속옷만 입고 작업하기도 했다. 아무것도 없는 상황에서 어떻게든 서비스를 유지해야 했기에 말 그대로 죽을 각오로 일했다. 그 당시 서비스를 운영하고 개발하기 위한 자금을 대기 위해서 우리는 일의 귀천을 따지지 않고 서너 가지 일을 동시에 하면서 돈을 벌었다. 매일 서너 시간 정도밖에 잠을 자지 못해, 과로로 인한 각막염으로 앞도 잘 보이지 않는 지경이 되었을 때도 일을 그만두지 않았다.

그렇게 힘들었던 2008년을 지나 2009년에 접어들었을 때는 마치 보상을 받는 것처럼, 주변의 많은 지인들로부터 여러 기회들을 제공받을 수 있었다. 마이크로소프트와 네오위즈, 강원테크노파크가 함께한 강원 BizSpark 사업에 노미네이트되었고, 한국콘텐츠진흥원이 주최한 뉴미디어창업스쿨에서 최우수상을 수상하며 2,000만원의 상금을 타면서 5,000만 원 가량의 사업 자금을 마련하는 쾌거를 올리기도 했다. 2년이 넘는 오랜 인고의 시간 끝에 2010년 1월 병역특례를 마치고, 한 달 후인 2010년 2월 우리는 '주식회사 온오프믹스' 법인을 설립하게 되었다.

이후에도 많은 기회가 찾아왔다. 창업한 지 3개월 만에 이니시스의 권도균 대표, Daum의 이재웅 대표 등 1세대 벤처 CEO 다섯 명이 연합하여 만든 엔젤투자기관인 프라이머의 1호 투자기업으로 선정이 되면서 업계에서 주목을 받기 시작했다. 이 일을 계기로 주로 책에만 의존했던 경영에 대한 관점도 정교하게 다듬을 수 있게 되었고, 열정과 가능성만 있다면 좋은 지원자와 동료가 따라줄 것이라는 확신도 얻었다.

# 도가를 만나 삶의 쉼표를 찍다

유(有)와 무(無)는 서로 살게 해 주고
어려움과 쉬움은 서로 이뤄주며
길고 짧음은 서로 비교하고 높음과 낮음은 서로 기울며
음과 성은 서로 조화를 이루고 앞과 뒤는 서로 따르니
이것이 세계의 항상 그러한 모습이다.

• 《도덕경》 2장

## 초심을 잃으면 바보가 된다

창업가는 물질적인 것에만 신경을 쓰면 바보가 된다고 생각한다. 기업인으로 성장하고 싶으면 어렵고 힘들더라도 부딪히고 깨지면서 자신의 그릇을 키워야 한다. 화려한 학력, 좋은 실력에 우쭐댄다면, 다행히 큰돈을 벌었더라도 초심을 잃어버리고 쌓아 올린 탑들은 금세 무너져 내리고 만다.

고등학교 시절 나와 같은 시기에 창업했던 이들만 봐도 그렇다. 그 재능 있고 똑똑했던 사람들이 매스컴의 집중 조명을 받고 급하게 달려갔다가 대부분 그 말로가 좋지 않았다. 교도소에 간 사람, 한국을 떠난 사람, 심지어는 세상을 떠난 분들까지 있다. 나는 '인생 로그아웃 직전까지 사업을 하겠다.'는 각오로 '멀리 바라보고 진정성 있는 기업가 정신으로 무장하고 자신에게 수없는 채찍질을 하며 노력해야 살아남을 수 있다.'고 생각한다.

  2010년 즈음 청년 창업 활성화 바람은 청년들의 창업을 부흥시키기 위한 롤 모델을 찾는 것으로 이어졌다. 언론은 '젊은 나이에 창업과 관련한 경험이 있고 어려움을 헤쳐나간 인물'을 찾는 데 관심을 보였다. 그 가운데 26세의 어린 나이에 두 번의 창업과 실패의 경험, 일곱 번의 직장생활, 힘든 어린 시절과 고졸이라는 학력을 가진 나의 삶은 분명 매력적인 스토리였을 것이다. 다시 한 번 많은 언론사를 통해서 내 이야기가 전파되었다. 나에게는 짐이었고, 한이었고, 아픈 기억이었던 고생 경험이 다른 누군가에겐 용기가 되었고, 또 다른 누군가에겐 희망이 되었다.

  사업의 성장과 동시에 나는 다른 의미 있는 일을 찾아다녔다. NGO에 후원금을 보내고, 취약 계층을 위한 모금 행사에 도움을 주거나, 공익적 성격의 각종 프로젝트에 금전적인 후원을 하는 경험은 이제 낯설지 않다. 창업 노하우에 대한 강연 요청이나 멘토링 요청에도 흔쾌히 응하여 그들을 도와주는 일에 보람을 느끼곤 했다.

  생각해 보니, 부모님은 항상 좋은 것이 있으면 주변 사람들과 나누고 싶어 하셨다. 좋은 책을 읽으면 주변 사람들에게 추천해 주셨고, 좋은 음식이 있으면 가까운 이들과 함께 먹을 수 있게 많은 양을 만드는 분들이셨다. 이러한 부모님의 마음과 행동을 보고 자라서인지 나는 내가 가진 자원을 다른 사람들과 나누는 것에 기쁨을 느끼게 되었다. 많은 좌절과 배신으로 비뚤어 질 수도 있었지만, 초심을 잃지 않고 내가 좋아하는 일에 빠져 지금까지 올 수 있었던 것은 참으로 고마운 일이었다. 그 또한 부모님께 물려받은 것이다.

사업이 조금씩 성장하면서 안정도 찾고 주위를 둘러볼 수 있는 여유도 생겼지만, 내 마음 속에 남아 있는 혼란을 책과 배움을 통해서 정리하고 싶다는 욕구는 여전히 남아 있었다.

## 도가에서 얻은 위로와 내적 성장

도가와의 만남은 아주 우연히 찾아왔다. 어느 날 아끼는 후배가 CBS TV '세상을 바꾸는 시간 15분'에 출연하게 되었다. 강연 내용을 준비하며 고민에 빠진 후배를 도와주다가 나 역시 담당 PD와 인연이 닿아 그 프로그램에 출연하는 기회를 얻게 되었다. 내가 카메라 앞에 서는 시간은 단 15분. '과연 그 짧은 시간 동안 무엇에 중점을 두고 얘기할 것인가? 단순히 기업 홍보를 할 것인가? 아니면, 그동안 내가 추구해 온 가치와 질문들을 함께 나눌 것인가?'에 대한 고민을 했다.

오랜 고민 끝에 '내가 잘 하고 있다면 기업 홍보는 언제든 할 수 있는 기회가 올 것'이라 생각했고, '내가 추구해 온 가치와 질문들에 대해 있는 그대로 강연을 하자.'라는 결론을 내렸다. 결국 이 강연이 내게 또 다른 기회이자 배움의 인연을 맺어주었다. 당시 함께 출연했던 연사 중 한 분인 배양숙 상무님과 운명적으로 만나게 된 것이다. 그분의 초대로 '수요포럼 인문의 숲'에서 도가(道家)와 조우했다.

도가에 입문하기 전까지 나는 그동안 쌓인 피로감에 많이 지쳐 있는 상태였다. 15세부터 시작된 자립, 남들과 다른 선택을 했지만 그 선택이 어떤 결과를 만들어낼지 알 수 없었기에 나는 항상 불안했다. 이런 상태에서 맞이한 청년기업가로서의 유명세는 오히려 나를 점점 더 공허하고 메마르게 만들었다. 남들은 나의 불안감을 이해하지 못하겠지만, '갑작스럽게 얻어진 것들은 내 그릇이 감당하지 못하면 결국 잃어버리게 된다.'는 생각을 가지고 있었기에 항상 불안했던 것이다.

그래서 더욱 도가에서 배운 여러 가지 개념들이 마음에 와 닿았나 보다. 가뭄에 단비를 만나듯 도가의 가르침은 허기진 마음을 채워 주었다. 무엇보다 '유무상생(有無相生)'의 개념이 큰 영향을 미쳤다. 유무상생은 '있고 없음은 서로 상대하기 때문에 생겨난 것'이라는 뜻으로, 세상만물의 이치를 상대적인 관점에서 보라는 말이다.

내 마음에는 항상 남에 대한 원망과 분노, 나에 대한 조바심이 자리 잡고 있었다. 부모님과 내 사업을 실패하게 만든 이들에 대한 원망, 옳지 않은 기업가 정신을 갖고 있는 이들의 단기적 성공을 보고 느끼는 분노, 그리고 내 성공에 대한 조바심. 이런 것들은 내가 빠른 성장을 할 수 있는 에너지원으로 작용하기도 했지만 결국은 어둡고 부정적일 수밖에 없었다. 하지만 '유무상생'*이라는 가르침을 얻은 뒤로 원망은 '감사'로 변했고, 분노는 '이해와 용서'로, 조바심은 '여유'로 변해 갔다. '그 놈들 때문에'가 '그 놈들 덕분에'로, '힘들고 쓸모없던 경험'이 아니라 '오늘날의 나를 있게 해 준 경험'으로 바뀌게 된 것이다.

---

유무상생(有無相生) - 《도덕경(道德經)》 제2장에 나오는 말이다. 있고 없는 것은 서로 상대하기 때문에 생기는 것(有無相生)이므로 성인은 무위(無爲)의 태도로써 세상일을 처리하고 무언의 가르침을 행한다고 한다.

2012년은 나와 우리 회사가 꽤 어려운 시기였다. 온오프믹스는 새로운 시장을 개척해 나가야 하는 선두 주자(First Mover)였기에 다른 무엇보다도 버티는 능력이 중요하다. 따라서 장기적으로 온오프믹스 닷컴을 통해서 수익이 발생하기를 기대해야 했지만, 단기적으로는 운영자금을 마련하기 위해서 웹사이트 제작이나 모바일 어플리케이션 제작 일을 병행해야 했다. 2010년과 2011년은 두 가지 사업을 통해 적은 손실을 보더라도 버틸 수 있는 시기였지만, 2012년은 달랐다. 사업을 멀리 내다 봤을 때는 회사의 체질 개선과 함께 성장을 위해서 온오프믹스 닷컴과 관련된 일에 집중해야 했다. 외주개발 일을 중단하고 온오프믹스 닷컴에 집중해야겠다는 결단을 내렸다. 그래서 재무적인 위기가 발생하는 상황이 오기도 했다. 부모님의 돈과 내 신용을 이용한 대출을 끌어와야 할 정도로 급박했다. 지금까지의 믿음이나 창업의 초심마저 흔들릴 만큼 큰 고뇌에 빠졌던, 그 어느 때보다 어려운 시기였다.

 그렇게 피가 마를 정도로 정신적 · 육체적으로 극심하게 어려울 때, 나를 찾아온 메시지 '유무상생'은 '지금 내가 겪고 있는 어려움은 얼마 후에 사업을 튼튼하게 만들기 위해서 찾아온 지나가는 위기일 뿐이다.'라는 결론을 내리는 데 결정적인 도움을 주었다. 이러한 마음가짐으로 다시 사업에 몰두했고, 결국 어려운 시기를 이겨낸 온오프믹스는 전년도에 비해 아주 높은 성장을 이루게 되었다.

### 나의 또 다른 변화, 나눔의 행복

도가 수업을 마친 후 주위 사람들에게 가장 많이 듣는 말이 있다.

"양 대표님, 요즘 얼굴이 참 좋아 보여요."

"표정에 여유가 생긴 것 같아요."

"예전엔 말 한마디 한마디에 날이 섰었는데 요즘엔 참 따뜻해졌네요."

"이젠 제 나이로 보겠어요. 하하. 예전보다 어려 보여요."

이런 이야기들을 듣는 나도 기분이 참 좋다. 절로 미소가 지어진다. 정신적인 변화는 얼굴로 몸으로 바로 나타난다고 하는데, 아마 도가가 나를 이렇게 변화시켰나 보다. 이 얼마나 감사한 일인가?

나는 나에게 일어난 이 놀라운 변화를 또 다른 변화로 이끌고 싶다는 욕구가 생겼다. 어릴 때부터 친구들은 자신들에 비해 다양한 세상을 체험했던 내게 털어놓았다. 그러면 나는 특유의 직설화법으로 남다른 경험 속에서 깨달은 것들을 얘기하고 공유하며 그들이 가진 마음의 상처를 조금이나마 덜어줄 수 있었다. 물론 지금도 내가 나눌 수 있는 일들은 많다. 내가 할 수 있는 일을 통해 아무런 대가 없이 나눔을 실천할 수 있다면 '기업가'로서 이 얼마나 행복한 일인가?

2013년 나는 '온오프믹스' 대표로서 작은 나눔을 실천하고자 한다.

그 첫 번째 사업은 경쟁사회에서 갈 길을 못 찾고 괴로워하고 있는 청년들을 위한 '심리학 자가 치료 강의 프로그램'. 상담학과 심리학을 전공하신 최양숙 교수님이 도가를 함께 공부한 인연으로 힘을 보태주셨다. 온오프믹스 사이트를 통해 신청자 접수를 받는 이 프로그램은 교수님과 나의 재능 기부를 통해 무료로 진행되며, 다음과 같은 내용으로 5주차에 걸쳐 진행된다.

### 1주차 〉 스스로 자립하기

칭찬받거나 관심 받는 것에 집착하면서 자신의 위치를 외부적 요인에서 찾는 이들이 스스로 자립하고 목표를 정할 수 있도록 도와주기

### 2주차 〉 꿈 찾기

오로지 대학 진학에만 매달리던 중, 고등학교 때 미처 생각하지 못했던 나의 '꿈'을 스스로 찾을 수 있게 도와주기

### 3주차 〉 연애, 사랑, 결혼, 섹스. 잘못된 성(性)과 연애에 대한 개념 찾기

사랑받고 싶어서 남자들에게 자신의 성을 제공하는 여자 아이들
섹스와 포르노 중독에 빠진 남자 아이들
연애를 하면서 인생이 망가져 가는 남/여 또는 커플들
부모로 인해 결혼 과정이 쉽지 않은 커플들
성추행, 성희롱, 성폭행 등으로 인해서 이성을 두려워하게 된 남/여

### 4주차 〉 스트레스로부터 벗어나기

쉬어가는 것은 게으른 것이다. 혹은 죄악이라고 생각하는 사람들에게 쉬어갈 수 있는 마음 주기
각자의 스트레스 해소 방법 찾게 해 주기

### 5주차 〉 4주간의 수업을 정리하고 내 것으로 만드는 시간

이 커리큘럼은 살면서 만났던 또래들과 선후배들이 나에게 털어놓았던 고민들을 정리해 모아 놓은 것으로, 지속적으로 내용을 업그레이드하며 진행할 예정이다.

도가의 '유무상생', 이 한 구절이 나를 변화시킨 것처럼 '상생'을 위한 나의 작은 실천이 또 다른 변화와 가르침을 만들어낼 지도 모른다는 생각을 하니 벌써부터 가슴이 설렌다.

## 멀리 보고 천천히 걸어가기

생각해 보면, 나는 나를 둘러싼 굴레에 대해 끊임없이 질문을 해왔고, 내가 스스로 '옳고 좋다.'고 생각하는 길을 선택하며 살아왔다. 누가 뭐라 하던 내가 원하는 길을 달려오다 보니 어느덧 20대 후반이 되었다. 17세부터 시작한 창업과 실패의 경험, 일곱 곳에서의 직장 생활, 그러면서 만났던 많은 사람들과의 관계가 자양분이 되어 지금의 회사로 이어질 수 있었다. 정말 쉼 없이 달려온 길이었다. 지난 10년간 단 하루의 휴가도 없이, 앞만 보며 살아온 나에게 도가는 삶의 쉼표를 찍고 다시 천천히 걸어가라고 말한다. 여유 있는 시선으로 앞을 보라 한다.

앞으로 한 달 뒤, 나는 홀로 자연으로 돌아가 거대한 바위에 새겨진 세월의 흔적을 볼 수 있기를 소망한다. 수억 년도 넘은 세월 동안 물과 공기는 잠시도 쉬지 않고 변화를 계속하며, 신이 허락한 대자연의 예술품 그랜드캐니언을 만들어냈다. 그 위대한 자연의 흔적을 바라보며 내가 온 길을 다시 돌아보고 싶다.

산이 높을수록 깊다고 했던가? 그렇다. 높으려면 낮아져야 한다. 살기 위해서는 나를 죽여야 한다.

도가와의 만남 이후, 나를 위한 삶의 쉼표를 찍을 수 있게 되었다. 이제 나는 어떻게 행동하고 살아야 하는 것인가를 어렴풋이나마 알게 되었다. 그리고 30대, 아니 내 인생의 미래를 위해 다음과 같이 살고 싶다.

- 나쁜 일이 있으면 좋은 일이 곧 올 것이라는 생각에 좌절하지 않으며,
- 좋은 일이 있으면 나쁜 일이 곧 올 것이라는 생각에 자만하지 않으며,
- 나에게 해를 입히는 자는 스스로 화를 얻게 될 테니 대응하지 않고 용서하며,
- 나에게 득을 입히는 자는 감사한 자이니 물심양면으로 도와 보답하며,
- 지금 당장 득이 되는 일을 선택하기보다는 멀리 보았을 때 득이 되는 일을 선택한다.

# EBS 라디오를 틀면 도(道)가 보인다

김준범

1. 노자 선생, EBS 라디오 부장을 살리다
2. 상식을 뒤집어 길을 찾다
3. 미꾸라지 용 되는 법
4. 대한민국을 사랑한 노자

# 노자 선생,
# EBS 라디오 부장을 살리다

돌아가는 것이 도의 움직임이고,
유약한 것이 도의 쓰임이다.
천하의 만물은 유에서 생겨나며
유는 무에서 생겨난다.

• 《도덕경》 제40장

---

### 공자님 멘붕에 빠지시다

석가, 공자, 예수는 세계 3대 성인이다. 이분들을 중심으로 불교문화, 유교문화, 기독교문화가 형성되었고 2천년이 넘는 세월 동안 세계인들의 가슴속에 살아서 움직이며 큰 깨달음(종교)을 전해주고 있다. 공자의 인(仁) 또는 극기복례(克己復禮)의 가르침이나 석가의 색즉시공, 공즉시색의 가르침 그리고 예수의 하나님 나라의 가르침은 인류공동체의 평화와 번영을 위해 동서고금을 막론하고 따르고 배워야 할 높은 가르침이다. 그런데 동북아문명에서는 공자의 가르침을 뛰어넘는 위대한 성인이 있으니 바로 도가사상의 창시자 노자다.

사마천의 《사기》에 따르면, 기원전 522년에 공자가 주나라에서 노자를 만나고 요샛말로 멘붕 상태에 빠졌다. 그리고 며칠 후 제자들과 다음과 같은 대화를 나누었다고 한다.

"선생님은 노자를 만나서 그에게 무엇을 가르치셨습니까?"

"나는 이제야 처음으로 진짜 용을 보았다. 용은 기운을 한 곳으로 집중하면 훌륭한 체구를 이루고, 기운을 분산시키면 천변만화하는 무늬를 이룬다. 그리고 구름을 타고 무심히 날며 만물의 근원인 음양을 따라 자기를 기르는 것이 용이다. 나는 용과도 같은 노자를 만나자마자 놀란 나머지 입이 벌어진 채 닫히지 않았다. 그런 내 주제에 어떻게 노자를 가르친단 말이냐? 내가 알기로는 노자는 모름지기 무위의 도를 닦는 분인 것 같다."

세계 3대 성인의 반열에 오르고 2천 5백년을 전해오는 동북아 유교문명의 창시자인 공자를 단 한 번의 만남으로 놀라게 한 노자의 가르침은 대체 무엇인가? 그 가르침은 21세기를 살아가는 EBS 라디오 PD에게는 어떤 의미로 다가올까?

나는 '수요포럼 인문의 숲'에서 노자를 만나고 그의 제자가 되는 행운을 얻었다.

### 노자, EBS 라디오 부장을 살리다

2011년 가을, EBS의 조직개편이 있었다. 이때 나는 라디오부장으로 임명되었다. 1993년에 입사할 당시만 해도 EBS 라디오국은 3개 부서에서 30명이 넘는 PD들이 프로그램을 제작하고 있었다. 하지만 시간이 지날수록 라디오의 영향력이 줄어드는데다, 특히 EBS라디오는 광고 수익이 없어 적자이다 보니 경영 차원의 투자우선순위에서 밀려날 수밖에 없었다. 선배PD들이 퇴사를 해도 신규PD가 충원되지 못해 회사에서 가장 고령화된 부서, 침체된 부서가 되었다. 결국 라디오국이 폐지되면서 2개 부서로 축소되었고 다시 하나의 부서로 축소통합된 것이다.

내가 부장으로 임명되었을 때 주어진 인력은 정규PD 13명뿐이었다. 그리고 프리랜서PD가 8명이었다. 게다가 정규PD 중 후배는 단 한 명도 없는 상황이었다. 후배가 부장이 되었으니 선배들의 마음이 편치 않았을 테고, 나 또한 지침을 내리기도 힘들었다. 어쩔 수 없이 새로운 인적 구성의 틀을 짜야 했다. 인력과 예산의 지원을 바랄 수도 없었고, 떠나는 자와 남는 자의 아픔을 감수해야 했다. 밖에서 젊은 인재를 데려오려면 이쪽에서도 인력을 내보내야 한다. 한 명의 후배를 받기 위해 두 명의 선배들을 보낸 경우도 있었다. 구성원들 사이에는 패배의식과 피해의식이 팽배했다. EBS라디오는 세상에 제대로 된 족적 한번 못 남기고 이대로 그냥 사라져 가는가 한탄하기도 했다. 그리고 떠나보낸 선배들을 다시 모셔 와야 한다는 부채감마저 나를 짓누르고 있었다.

'왜 하필 이런 때 나는 부장이 되었을까.'

그 절망의 순간에 나에게 운명처럼 떠오르는 노자 선생의 가르침이 있었다.

물극필반(物極必反), 사물은 극에 다다르면 반드시 반전한다는 자연의 섭리를 나타내는 사자성어다. 음이 극에 이르면 양으로 전환되고, 양이 극에 달하면 음으로 전환된다. 오르막이 있으면 내리막이 있고 바닥을 치면 다시 오르게 된다. 수축하면 확대되고, 확대되면 수축한다. 이렇듯 음과 양이 순환하는 것이 도의 움직임이고 자연의 섭리다.

'그렇다. 우리 부서가 축소된 것은 하나의 씨앗처럼 응집된 상태다. 시간이 흐르고 봄날을 맞이하면 활짝 만개할 준비가 된 것이다.'

여기에 생각이 미치자 나는 무릎을 쳤다. 음지가 양지가 되고 양지가 음지가 된다. 시간의 흐름 속에 음양은 끊임없이 순환한다. 변화는 만물의 법칙이다. 지금은 청각에 호소하는 라디오가 스펙터클한 시각 매체들에 밀려 음지에 있지만, 시간이 흐르면 다시 양지로 모습을 드러내게 된다. 한때 국내에서는 섬유산업이 더 이상 경쟁력이 없는 음지산업으로 치부되었지만 IT기술과 최첨단 소재를 접목하며 다시 부활하고 있는 것처럼, 라디오 또한 새로운 영역을 개척해 낼 수 있을 것이다.

## 세계의 스토리 정거장을 꿈꾸다

물극필반의 도(道)를 떠올리면서 다시 희망을 찾았고 구체적으로 라디오 재건의 방법을 찾기 시작했다. 궁즉통(窮則通), 궁리하면 통한다. 고(故) 정주영 현대그룹회장의 유명한 일화가 있다.

정주영 회장이 젊은 시절 공사판에서 일할 때의 일이다. 고된 노동을 마치고 숙소에 돌아와 잠을 청하면 빈대들의 습격 때문에 잠을 제대로 잘 수가 없었다. 방바닥을 피해 야전침대에서 자도 기어코 침대로 올라와 온몸을 물어대는 것이었다. 고민을 거듭하다 기발한 아이디어를 냈다. 야전침대 다리를 각각 물을 가득 채운 양동이 속에 집어넣었다. 빈대들이 침대로 올라오다 양동이의 물속에 빠지도록 만든 것이다. 그제야 숙면을 취할 수 있게 되었다.

하지만 그것도 며칠 가지 못했다. 다시 빈대들의 습격이 시작된 것이다. 물 담은 양동이 때문에 침대에 오를 수 없게 된 빈대들이 벽을 타고 천장으로 올라와 사람 몸으로 자유낙하를 하는 것이었다. 이때 정주영 회장은 '빈대도 저렇게 머리를 쓰면 목적한 바를 이루는데 하물며 사람이 머리를 쓰면 못할 것이 뭐 있겠느냐.'는 깨달음을 얻었다고 한다.

EBS 라디오 부장이 빈대에게 질 수는 없는 노릇이었다. 물극필반이라는 화두를 붙잡고 궁리를 거듭한 끝에 비전을 만들어냈다.

EBS 라디오를 '글로벌 스토리 플랫폼'으로 만들자고 제안했다. 세상의 모든 꿈과 감성 그리고 이야기들이 EBS 라디오를 플랫폼으로 오고 가는 그림을 그렸다. EBS는 메이저 방송사들인 MBC, KBS, SBS와 국내의 경쟁에서 이길 수 없다. 그들을 뛰어넘기 위해선 싸움의 프레임 또는 전장을 바꿔야 한다. EBS의 차별화된 강점을 살려야 한다. EBS는 20년 넘게 외국어 프로그램을 만들면서 글로벌 무대에 진출하기 위한 인적 네트워크를 갖추고 있다. 타방송사에 비해 방송 프로그램이 일회성이 아닌 콘텐츠의 성격이 강하다. 그렇다면 콘텐츠 파일로 스마트 네트워크 망을 활용해서 글로벌 시장에 진출할 수 있다.

우리의 문화와 이야기를 소재로 한 콘텐츠를 각국의 언어로 번역하여 세계인들에게 한국을 알린다. 국내 청취자들을 위한 외국어 학습 자료로도 활용할 수 있다. EBS라디오가 지구촌 사람들 이야기의 중심에 서는 것이다. 내부에서도 회의적인 시각이 만만치 않았지만 제안이 받아들여졌다. EBS 라디오는 '글로벌 스토리 플랫폼'이라는 북극성을 향해 그렇게 닻을 올렸다.

## 구분하지 않는 것이 아름답다

천하가 다 아름다운 것이 아름답다고 여기지만, 이것은 추한 것일 따름이다. 모두가 착한 것이 착한 줄 알지만, 이것은 착하지 않은 것일 뿐이다. 따라서 유와 무는 서로를 낳고, 어려움과 쉬움은 서로를 이루어주며, 깊과 짧음은 서로 비교가 되고, 높음과 낮음은 서로 뒤집히고, 소리와 울림은 서로 어울리고, 앞과 뒤는 서로를 따른다. 이것이 세계의 항상 그러한 모습이다. 자연의 이런 원칙을 본받아 성인은 무위하는 일을 하며, 불언의 가르침을 행한다.

- 《도덕경》 2장

우리는 일정한 기준을 만들어 구분하기를 좋아한다. 높고 낮음, 길고 짧음, 아름답고 추한 것, 옳고 그름, 너와 나를 구분할 뿐만 아니라 따로따로 모으고 서로를 배척한다. 상대방이 없어도 내가 존재할 수 있는 것처럼, 아니 오히려 상대방이 없어야 내가 더 잘 살 수 있는 것처럼 행동한다. 그러나 노자 선생은 구분하지 말라고 한다. 유무상생, 모든 사물은 상호의존적이고 상호보완적이므로 구분하여 배척하지 말고 통합하여 상생하라고 말씀하신다.

EBS 라디오는 정규PD와 프리랜서PD로 구성되어 있다. EBS에서 임시직AD로 일하거나 외국어에 능통하고 방송 감각이 있는 전문인들을 소정의 절차를 거쳐 프리랜서PD로 뽑아 모자라는 정규인력을 대체한다. 이들은 대체로 20대 후반 30대 초반의 나이로 4,50대 후반의 정규PD들에 비해 젊다. 정규PD들이 종합구성의 생방송 프로그램을 맡고 프리랜서PD들은 비교적 단순한 구성의 외국어 학습프로그램들을 맡는다. 관행으로 굳어진 이 틀은 정규PD와 프리랜서PD의 신분의 상징처럼 작동하고 있었다. 결국 프리랜서PD의 젊음과 열정을 묶는 족쇄가 되고 정규PD의 방송 경험과 노하우를 녹슬게 하고 있었다.

인사발령 후 정규PD는 13명에서 12명으로 줄었고, 8명의 프리랜서PD만 있었다. 구분하고 따지고 할 상황이 아니었다. 내부의 활력이 절실했다. 중국 산업화의 기틀을 마련한 등소평의 '흑묘백묘론'을 상기했다. 검은 고양이든 흰 고양이든 중국의 경제성장에 도움이 되는 것이라면 이념에 구애받지 않는다는 실용주의 노선을 응용했다. 기존의 틀을 깨고 정규PD와 프리랜서PD의 구분 없이 능력과 적성 위주로 프로그램을 맡기기로 했다. 노자 선생 말씀대로 유무상생이다. 서로 섞여야 한다. 관록과 젊음이 섞이고, 노련미와 패기가 섞여야 한다. 꼼꼼함과 거침없음이 섞이고 옛것과 새것이 섞여야 한다. 내부의 반발을 걱정했지만 오히려 선배들이 분위기를 이끌었다. 프리랜서PD들의 제작능력도 많이 향상되었고 정규PD들의 의욕만큼 프로그램의 수준도 높아졌다.

EBS 라디오는 1년에 두 차례 봄, 가을에 경치 좋은 곳에서 워크샵 겸 단합대회를 한다. 이때도 정규PD와 프리랜서PD의 구분 없이 진행자들까지 모여서 체육대회를 통해 땀도 흘리고 한바탕 재미있는 시간을 보낸다. 노자 선생 말씀대로 구분하면 배척하게 되니, 통합하여 상생하는 것이 일의 성과도 크고 일터가 즐거워진다.

## 전화위복(轉禍爲福), 박PD 사고치다

라디오 부장으로 근무한 지 석 달이 채 안 된 어느 금요일 저녁의 일이다. 여느 때처럼 양재천을 선배와 함께 한 시간가량 달리고 흠뻑 땀을 흘린 후 사우나에서 몸을 씻고 상쾌한 기분으로 옷을 갈아입으며 무심코 휴대폰을 확인했다. 눈을 의심하지 않을 수 없었다. 사장, 부사장, 본부장의 전화가 30통이 넘게 부재전화로 표시되어 있었다. EBS의 넘버 원, 넘버 투, 넘버 쓰리가 일개 라디오부장에게 끊임없이 전화를 해 온 것이다. 그 전화번호 사이에 박PD의 이름도 간간이 섞여 있었다. 불안함이 가슴을 짓눌렀다. 호흡을 가다듬으며 박PD에게 전화를 했다. 이내 풀죽은 모기만한 목소리가 들려왔다.

"부장님, 사고 쳤습니다."
"뭔데?"
"제 잘못으로 0분 00초 동안 방송이 나가지 못했습니다."
"이 십장생이….'

이런 말도 안 되는 이야기로 장난할 위인도 아니고 엄연한 사실이라고 받아들이자 머릿속이 하얘졌다. 생각의 필름이 끊겼다. 방송이 못 나갔다. 방송국에서 가장 큰 사고다. EBS에서 3개월 최단기로 부장직을 마감할 것이란 생각이 들었다. 호흡을 가다듬고 넘버 쓰리부터 차례로 전화하면서 사태를 파악했다. 사고 책임자와 사태의 경중을 따지기 시작했다. 다행히 박PD만의 책임은 아니었다. 당사자는 두 명이었다. 하지만 어떻게 변명하든 중징계를 면치 못할 상황이었다.

그런데 미묘한 상황이 발생했다. 저쪽 당사자는 정규직이기 때문에 인사위원회를 거쳐 징계수위가 결정되는데 박PD는 프리랜서인 관계로 정규직에 상응하는 징계를 준다는 방침만 정해진 것이다. 공은 직속상관인 내게로 왔다. 정규직이 중징계를 받으면 당연히 프리랜서PD는 아웃시켜야 한다는 주장이 대세였다. 그러나 나로서는 박PD가 비록 프리랜서이고 사고의 원인을 제공했지만 한번의 실수로 이별을 고하기에는 그 열정과 재능이 아까웠다. 나는 본부장께 읍소했다. 다행히 나의 판단을 존중해 주셨고 일정수준의 징계로 상황을 마무리 할 수 있었다.

정치가 어눌하면 백성들은 순박해지고 정치가 빈틈이 없으면 백성들은 교활해진다. 화로구나, 거기에는 복이 기대어져 있다. 복이로구나, 거기에는 화가 잠복해 있다. 누가 그 궁극을 알겠는가? 정해져 있는 것은 없다. 바르게 되어있는 것은 다시 기이한 것이 되고, 좋은 것은 다시 요상한 것이 되니, 사람이 미혹된 채 보낸 날이 아주 오래되었구나. 그래서 성인은 방정하되 가르지 않고 예리하되 찌르지 않으며 솔직하되 멋대로 하지 않고 빛나되 눈부시지 않는다.

• 《도덕경》 58장

노자 선생도 전화위복(轉禍爲福)이라 하지 않았던가? 결국 그 사건으로 인해 동일한 방송 사고를 예방하기 위한 시스템이 만들어졌고, 박PD는 더욱 EBS 라디오를 위해 발바닥에 땀이 나도록 뛰어다니고 있다. 그때 박PD를 해고했다면 지금처럼 그의 재능을 활용할 수 없었을 터이고, 같은 처지의 프리랜서 PD들도 정규직에 비해 가혹한 처벌을 받는 상황에 크게 낙담했을 것이다.

등줄기에 식은땀이 흐르던 사고였지만, 복이 화가 되고, 화가 복이 되는 것이 세상의 이치다. 순간의 화에 집착해서 그 이면의 복을 차버리는 잘못을 저지르지 말라는 것이 노자 선생의 가르침이다.

# 상식을 뒤집어 길을 찾다

가장 높은 단계의 선비는 도를 들으면 그것을 성실하게 실천하지만,
중간 단계의 선비는 도를 들으면 반신반의하고,
가장 낮은 단계의 선비는 도를 듣고서도 그것을 크게 비웃어 버린다.
그런 부류가 비웃지 않는다면 오히려 도라 하기 어려울 것이다.
• 《도덕경》 41장

---

### 노자, 역설의 철학

내가 받아들인 노자철학의 정수는 상식 뒤집기 또는 역설의 철학이다. 겉으로 드러난 현상만을 보면 노자의 역설을 이해할 수 없다. 보이는 것의 이면에 작동하는 보이지 않는 것을 인지하고 통합적으로 바라볼 때 사태를 제대로 파악하게 된다. 세상사람 대부분이 진실하다고 여기는 것은 진실한 것이 아니고, 아름답다고 말하는 것은 아름다운 것이 아니다. 시간이 흐르고 공간이 바뀌면서 기준 자체가 변화하기 때문이다. 사업이든 직장이든 남들이 지금 좋다는 곳에 아무 생각 없이 우르르 몰려다니면 시간이 흐른 뒤에 항상 낭패를 보기 마련이다. 노자 선생은 다음과 같이 말했다.

밝은 길은 어둑한 듯하고 앞으로 나아가는 길은 물러나는 듯하며 평평

한 길은 울퉁불퉁한 듯하고 가장 높은 덕은 깊은 계곡과 같고, 가장 희고 깨끗한 것은 오히려 때가 탄 듯 보이고, 가장 넓은 덕은 오히려 부족하게 보인다. 가장 강건한 덕은 나태하게 보이고, 가장 순수하고 절박한 것이 오히려 혼탁하게 보인다.

- 《도덕경》 41장

EBS 라디오의 새로운 비전이 만들어지고 이제 구체적인 새 컨셉과 브랜드를 설정할 차례였다. 라디오 매체의 속성을 잘 살리면서도 타방송사들과 차별화된 프로그램들이 필요했다. 라디오의 가장 두드러진 속성은 감성이다. 라디오는 청취자의 방 안이나 차 안에서 그리고 한밤에 DJ와 연애하듯 음악과 이야기를 통해 감성을 주고받는 미디어다.

또 다른 속성은 뉴스와 정보를 신속하게 전달하는 속보성인데, 인터넷과 모바일 등 스마트 미디어가 등장하면서 더 이상 강점이 되지 못한다. 그래서 라디오 채널들을 살펴보면 청취자의 사연을 중심으로 함께 웃고 우는 프로그램들과 음악으로 감성에 푹 빠져들게 하는 프로그램들이 강세이고 청취율도 높다. 시사정보와 뉴스 중심의 채널들은 감성채널에 비해 청취율이 낮다.

EBS 라디오 역시 대부분 외국어 학습 및 교양 중심의 프로그램들로 구성되어 있어 청취율이 낮을 수밖에 없었다. 그나마 외국어 학습 프로그램은 의미 있는 고정 청취층이 형성되어 있지만 교양 프로그램은 그렇지 못한 경우가 대부분이었다. 상황이 이렇다 보니 초기에 EBS 라디오의 혁신을 논의할 때 모든 프로그램을 외국어 프로그램으로 편성하자는 주장이 득세했다. 기존의 청취율을 지켜야 한다는 입장이었다. 하지만 외국어 청취층은 규모가 한정되어 있고 인터넷과 스마트미디어의 외국어학습 사이트와의 경쟁도 심화되고 있는 상황에서 현상 유지도 장담할 수 없었다. 게다가 청취자들과 감성적으로 만나기도 어렵다. 새로운 도약은 더욱 불가능했다.

이런 갈등의 상황에서 노자 선생의 뒤집음의 철학은 늘 새로운 길을 제시해 준다.

"가장 낮은 곳이 높은 곳이고, 가장 추한 것이 아름다운 것이고, 가장 인기 없는 것이 인기 있는 것이다."

우리는 타 방송사들이 인기가 없다고 폐지하거나 푸대접하는 프로그램과 영역은 뭘까 조사했다. 그리고 답을 찾았다. 책이었다. 책과 관련된 프로그램은 방송의 공영성을 위해 편성되지만 형식적이었다. 청취율이 높지 않기 때문에 곧잘 폐지되고 방송시간도 황금시간대가 아닌 심야나 주말시간대로 밀려나고 있었다. 책으로 승부를 걸자고 편성기획부와 의기투합했다. 편성기획부의 주도 아래 책과 라디오가 어울리는 그림을 그리기 시작했다. 동료 선후배들의 의견을 모았고 경영진을 이해시켰다.

이렇게 노자 선생의 가르침이 나를 변화시키고 일을 진전시켰다. 인기아취(人棄我取), 즉 남이 버리면 나는 취한다. 타방송사들이 버린 책 프로그램을 EBS는 취한다. 인취아기(人取我棄), 즉 남이 취하면 나는 버린다. 타방송사들이 취한 책 프로그램의 포맷은 EBS는 버린다.

타방송사들이 1주일에 고작 30분가량 방송하는 책 프로그램을, EBS는 무려 하루 11시간 방송 한다. 타방송사들이 책에 대한 해설이나 정보를 주는 것이라면, EBS는 청취자들에게 책을 낭독해 들려준다. 그리고 타방송사들이 인기아나운서나 성우들이 읽어주는 것이라면, EBS는 대국민 공모를 통해 내레이터를 뽑아서 낭독하게 했다. 라디오의 속성인 감성을 살린다는 입장을 견지하며 철저하게 차별화 전략을 취했다. 결국 하루 11시간 책을 읽어주는 유일무이한 라디오 방송 EBS FM(104.5㎒)이 탄생한 것이다.

## 손PD 택시면허를 따다

EBS는 PD를 TV와 라디오로 따로 구분해서 뽑지 않는다. 신입PD에게 희망부서를 적게 하면 거의 모두 TV를 지망한다. 사실 방송국 내부에도 라디오는 한창 일할 젊은 PD들이 가는 곳이 아니라는 편견이 깔려 있다. 이런 상황에서 라디오에서 일하고 싶다는 젊은 후배PD들을 만나면 여간 반가운 게 아니다. 그래서 손PD는 내가 아끼는 후배이다. TV에서 인사철만 되면 데려가려는 능력 있는 PD 중의 한 명이기도 하다. 이런 PD가 TV보다 라디오에서 일하겠다고 하니 더욱 기특하다.

지금은 EBS 책 읽어주는 라디오에서 SB(Station Break)를 전담해서 만들고 있다. SB란 정규 프로그램 사이에 들어가는 캠페인이나 짧은 콘텐츠형 프로그램이다. CF처럼 감각적으로 만들어야 짧은 시간 내에 의도하는 메시지를 전달할 수 있다. 매일 1시간짜리 책 프로그램을 제작하면서 SB까지 책임지고 있으니 일이 많다고 투덜대지만 일단 맡기면 제대로 만들기 때문에 전적으로 신뢰하고 있다.

그런데 이 손PD가 바로 나의 반대파다. 부장인 내가 무슨 프로젝트를 내놓으면 일단 반대하고 본다. 우리가 옥신각신 대화를 시작하면 주변의 재미난 구경거리다. 책 읽는 택시가 만들어질 때의 일이다.

"손 PD! 책 읽어주는 라디오 참 잘한 것 같다. 우리 책 읽는 택시도 만들어 볼까?"
"책 읽는 택시요? 그게 뭔데요?"
"우리 책 읽어주는 라디오에서 아침부터 밤까지 책 읽어주잖아. 택시에서 우리 라디오 틀어놓으면 그게 책 읽는 택시지 뭐."
"택시기사들이 뭐가 재미있다고 책 읽어주는 라디오를 틀어놓고 다녀요?"
"재미없냐? 난 재밌던데. 우리 책 읽어주는 라디오 재밌어!"
"그건 우리가 재밌는 거구요. 기사 분들이야 토크 쇼나 음악을 더 듣고 싶어 하죠."
"그래도 택시에서 책 읽어주는 라디오를 틀고 다니면 좋겠지? 기사 분들 교양 있게 행동하고, 교통법규 잘 지키고, 서비스 정신도 좋아지고, 그럼 승객들도 믿고 타고 그러면서 자연스럽게 책과 친해지고. 우와, 이거 정말 좋은 아이디어 아니냐?"
"우와, 책과 택시 안 어울려요."
"그러지 말고 택시회사 몇 군데 다녀보고 기사 분들 이야기도 좀 들어봐라."

'책 읽어주는 라디오'가 궤도에 오르면서, 청취자들이 일상생활과 밀접하게 체험하고 상생할 수 있는 방법들이 필요했다. 그때 떠올린 것이 택시였다. 손PD는 투덜거리면서도 송파구청 담당자들과 만나 리스트를 뽑고 함께 송파구 관할 택시회사인 (주)삼광교통에 다녀왔다.

"취지는 좋대요. 근데 자기들은 물질적으로 도움이 되는 것이 좋으니 택시 한 대당 홍보비로 얼마씩 지원해 주면 생각해 보겠대요"

"아니 EBS만 위해서 하는 게 아니고, 택시회사도 멋지게 거듭날 수 있는 좋은 기회인데 뭘 지원해 달라는 거야?"

"그쪽에서는 그렇게 생각 안 해요. EBS 책 읽어주는 라디오 틀고 다니면 EBS홍보니까 물질적으로 지원해 달라는 거죠"

"그래 EBS 홍보이기도 하지만 더 큰 의미가 있잖아. 책이 사람을 바꾼다고 책 읽어주는 라디오를 들으면 당연히 기사 분들이 바뀌고, 손님도 믿고 타는 택시가 되고, 책 읽는 문화도 만들고 말이야"

"그건 부장님 생각이라니까요. 그분들에게 세상에서 가장 아름다운 소리는 책 읽는 소리가 아니라구요!"

"그래! 그러니까 책과 친해지면 돈 몇 푼보다 훨씬 좋게 삶이 바뀐다는 걸 보여주기 위해서라도 한번 해 보자."

손PD는 내 대신 많은 택시기사 분들과 인터뷰하고, 그들의 애환을 들어주고 무엇이 필요한지를 파악한 후 나에게 이야기해 주었다. 손PD의 반대는 나에게 프로젝트를 추진하는 과정 중에 생기는 미흡한 부분들을 챙기게 한다. 이론과 실제는 다르고, 명분과 현실이 다르다. 나는 '책 읽는 택시'의 의미만 생각하며 밀어부쳤지만 책 읽는 택시의 주체인 기사 분들에 대해선 정작 제대로 아는 게 없었다. 현장의 소리를 듣지 않고, 명분만 갖고 일을 추진하면 결국

▶ '책 읽는 택시' (주)삼광교통 기사님과 함께

탁상공론으로 끝날 수밖에 없다. 손PD는 현장의 목소리를 그대로 전해 주면서 나의 시각을 교정해 주었고 명분만 앞세우는 백면서생의 오류를 벗어나게 해 주었다.

그 뒤 삼광교통 기사 분들은 우리와 몇 차례 더 만나면서 '책 읽는 택시'의 취지에 적극 공감, 필요사항을 조정하면서 의기투합했다.

'책 읽어주는 라디오'가 출범하면서 EBS는 '독서명문대학'을 목표로 하는 숭실대학교와 '책 읽는 송파'로 구정목표를 세운 송파구청과 '책 읽는 대한민국'이라는 프로젝트를 함께 추진하기로 업무협약을 맺었다. 그리고 '책 읽는 택시'가 그 첫 사업이 되었다. 송파구청은 행정지원을 맡고 숭실대학교는 기사 분들의 소양교육을 담당한다. 택시회사에는 도서관도 마련되었다. 우여곡절 끝에 2012

년 9월 20일 '책 읽는 택시'가 성공리에 출범했다. 그리고 나의 반대파 손PD는 '책 읽는 택시'를 직접 운행하면서 승객들과 책 이야기를 하고 싶다며 EBS 최초로 '택시면허'를 딴 PD가 되었다.

### 달리는 도서관, 택시는 책과 함께 달린다

'책 읽는 택시'는 현재 전 세계에서 딱 50대만 운행되고 있다. '책 읽는 택시'를 타면 기사 분들이 반갑게 승객을 맞이한다.

    기본 인사는 "안녕하세요? 책 읽는 택시입니다. 어디로 모실까요?"인데 기사 분들의 개성에 따라 더 창의적으로 인사하기도 한다.

    "축하드립니다. 손님은 전 세계에서 딱 50대만 운행하는 택시를 타는 행운을 얻으셨습니다. 오늘 이후로 계속 행운이 따를 겁니다."

    기사 분들이 먼저 바뀌고 있다. 사실 택시를 탄 승객은 '이런 라디오도 있네.' 하고 호기심이 생겨도 목적지에 도착하는 짧은 시간 동안 책을 온전히 듣기 어렵다. 그러나 기사 분들은 하루 종일 듣기 때문에 책 속의 이야기들을 통해 감동을 받고 지혜를 쌓는다. 교양 있는 기사 분들이 승객에게 책을 권하는 모습은 상상만 해도 즐겁다. 이것이 바로 책 읽는 택시의 목적이다.

    '책 읽는 택시'에는 책과 택시가 그려진 로고가 부착되고 기사 분들의 유니폼도 제공된다. 차량 내에 QR코드가 삽입된 프로그램 안내서가 있어서 승객들은 하차 후에도 스마트폰으로 방송을 계속 들을 수 있다. 처음에 50대 100명으로 시작했지만, 택시회사에서 기사 분들의 서비스 정신이 좋아지고 근무태도가 달라졌다며 100

대로 늘리고 싶어 한다.

출범 당시 평소에 책을 좋아한다는 박길서 기사님의 말씀이 지금도 생생하다.

"김 부장님, 저는 책 읽는 택시를 통해서 EBS가 무엇을 추구하는지에 대해선 별 관심이 없습니다. 다만 저를 비롯한 우리 동료들이 그동안 택시기사로서 한 번도 갖지 못한 직업의 자부심을 가질 수 있기를 희망합니다."

"박 기사님, 정말 감동입니다. 한번 해보자구요."

나는 이때 '책 읽는 택시'의 성공을 확신했다.

## 미꾸라지 용 되는 법

가장 훌륭한 덕은 물과 같다.
물은 만물을 이롭게만 하지 다투지는 않고.
주로 사람들이 싫어하는 곳에 처한다. 그러므로 도에 가깝다.
물과 같은 이런 덕을 가진 사람은 살아가면서 낮은 땅에 처하기를 잘하고
말 씀씀이는 신실함이 넘친다.

• 《도덕경》 8장

### 성공한 사람은 물과 같다

상선약수(上善若水) 같은 삶을 흉내라도 낼 수 있으면 좋으련만! 신자유주의의 질서 속에서 무한경쟁을 체화하고, 승자독식을 당연한 것으로 여기는 사람들에게 노자 선생의 상선약수의 철학은 세상물정 모르는 순진함으로 치부되기 십상이다. 세상이 어떤 곳인데 남을 이기지 않고 양보하면서 살아간단 말인가?

그러나 세상은 역설적이다. 악착같이 남을 꺾고 높은 곳에 오르려는 사람은 일시적으로 정상에 오를 수 있을지언정 곧 추락하고, 자기를 낮추고 낮추고 한없이 낮추어 남을 대접하는 사람은 세상 사람들의 존경을 받아 높은 곳에 이르게 된다.

나는 '대한민국 성공시대'라는 프로그램을 연출하면서 숱하게

많은, 이른바 성공한 사람들을 만났다. 매주 금요일에는 '성공OK 쇼'라는 특강을 열었다. 자수성가한 CEO, 유명저자, 성공학 강사, 스토리가 있는 전문가들의 성공 이야기와 실천지침들을 들려주는 인기 있는 시간이었다. 3년 동안 그들의 이야기를 들으면서 성공한 사람들의 몇 가지 공통점을 발견할 수 있었다.

첫째, 아침형 인간 또는 새벽형 인간이다. 아침에 일어나는 시간은 다섯 시가 70%, 네 시가 30% 정도였다. 아침 활동은 거의 비슷했다. 책 읽기, 글쓰기, 명상 또는 운동이었다. 보통사람들보다 아침에 두세 시간을 더 쓰고 있었다.

둘째, 어떤 상황에서도 절대긍정의 태도를 갖고 있다. 다들 한두 번의 실패경험을 갖고 있었지만, 밑바닥에서도 꿈을 잃지 않고 끝내 재기한 사람들이었다.

셋째, 타인과 나누는 삶을 살고 있다. 이 사실이 오래가는 성공이냐 짧게 가는 성공이냐의 가장 중요한 관건이었다.

세상은 보이지 않는 파동과 에너지로 이루어져 있다. 자기가 가진 것을 나눌 줄 알고 사회에 공헌하는 사람은 주변 사람들이 칭찬해 주고 잘 되도록 기도해 주기 때문에 좋은 파동이 그를 감싸고 계속 행운이 깃들 수밖에 없다. 같은 파동끼리 공명하고 모이는 동기감응(同氣感應), 유유상종(類類相從)의 법칙이다. 그러나 거짓말하고 남을 짓밟고 원망을 사면서 성공한 사람, 나눌 줄 모르는 사람은 세상 사람들이 그들에게 좋은 파동을 주지 않기 때문에 결국 불행이 붙는다.

아침 일찍 일어나는 사람들은 삶에 대해서 오만하지 않은 사람들이다. 자신이 부족한 것을 인정하는 겸손한 사람들이다. 그래서 노력한다.

어떤 상황에서도 절대긍정의 태도를 유지하는 사람들은 운명에 대해서 냉소적이지 않은 사람들이다. 그래서 다시 일어선다.

세상 사람들과 나누는 사람들은 물질에 대해 집착하지 않는 사람들이다. 그래서 정신이 풍요롭다. 그리고 그 풍요로운 정신은 다시 풍요로운 물질로 전환된다.

그들 중에 박원순 변호사는 서울시장직을 수행하면서 정신과 물질이 균형을 이루고 빈부가 적대하지 않는 조화로운 서울을 만들려 애쓰고 있다. 또 변화경영연구소 구본형 소장은 배움의 공동체와 EBS 고전 읽기를 진행하면서 세상의 이치를 전하고 있다. 그리고 삼성생명의 배양숙 FC 상무는 사회에 통 큰 기부를 지속하고, '수요포럼 인문의 숲' 등 지식 나눔을 통해 그와 인연을 맺은 사람들이 삶의 그물망을 촘촘히 짤 수 있도록 도와주고 있다. 내가 노자를 만나게 된 것도 이분 덕분이다.

'대한민국 성공시대'를 연출하면서 끊임없이 자기를 낮추고 낮추어 상선약수의 삶을 살아가는 아름다운 사람들과 만난 것 또한 내 인생의 행운이라 할 수 있다.

### 가슴이 따뜻한 사람은 중용을 잃지 않는다

'수요포럼 인문의 숲' 마지막 강의에서 마음에 꽂힌 말씀이 있다.

"세상을 보고 싶은 대로 보지 말고, 봐야만 하는 것으로 보지 말고, 세상이 보이는 대로 보십시오."

제대로 도를 닦으면서 살라는 말씀이다. 세상 사람은 모두 제각각의 관점이 있다. 진보와 보수의 관점이 있고, 신자유주의와 공생의 관점이 있고, 여성과 남성의 관점이 있고, 기독교인과 불교인의 관점이 있다. 사람이 살아가는 데 관점이 없을 수 없다. 문제는 자기 관점만 옳다고 고집하는 것이다. 그런 사람은 세상을 딱 그만큼만 볼 수 있다. 다른 사람의 관점을 어깨 너머라도 보고자 할 때 더 큰 세상을 볼 수 있다. 세상은 흑백으로 명확하게 구분되어 있지 않다. 우리 인간이 인위적으로 구분하여 볼 뿐 세상은 흑백이 섞여 있거나 흑이 곧 백이고 백이 곧 흑인 것이다. 노자 선생은 다음과 같이 말했다.

> 발뒤꿈치를 들고 서 있는 사람은 오래 서 있지 못하고
> 큰 걸음으로 걷는 사람은 오래 걷지 못한다.
> 자신의 관점으로 보는 사람은 진정한 인식에 도달하지 못하고
> 자신이 옳다고 하는 사람은 빛나지 못하며
> 자신을 드러내는 사람은 공을 차지하지 못하고
> 자신을 내세우는 사람은 지도자가 되지 못한다.
>
> • 《도덕경》 24장

나와 매주 금요일 저녁 양재천을 달리는 10년지기 송태호 형님만 봐도 그렇다. 형님은 시인이자 법무사로서 내 삶의 멘토이다. 그리고 이분은 독서광이다. 60을 훌쩍 넘기셨는데도 늘 배낭을 메고 다니는데 그 속에는 책 한두 권이 꼭 들어 있다. 주로 지하철을 타고 다니면서 읽는다고 한다. 그래서인지 연세에 비해 생각이 유연

하시고 진보적이다. 그런데 국내정치에서는 유독 보수적인 관점을 고집하신다. 남의 어려움에 발 벗고 도와주시고, 다른 사람의 아픔을 함께하고, 더불어 잘 사는 세상을 역설하시면서도 진보세력들은 종북좌파라며 백안시한다.

진보인가 하면 보수이고 보수인가 하면 진보인 이 형님과 달리면서 많은 대화를 나눈다. 가끔 장단을 맞추기 어렵지만 그의 따뜻한 가슴은 분명히 느낄 수 있다. 나는 머리나 말이 진보적인 사람보다 형님 같은 사람이 더 좋다. 머리나 말로써 사태를 분명히 하는 사람들은 극과 극을 오가지만 가슴과 삶이 따뜻한 사람들은 여간해서 중용을 잃지 않고 조화로울 수 있기 때문이다.

### 천지불인(天地不仁)이다. 당신의 팔자를 사랑하라

나는 가끔 주변사람들의 사주팔자를 봐 준다. 사주를 중심으로 인생 상담을 하는 수준은 된다. 명리학을 조금이나마 알게 된 것은 내가 연출한 프로그램에 출연했던 고(故) 제산 박재현 선생의 제자인 삼봉 전동환 선생을 통해서다. 한국의 명리학은 중국이나 일본과 체계도 다르고 수준 자체가 다르다고 한다. 단군 조선 이래로 내려오는 우리의 고유한 사상체계로, 최치원이 언급한 유·불·선을 포함하는 현묘지도와 풍류사상, 화담 서경덕과 토정 이지함으로 이어지는 한국의 선(仙) 사상을 계통으로 한다. 그래서 제산 선생은 한국의 명리학을 '조선학(朝鮮學)'이라 불렀다고 한다.

그 후 틈이 나면 선생과 함께 명산을 찾기도 하고 술잔을 기울이며 옛 선인들의 이야기로 밤을 새우기도 했다. 중국이나 일본의 책으로만 공부한 역술인들은 대부분 그 경지를 알지 못한다.

만약 21세기에 사주팔자를 보는 사람들 중에 공자의 제자와 노자의 제자가 있다면 누가 사주팔자를 더 잘 볼까? 당연히 노자의 제자가 더 잘 보게 되어 있다. 공자는 주나라의 예(禮)를 도리의 준거로 삼고, 인(仁)을 사람의 존재 근거로 삼는다. 인위를 기준으로 세상을 해석한다. 반면 노자는 무위자연으로 세상을 해석한다.

사람의 팔자는 시간과 공간에 따라 변한다. 그래서 사주도 절대주의 세계관보다 상대주의 세계관을 갖고 있는 사람이, 세상을 변치 않는 본질로 해석하는 사람보다 관계로 해석하는 사람이 더 잘 볼 수 있다. 서양의 기계론적 세계관을 넘어서지 못하면 절대로 사주를 볼 수 없다. 세상은 기계처럼 작동하지도 절대불변하지도 않기 때문이다. 인간의 사주 또한 자연의 일부이기 때문에 무위로 해석해야 한다. 그래서 유무상생(有無相生)과 무형이생(無形而生), 무위자연(無爲自然)과 천지불인(天地不仁)과 같은 가르침을 알면 여덟 글자의 관계와 기의 흐름을 잘 볼 수 있게 된다.

처음 듣는 분들은 낯설겠지만, 역술인에게 사주를 본 경험이 있다면 이런 소리를 들어보았을 것이다.

"일간(日干)과 용신(用神)이 어떻고 격국이 어떻고, 지금 당신의 일간과 용신에 도움이 되는 기운이 들어왔으니 좋은 일이 있을 것이다. 나쁜 기운이 들어오니 조심하라. 부적을 가지고 다녀라."

솔깃하기도 하고 더러 맞는 이야기도 있다. 하지만 사주는 이렇게 일차원적이고 기계적으로 풀이되는 것이 아니다. 예를 들어, 휴일은 쉬는 날이니 평일보다 좋은 날이라고 하자. 하지만 갑자기 아이가 아프다면? 그 휴일은 평일보다 나쁜 날이다. 병원도 쉬기 때문이다. 좋은 것과 나쁜 것이 따로 있지 않다.

천지(天地)는 불인(不仁)하다. 쓰나미가 덮치면 착한 사람이든 악한 사람이든 가리지 않고 화를 당한다. 인간의 관점에서 "하느님도 무심하시지." 하면서 한탄해도 소용없다. 본래 천지는 불인하고 하느님은 무심하시다. 사주팔자도 마찬가지이다. 팔자 도망은 못한다고 팔자를 피해 갈 수 없다. 팔자불인(八字不仁)이다.

그렇다고 팔자타령만 해서는 안 된다. 팔자타령을 하면 할수록 인생은 꼬인다. 어떤 상황에서도 팔자를 사랑해야 한다. 자신의 팔자를 사랑하면 할수록 인생은 꽃이 핀다. 소립자를 관찰할 때는 입자로 존재하다가 관찰하지 않으면 파동으로 존재하듯이 팔자와 자신과의 관계에도 관찰자 효과가 있다.

## 당신도 성공할 수 있다

왕양명의 수제자인 왕심재의 〈추선부, 미꾸라지에 대한 노래〉에 나오는 이야기이다.

도인이 어느 날 시장을 걷다가 우연히 가게에서 한 통 속에 가득 들어있는 뱀장어들을 보았다. 포개지고 뒤얽히고 짓눌려서 마치 숨이 끊어져 죽을 것 같아 보였다. 이때 홀연히 그 안에서 미꾸라지 한 마리가 나타나서 이리저리 끊임없이 멈추지 않고 움직이니 마치 신룡과 같아 보였다. 뱀장어들은 미꾸라지에 의해서 몸을 움직이고 기가 통하게 되었으며 생명의 기운을 되찾을 수 있었다. 뱀장어들의 목숨을 건진 것은 모두 미꾸라지의 공인 것은 틀림없으나, 결코 뱀장어들을 불쌍히 여겨서 그렇게 한 것이 아니고 또 뱀장어들의 보은을 바라고 그렇게 한 것도 아니다. 스스로 그 본성에 따른 것일 뿐이다.

미꾸라지는 스스로 그 본성에 따른 것뿐인데, 뱀장어의 무리에 생명력을 불어넣게 된 것이다. 도는 무위자연이고, 무위자연은 본성이다. "미꾸라지가 용 됐다."는 말은 이런 상황에 쓰는 것이다. 비록 하찮은 자리라도 자신의 본성에 따라 충실히 일을 해나가면 공동체에서 용과 같은 역할을 하게 되는 것이다. 모임이나 술자리에서 가끔 축구선수 박지성이 등장하곤 한다. 그는 어떻게 오랫동안 세계무대에서 인정받는 선수가 되었을까? 대부분의 사람들이 이렇게 평가한다. 축구선수로서 개인기나 골 넣는 재능은 뛰어나지 않지만 특유의 성실함으로 자기가 돋보이려고 욕심내지 않고 동료선수들이 골을 넣을 수 있도록 도와준다. 그래서 팀에 대한 기여도가 크기 때문에 인정받고 있다. 정말 그럴까? 그렇지 않다. 그런 평가는 현상만을 보고 본질을 놓치는 것이다. 노자의 제자라면 이렇게 말할 것이다. 박지성은 축구선수가 가져야 할 모든 재능을 가졌다. 그 중 한결같은 성실함이 더욱 돋보이는 것일 뿐이다. 내 기억에는 그의 환상적인 드리블과 골 장면이 가득하다. 성실함은 지속성이고 지속성은 수월성이다. 성실하다는 것은 묵묵히 자기 길을 갈 수 있는 힘이다. 자신의 본성에 충실한 것이고 곧 무위이다.

무위이무불위(無爲而無不爲), 무위는 이루지 못하는 것이 없다.

## 까르페 디엠! 지금 이 순간에 충실하라

나는 대기만성이라는 말을 좋아한다. 인생의 3대 비극이 있다고 한다. 초년에 출세하는 것, 중년에 일이 없는 것, 노년에 배우자가 없는 것이 그것이다. 누구나 한번쯤 꿈꾸는 초년의 출세가 비극에 드는 것은 너무 일찍 정점을 찍으면 그 후의 가파른 내리막을 감당하기가 그만큼 어렵기 때문에 인생이 비극으로 끝나기 쉽다는 뜻이다. 10대나 20대에 스타가 된 연예인들이 자신을 비추던 조명이 꺼졌을 때 그 상실감에 좌절하는 경우가 많다.

신입사원들을 보면 개성이 강하거나 사교성이 좋은 친구들은 금세 눈에 띈다. 그리고 처음부터 성과를 내는 친구들도 있다. 그러나 어떤 친구들은 튀는 스타일이 아니거나 또는 슬로우 스타터여서 처음엔 존재감이 없는 경우가 있다. 그래서 나는 지금 주어진 일이 좀 사소해 보이고 빛이 나지 않는 일이라도 즐기라고 말한다. 봄에 피는 꽃, 여름에 피는 꽃, 가을에 피는 꽃 하물며 겨울에 피는 꽃도 있듯이, 사람도 제각각 인생이라는 계절 가운데 한번은 꽃을 피우게 된다. 일찍 핀다고 좋아할 일도 아니고 늦게 핀다고 불평할 일도 아니다. 회사에서도 누구나 한번은 자기를 드러낼 시간이 온다. 단기적으로 성과를 내려고 무리할 필요도 없다. 묵묵히 내공을 쌓다보면 때가 왔을 때 제대로 쓰일 수 있다. 지금을 충실하게 살지 않으면 미래는 없다.

내가 술자리에서 자주 쓰는 건배사가 있다. '까르페 디엠' 선창과 '진달래' 후창이다. '까르페 디엠' 지금 이 순간에 충실하면, '진달래' 진짜 달콤한 내일이 온다.

# 대한민국을 사랑한 노자

도를 도라고 말하면 진정한 도가 아니고
이름이 개념화될 수 있으면 진정한 이름이 아니다.
무는 이 세계의 시작을 가리키고 유는 모든 만물을 통칭하여 가리킨다.
언제나 무로써 세계의 오묘한 영역을 나타내려 하고,
언제나 유를 가지고는 구체적으로 보이는 영역을 나타내려 한다.
이 둘은 나와 같이 나와 있지만 이름을 달리하는데,
같이 있다는 그것을 현묘하다고 한다.
현묘하고도 현묘하구나.
이것이 바로 온갖 것들이 들고나는 문이로다.

• 《도덕경》 1장

---

## 노자, 김연아에 열광하다

도가도 비상도 명가명 비상명(道可道 非常道 名可名 非常名)!
    도덕경의 이 첫 구절로 노자 선생은 동서고금의 모든 철학을 평정한다. 이 열두 글자로 자연과 우주를 그려 낸 노자 선생은 참으로 현묘하고 현묘하다. 매일 주문처럼 외우면서 수행하면 깨달음이 올 것 같은 강렬한 문구이다.
    나는 김연아 선수의 팬이다. 그녀의 스케이팅은 다른 선수들과

격이 다르다. 그녀의 스케이팅은 자연을 닮았다. 직선이 아니고 곡선이다. 그녀의 손놀림은 곡선의 진정한 아름다움을 표현한다. 직선이 기술이고 유위(有爲)라면 곡선은 예술이고 무위(無爲)이다. 그녀의 스케이팅은 자연스러운 것이 얼마나 아름다운지를 전율처럼 보여준다. 그것이 한국의 자연이고 한국의 아름다움이다.

언론에서는 일본의 아사다 마오를 김연아 선수의 라이벌로 표현한다. 하지만 둘은 비교대상이 아니다. 기술의 차이도 현격하지만 아름다움의 격이 다르기 때문이다. 김연아가 복귀하자 아사다 마오는 다시 트리플 악셀을 준비했다고 한다. 그런 선택이라면 그녀는 결코 김연아를 능가할 수 없다. 김연아의 스케이팅은 유위를 넘어 무위의 지경에 있기 때문이다. 그녀가 기대할 수 있는 유일한 경우는 김연아의 부진 혹은 실수뿐이다. 노자 선생이 아사다 마오에게 충고한다면, 남을 이기려고 의식하지 말고 본인의 스케이팅을 즐기라고 했을 것이다. 남 앞에 서려 하면 뒤에 설 것이요, 뒤에 서고자 하면 앞 설 것이라는 현묘한 이치를 알아야 한다.

아사다 마오가 기술과 매뉴얼에 집착하는 것은 과거에 우승한 경험 때문이다. 김연아의 등장으로 세계 피겨스케이팅은 이미 기술의 패러다임에서 예술의 패러다임으로 바뀌었는데도 그 경험에서 벗어나지 못하고 있는 것이다. 일본의 산업이 기술력으로 세계 경제를 지배했지만 지식창의사회로 접어든 후 한국에 밀려 지금까지 내리막을 걷고 있는 상황과도 같다.

노자 선생은 하늘의 무늬를 보고 땅에서 일어날 일을 알고, 땅의 무늬를 보고 하늘의 뜻을 이해했다. 나는 김연아와 아사다 마오의 관계를 한국과 일본의 미래에 대한 상징 또는 조짐으로 이해하고 있다.

## 대한민국을 사랑한 노자

한국의 문화와 예술은 자연을 닮아 있고, 한국인은 신명과 창의로 가득하다. 2002년 월드컵 때 표출됐던 거리의 응원문화는 외신기자들에게 '불가사의하다.'고 표현하게 할 만큼 충격을 주었다. 불꽃 같은 신명이 색색의 응원들과 목청 터지는 함성으로 거대한 파도처럼 넘실대며 지구촌을 뒤덮어버린 한바탕 꿈같은 놀이마당이었다. 그리고 그것은 자연을 닮았다. 자연처럼 자발적이었고, 예측 불가였고, 구별되지 않았다. 한국은 계기를 만나면 언제든 폭발할 에너지가 응축되어 있는 나라다. 신명과 창의를 가진 사람들을 후진적인 제도와 시스템이 억누르고 있는 상황이다. 특히 정치와 교육이 그렇다.

이제 우리 아이들이 행복한 삶을 누릴 수 있도록 판을 새로 짜야 한다. 경쟁의 패러다임에서 협력의 패러다임으로, 맹목적 지식의 패러다임에서 창의의 패러다임으로, 물질의 패러다임에서 정신의 패러다임으로 바꿔야 한다.

바로 유위(有爲)에서 무위(無爲)로의 전환이다. 그래야 산다.

이것이 노자 선생이 21세기 한국사회에 주는 큰 가르침이다.

## '책 읽는 라디오'를 틀어요

EBS '책 읽어주는 라디오'가 출범한 지 1년여의 시간이 흘렀다. 〈어른을 위한 동화〉, 〈시 콘서트〉, 〈라디오 소설〉, 〈주제가 있는 책방〉, 〈단편소설관〉, 〈고전읽기〉, 〈화제의 베스트셀러〉, 〈EBS 북카페〉, 〈영미문학관〉 등과 같은 다양한 프로그램을 통해 '책 읽어주는 라디오'는 입에서 입으로 회자되고 있다. 라디오는 TV와 달라서 즉각적인 반응이 나오지는 않는다. 앞으로 1년 후에야 비로소 많은 사람들이 '책 읽어주는 라디오'의 존재를 알게 될 것이다.

얼마 전 'MBC 2시의 데이트 김기덕입니다'의 스타DJ 그 김기덕 씨가 내게 전화를 걸어왔다. 개인적인 친분이 없는 사이여서 뜻밖이었다. 그는 "요새 EBS 라디오만 듣는다.", "정말 재미있다."고 인사를 건넸다. 대한민국 라디오의 전설 같은 인물이며 업계의 대선배인, 그에게 칭찬을 들으니 기뻤다. 며칠 후 저녁에 만나 함께 소주잔을 기울였다. 그는 방송에서 TV는 계속 진화해 왔지만, 라디오는 계속 퇴보의 길을 걸어왔다고 했다. 지금의 라디오는 감성을 거의 전해주지 못하고 있다고도 했다. 그런 와중에 EBS의 '책 읽어주는 라디오'는 긴 가뭄 끝에 내리는 한줄기 비와 같다며, 라디오에 새로운 흐름을 만들어가고 있다고 격려해 주었다.

책은 인류 문명의 정수이며 알파이자 오메가다. 영국에는 아이가 태어나면 책을 주는 '북 스타트' 운동이 있고 미국에는 한 권의 책을 다 읽고 토론을 하는 '원 시티 원 북(One City One Book)' 운동이 있다. 일본에는 '아침 15분 책 읽기 운동'이 있다. 이런 독서문화 정착을 위한 노력은 문화 선진국에서 먼저 시작되었다. 하지만 책을 읽어주는 라디오 그리고 택시를 결합한 아이디어 '책 읽는 택시'는 한국에서 최초로 시도되었다. 성공적으로 정착되어 새로운 독서운동의 한류로 세계에 진출하는 모습을 그려본다.

지금도 '책 읽는 택시'는 도서관을 싣고 서울 시내 곳곳을 달리고 있다. EBS는 전국의 택시회사를 상대로 두 번째 '책 읽는 택시'를 공개 모집할 계획이다. '책 읽는 택시'는 '책 읽는 버스'로 '책 읽는 지하철'로 확장될 것이다.

라디오는 인간에게 청각이란 감각이 존재하는 한, 그 형태를 달리하면서 우리 곁에 영원히 함께할 친구다. 그리고 그것을 가능케 하는 것이 내 일이다. 아직은 시작이라 형체도 제대로 갖추지 못한 상태고 유약하지만, 노자 선생께서 그것이 도의 쓰임이라고 하니 나는 묵묵히 그 길을 걸어갈 것이다.

# 내일은 내일의 태양이 떠오른다

정장환

1. 세상과 내 눈에 씌워진 안경
2. 첫 단추를 잘 끼우는 법
3. 오상아(吾喪我), 나를 장사지내다
4. 내려 놓으면 깨닫는 것들

# 세상과 내 눈에 씌워진 안경

큰 지혜를 지닌 사람은 여유가 있지만
작은 지혜를 지닌 사람은 남의 눈치만 본다.
위대한 말은 담담하고
너절한 말은 수다스럽기만 하다.
• 《장자》 제물론편, 김학주 옮김, 연암서가

### 모르고 투자한 대가를 치르다

"대표님, 저를 대표이사 직함에서 해임시켜 주십시오."

잠깐 크게 울렸다고 생각한 내 목소리는 사무실의 무거운 공기에 짓눌려 잡아먹혔다. 책상과 바닥이 모두 대리석인데도 소리는 더 이상 날뛰지 못했다. 이 말을 한 나도 창업자인 그도 서로를 외면한 채 다른 곳을 보고 있었다. 날이 설대로 선 상황이었다. 솔직히 창업자와의 불화로 먼저 사임한다고 했기에, 내 자존심은 상할 대로 상해 있었다. 물론 책임에 대한 문제도 걸렸다. 결국 나를 해임해 달라는 극약처방을 들고 나왔다. 그러나 그는 답이 없었다.

그 일은 전적으로 내 판단으로 이루어졌다. 나는 집안에서 운영하는 회사의 투자 사업을 맡고 있었다. 여러 곳의 투자처를 찾아 물망에 올리고 그 가치를 평가했다. 그리고 2년 전 미래의 성장 가능성이 높다고 판단하고 한 IT회사에 투자를 결정했다. 당시 이 회사는 자본금이 바닥나고 빚만 4억이 넘었다. 하지만 나의 투자로 극적으로 생명을 이어갈 수 있었다. 솔직히 말하면 나의 주관이 강하게 개입된 투자였다.

그러나 투자하는 것만으로 끝이 아니었다. 전혀 모르던 사업을 알량한 지식으로 섣불리 도전한 대가를 치르기 시작했다. 매일 서비스를 이용하는 사용자들에게 욕먹는 일이 일상이었고, 심지어는 무관심으로 일관하는 사용자들을 지켜보아야만 했다. 게다가 창업자인 대표와도 갈등이 생겼다. 그가 나의 의견을 하나같이 무시하면서, 갈등의 골은 점점 더 깊어졌다. 물론 나는 이 업계에서 애송이였다. 나의 의견이 무시되는 것은 당연한 일일 수도 있다. 하지만 정작 중요한 문제는 따로 있었다. 어쩌면 나만의 생각이었을 수도 있지만, 창업자는 투자를 받고 나서 회사를 살리려는 어떤 구체적인 시도도 하려 하지 않았다.

투자된 돈은 회사의 난관을 돌파하기 위해 쓰여야 했다. 그러나 내 판단에는, 새로운 수익원을 찾는 시도나 프로젝트를 위해 전혀 쓰이지 않았다. 나는 여러 가지 대안을 제시했지만 언제나 묵살되었다. 그에게도 의욕은 있었으리라 생각한다. 하지만 다른 의견들은 무시하면서 독단적으로 일을 진행하는 그의 행동은 참기 어려웠다. 1년이 지나자 투자 금액은 10억을 넘어섰다. 창업자와는 매일 얼굴을 마주하면서도, 서로 한마디도 안 하는 상황이 되었다. 모두가 합심해서 죽을힘을 다해 노력해도 성공을 장담할 수 없는 벤처회사의 경영을 두고, 가장 중요한 두 사람이 매일 그렇게 등을 돌린 채 지냈다. 회사가 망해가는 분명한 징조였다.

### 장자, 최악의 상황을 면케 하다

창업자와 대치하면서 소통은 꽉 막혔다. 나는 그를 저주했다. 그냥 망하기를 바라는 사람처럼 손을 놓고, 창업자와 똑같이 아무 일도 하지 않았다. 아니 속으로 다른 계획을 세웠다. 법적인 대응을 준비하고 창업자의 실책을 모으기 시작했다. 그리고 그에게 공격을 시작한 것이다.

"만약 저를 해임시켜 주시지 않는다면, 대표님을 사기죄로 고소할 수밖에 없습니다. 아시겠습니까?"

나의 목소리는 속에서부터 울려나왔다. 지금껏 가둬놨던 화를 모두 끌어올려 쏟아냈다. 그런데 그렇게 들끓었던 열기가 오래가지 못했다. 내 마음은 후련하기보단 허탈하고 쓸쓸했다. 뭔가 빠져 나가서였을까? 평소라면 그러지 않았을 텐데, 내게 씌었던 어떤 안경이 떨어져나갔던 것일까? 갑자기 그의 모습이 보이기 시작했다. 그의 눈동자가 흔들리는 것이 보였다. 그는 두 손으로 무릎을 꽉 쥐고 있었다. 그 손을 놓으면 두 무릎이 떨어져 나가기라도 할 것처럼 필사적으로 붙잡고 있었다. 그리고 그의 흰 머리카락이 눈에 시리게 다가왔다. 나보다 열 살 이상 많은 분이었다. 그에게도 가족이 있고 사랑하는 사람들이 있을 것이다.

그 동안 사태의 책임이 전부 그에게만 있는 것처럼 몰아붙인 느낌도 들었다. 손뼉도 마주쳐야 한다지 않는가. 내게도 책임이 없을 수 없었.

"다른 방법을 찾아보기로 하죠."

그렇게 우리의 미팅은 끝났다. 아니 나의 미팅은 끝났다. 그는 끝까지 아무 말도 하지 않았다. 2012년 2월의 일이었다. 아마도 내가 '인문의 숲'에서 도가철학을 만나지 못했다면 그와의 관계는 최악으로 끝났을지도 모른다. 예전의 나였다면 '다른 방법'은 생각지도 않았을 것이다. 도가수업은 나에게 2,400년 전에 살았던 장자(莊子)와의 인연을 만들어 주었다. 그리고 나는 두 시간 40강의 중 37번의 수업과 2박 3일 두 번의 학술여행에 참여했다.

얼마 후 창업자는 회사를 정리하고 스스로 물러나기로 결정을 내렸다. 최선은 아니지만 최악의 상황에선 벗어난 셈이었다.

# 첫 단추를 잘 끼우는 법

세상 사람들은 모두 남이 자기 의견에 찬동하는 것을 좋아하고, 남이 자기와 의견이 다르면 싫어한다. 자기에게 찬동하는 것을 바라고, 자기와 의견이 다르기를 바라지 않는 것은 여러 사람들 가운데서 뛰어나고 싶은 심리에서이다.

•《장자》재유편, 김학주 옮김, 연암서가

---

## 탁구에 열정을 바치다

어릴 적부터 나는 자아에 일찍 눈을 떴고 내 생각이 중심인 아이였다. 기억이 또렷하진 않지만 아홉 살 때였을 것이다.

"내 인격을 존중해 달란 말이에요."

나는 부모님께 눈을 치켜뜨고 대들었다. 그때 부모님은 이해할 수 없다는 얼굴로 나를 쳐다보셨다. 겨우 아홉 살짜리 아이가 어쩌자고 저럴까, 하는 눈빛이었을 게다.

추측이지만, 내가 그렇게 행동한 데는 자기중심적인 내 성격과 아울러 부모님의 역할도 한몫 했을 것이다. 아버지는 소위 자수성가하신 분이다. 정말 어려웠던 환경에서 도처의 위험과 난관을 극복하고, 맨손으로 중소기업을 만드셨고, 다시 중견기업으로 탄탄하게 성장시키신 분이다. 아버지와 함께 평생을 살아오신 어머니도 마찬가지다. 두 분 다 흔한 말로 의지의 한국인이라 할 수 있다. 당신들이 그렇게 온 힘을 다해 사셨기 때문일까?

자식들에 대한 기대 또한 남들이 상상하지 못할 만큼 컸다. 자식들의 일거수일투족이 당신들의 뜻과 어긋나면 이유 여하를 불문하고 먼저 고치려 했다. 그리고 기대에 못 미치면 실망을 크게 하셨다. 그 실망의 표현이 어릴 때부터 나를 좌절하게 만들었다.

물론 지금은 부모님의 심정이 어느 정도 이해가 되기도 한다. 자기가 생각하는 방식, 자기가 쓰고 있는 안경으로 세상을 바라보는 것은 인지상정이다. 사실 부모님의 입장에서 살펴보면, 당신들의 자식 사랑을 그렇게 표현하신 것이다. 예전에는 "귀한 자식 매 한 대 더 준다."고 하지 않았던가. 자신들의 분신이라 할 수 있는 자식이 더 잘 되기를 바라는 마음이 컸기에, 자식들의 성공을 그 누구보다 원하기에 그렇게 하셨을 것이다.

하지만 어릴 때는 부모님을 이해할 수 없었다. 서운한 마음만 들었다. 야속했다. 내 자유를 억압당하는 것 같아 견딜 수가 없었다. 지금에서야 되돌아보는 것이지만, 나는 어려서부터 은연중에 '부모님 때문에 내 뜻을 펼 수 없다.'고 생각했던 것 같다. 그래서 오히려 강한 힘을 주면 더 크게 튀어 오르는 용수철처럼 더 크게 반발했던 것이다. 내 뜻을 관철하기 위해서는 부모님에게 더 큰 반항을 해야 한다고 생각하고 매사에 삐딱선을 탔던 것이다.

아무튼 아이들이 대부분 자기중심적이긴 하지만, 유독 심했던 나는 내 존재 가치를 증명하는 것이 목표가 되었다. 그렇지 않으면 남들도 나를 인정해 주지 않는다고 생각했다. 경주마처럼 모든 경쟁에서 이겨야 할 것처럼 최선을 다했다. 그리고 보면 나와 부모님이 그토록 세게 부딪쳤던 것은 서로 닮았기 때문이었다. 집요하게 최선을 다해 목표를 향해 달려가는 근성 또한 다르지 않았다. 나는 내 존재 가치를 증명할 수 있는 방법을 찾아 헤매던 중에 나와 딱 맞는 것을 찾았다. 탁구였다.

초등학교 3학년에 처음 만난 탁구는 재능과 열정 모두를 충족시킬 수 있는 대상이었다. 아이 때는 에너지가 넘친다. 걷고, 말하고, 흉내 내고, 달리는 모든 행동에 에너지와 집중력이 인생을 통틀어 가장 정열적이라고 한다. 어린 아홉 살의 내게 탁구는 배움과 경쟁의 열정을 바치기에, 또한 자기 존재감을 표현하기에 더할 나위 없는 것이었다. 그래서였는지 학교 대표선수가 되고, 선배들을 포함해서 탁구를 가장 잘 치는 아이가 되었다. 6학년 때는 전국 소년체전 서울시 대표 선발전에서 8강에 들기도 했다. 운동을 1년이나 쉬고 출전한 대회였다. 중학교에서 선수 스카우트 제의까지 받았다.

## 맞고 이기고 그만두다

그렇게 열심이던 탁구를 갑자기 그만두게 된 사건이 일어났다. 어느 날, 다른 학교 탁구팀이 전지훈련을 왔다. 평소에 친하게 지냈던 팀이었고, 연습 게임이었다. 부담 없이 게임에 임했다. 상대편의 에이스와 첫 시합을 하였다. 첫 세트를 아깝게 졌다. 살짝 웃으면서 새로 부임한 코치님의 지시를 받으러 갔다.

"졌는데 웃음이 나와!"

고함소리와 함께 나는 몸이 붕 떠오르는 것을 느꼈다. 주변이 갑자기 조용해지고 아무 소리도 들리지 않았다. 나는 바닥에 나동그라져 있었다. 탁구장 바닥이 차가웠는지는 기억에 없다. 단지 뺨에 화끈거리는 통증과 고막에 '웅웅'거리는 울림이 고통스러웠다.

나는 가까스로 천천히 일어났다. 코치가 뭐라고 말하는데 잘 들리지도 않았다. 그래도 나머지 게임은 해야 했다. '지면 또 한 번 바닥에 굴러야겠구나.'라는 생각이 들었다. 또 내동댕이쳐지는 것이 싫었다. 아픔보다 수치심이 컸다. 나의 무언가가 무너진 느낌이었다. '사력을 다하다.'라는 말은 그럴 때 쓰는 말일 것이다. 상대편 아이도 나의 '그런 모습 때문인지' 아니면 신임 코치의 행동에 질렸는지 제대로 경기를 하지 못했다. 나머지 2, 3세트는 쉽게 이겼다. 이기고 돌아오는 나를 보고 코치는 웃으면서 말했다.

"역시, 맞으니까 잘하네."

그 순간 그만두겠다는 결심을 했다. 나를 드러내기 위해 3년을 공들인 곳에서 아무 망설임 없이 떠났다. 나는 남한테 납득할 수 없이 맞으며, 참아가며 뭔가를 계속할 수 있는 아이가 아니었던 것이다. 탁구는 이제 헌 그릇이 되었다.

### 나는 '서강대 체육선수'였다

나는 전향했다. 나의 새 그릇은 공부였다. 부모님은 오히려 환영했다. 뭘 하면 대충하지 않는 성격 때문인지 내 학업은 금세 다른 아이들을 따라잡았다. 고 1 때까지 성적은 꽤 좋았다. 담임선생님은 소위 최고 명문대에 보내려는 욕심도 냈던 것 같다.

나는 집안의 사업을 물려받기 위해 이과를 선택해야 했다. 당시에는 문과든 이과든 큰 차이가 없다고 생각했다. 그러나 그렇지 않았다. 이과의 선택은 아버지의 강요였다. 아버지가 원하는 기계공학과를 가기 위해서는 무조건 이과를 가야 했다. 하기 싫은 일을 할 때, 해야 할 이유를 모를 때 나는 방황했다. 이과가, 아버지의 강요가, 나의 의도와는 다르다는 것이 고교 시절 내내 나를 괴롭혔다.

공부가 즐겁지 않았다. 물론 다른 친구들도 대부분 점수를 위해 공부를 했다. 윤리적이고 도덕적인 사람이 되려고 도덕과 윤리를 공부하는 것이 아니었다. 내 자아를 찾고 삶의 의미를 찾기 위해 철학을 배우는 것이 아니었다. 목표도 모른 채 방황하며 고교 시절을 보냈다. 그리고 대부분의 고등학생처럼 나도, 아무 감동도 없는 지식을 머리에 주입했고, 그렇게 대학교에 따라갔다. 남들이 가니까, 대학 가면 먹고 사는 데 지장 없다고 하니까 그냥 갔다. 그나마 그때는 대학을 졸업하면 취직은 잘 되던 시절이었다.

그나마 주입이 성공적이었는지 서강대에 입학했다. 입학할 때 장학금을 받았으니 출발은 좋은 것 같았다. 내심 또래의 친구들처럼 대학이 나의 정체성에 관한 문제를 해결해 줄 거라는 기대를 품었다. 하지만 현실은 여전했다. 어떻게 친구들이 내 문제를 해결해 줄 수 있겠는가? 하기야 그때는 내게 문제가 있는 줄도 몰랐다. 문제가 무엇인지도 모르고 공부와는 담을 쌓은 채 미친 듯이 운동과 술에 나를 던졌다. 그 덕분에 친구들에게 '서강대 체육선수'라는 별명을 얻었다. 하지만 상황은 달라지지 않았다.

### 투신하면 벌금 백만 원

2학년이 되자마자 걱정이 현실이 되었다. 장학금을 받고 입학했던 내게 성적 미달로 학사경고가 날아왔다. 원했던 학과가 아니었기에 공부가 고통스러웠다. 무작정 성실했다면 성적만큼은 구했겠지만, 그런 나는 내가 아니었다. 당연한 결과였다.

친구들은 분명한 길을 걷는 것처럼 보였다. 그런데 왜 나만 이러는 걸까? 답은 간단했다. 친구들은 기계를 좋아하고 공학을 사랑했다. 아버지의 강요로 기계과를 선택한 나와는 시작이 달랐다. 이러지도 저러지도 못한 채 나를 놓아두었다.

어느 화창한 오후, 또 다시 최저 학점을 갱신한 성적표를 보고 결심했다. '난 실패자다. 그냥 깨끗이 죽자.'

소주를 사들고 한강에 갔다. 깡소주를 한 번에 비우려 했지만 그날따라 소주가 독했다. 반도 못 마신 채 아래를 내려다 보았다. 시퍼런 강물이 거세게 흘렀다. 고개를 돌렸다. 다리 위 난간에 안내판이 보였다.

"투신하면 벌금 백만 원"

'피식' 나도 모르게 웃음이 나왔다.

'죽고 나서도 사람들한테 욕먹겠군. 죽으려면 먼저 한강 관리소에 송금을 해야 하는 건가? 저것도 자살방지를 위한 작전이겠지.'

작전에 말려들기로 했다. 결국 남은 소주를 한 번에 마시고는 집에 들어갔다. 그날 저녁 부모님한테 죽지 않을 만큼 맞았다. 성적도 안 좋은 놈이 술 마시고 주정한다고. 길을 찾지 못해 포기하려다가 그마저도 실패했다. 정말 다행스런 실패였다.

그런데 정말 투신하면 벌금 백만 원을 받아갈까?

## 가짜 삶을 선택하다

지금 생각해 보면, 그때 나는 나에게 일어나는 모든 문제의 화살을 아버지에게, 부모님에게 돌렸다. 아버지는 전형적인 자수성가형 사업가로서 카리스마가 대단한 분이었다. 큰 나무 밑에서는 작은 나무들이 자라지 못하듯이, 나는 아버지의 그늘에서 주체적으로 무언가를 생각하거나 실행하기가 쉽지 않았다.

어쩌면 그러한 환경이었기 때문에 가끔씩 무언가 혼자 당당히 해내고픈 열망이 많았던 것 같다. 하지만 번번이 나의 열망은, 내게 주어진 편안한 삶 속에 안주하는 것으로, 혹은 왠지 냉혹한 집안 분위기에 묻혀서 쉽게 식어버렸다. 그렇게 오랜 세월을 보내다 보니, 내 인생의 중요한 결정의 순간에도, 스스로 선택하는 법을 잊어버렸다. 나보다는 주변의 시선을 먼저 의식하게 되었고, 특히 부모님이 바라는 방향으로만 선택하게 되었다. 대학의 전공부터 내 꿈에 상관없이 부모님의 뜻에 따라 결정하면서, 인생의 첫 단추를 단단히 잘못 끼운 셈이다.

내가 스스로 한 결정과 타인에 의해 이루어진 결정은 아주 큰 차이가 있다. "나에게서 나오지 아니한 모든 것들은 다 거짓이다."라는 니체의 말처럼, 나는 '완전한 거짓'은 아니었다 하더라도 상당한 세월 동안 '거짓의 삶'을 살 수밖에 없었다. 나의 대학 시절이 방황과 실패의 연속이었던 것도 그 때문이었다.

# 오상아(吾喪我), 나를 장사지내다

남곽자기가 안석에 기대어 앉아서 하늘을 우러러 긴 숨을 내뿜고 있는데, 멍한 것이 그 자신조차도 잃고 있는 듯하였다. 모시고 있던 제자(안성자유)가 그 앞에서 시중 들고 있다가 말하였다.

"어째서 그러고 계십니까? 몸은 본시부터 마른 나무처럼 만들 수가 있는 것입니까? 마음은 본시부터 불 꺼진 재처럼 만들 수가 있는 것입니까? 오늘 안석에 기대고 계신 모습은 전날 안석에 기대고 계셨던 모습과 다릅니다."

자기가 말하였다.

"언아, 질문 참 잘하였다. 지금 내가 나 자신을 잃고 있는 것을 너는 알았느냐?

• 《장자》 제물론편, 김학주 옮김, 연암서가

## 왜 내가 팀원들까지 신경 써야 하지?

한강에서의 경험이 어떻게든 대학을 다니게 하는 계기가 되었다. 그럭저럭 무사히 졸업을 했다. 아버지는 가업을 이으라며 공장으로 들어오라고 강압 반, 회유 반 간절히 권유하셨다. 그러나 나는 단호히 뿌리쳤다. 당시 직장인들에게 선망의 대상이었던 외국계 회사에 들어가 2년 동안 자유롭게 보냈다. 오래되고 안정된 회사였다. 흥분되는 업무나 매력적인 프로젝트가 있었던 것은 아니었다.

단지 내가 선택해서 입사한 회사에서 일한다는 것 자체가 즐거웠다. 그런데 이곳에서도 부딪치는 것이 있었다. 사람 사이의 '관계'였다.

나는 혼자서는 꽤 행복하게 사는 편이고 성과도 좋은 편이다. 하지만 이상하리만치 조직생활이나 팀 활동에서는 그다지 두각을 나타내지 못한다. 좋은 평판도 얻지 못했다. 물론 문제는 내게 있었다. 나는 우리 팀이 늦게까지 하는 작업이 있을 때에도, 내 할 일을 끝내면 혼자 들어가 버렸다. 한번은 팀의 매니저가 나의 이런 태도에 화가 났는지 심하게 질책했다. 나는 억울했다. 팀워크의 중요성을 도저히 이해할 수 없었다. 서로서로 맡은 것을 잘하면 그것이 진정한 팀워크가 아닐까? 왜 내가 다른 팀원들의 일까지 신경 써야 하는지 전혀 헤아리지 못했다. 아니 "모르는 것은 손에 쥐어주어도 모른다."는 말처럼, 나는 무엇이 문제인지 정말 까맣게 몰랐다.

## 너는 그냥 될 놈이야

혼자서 하는 일에는 나름 성과가 좋았다. 한번은 다른 팀의 부장님께서 업무 협조를 요청하셨다. 그 일은 사실 내 부서에서 직접적으로 책임이 있는 일은 아니었다. 누군가 해 놓으면 모든 사람들이 편해질 수 있는 그런 일이었다. 대충 보아도 일거리가 상당해서 나와 다른 신입사원 둘이 나눠서 하였다. 나는 정말 열심히 했다. 부장님이 요청한 범위보다 더 많은 일을 했다. 또한 내가 일의 방향을 정해서 하는 것이 좋았다. 묘한 흥분과 뿌듯함을 불러 일으켰다.

부장님께서는 내가 해서 올린 결과물을 보시고는 "너는 그냥 될 놈이야."라고 말하시고는 모든 일을 믿고 맡기셨다.

그렇게 맡은 바 일은 잘 하지만, 팀워크 부분에서는 좋은 평가를 받지 못하는 사람이 나였다. 그리고 사람들을 '일 잘하는 사람, 못하는 사람, 운동 잘 하는 사람, 못하는 사람' 하는 식으로 구분지어 생각하는 경향이 심했다. 그렇게 30대를 넘어서까지 나는 어릴 적부터 써왔던 내 안의 안경을 의식하지 못했다. 그것은 내가 운영하던 사업에서조차 똑같이 이어졌다.

도가 수업을 통해 장자를 만나기 전만 해도 나는 그랬다. 나와 내 기준으로만 세상을 가르고 내 눈으로 이리저리 재단을 하던 사람이었던 것이다.

**나만 옳다는 생각을 내려놓다**

나는 현재 '링크나우'라는 5년 된 벤처회사의 대표이사를 맡고 있다. 링크나우는 20만 명이 조금 안 되는 회원을 확보하고 있는 비즈니스를 목적으로 하는 '소셜 네트워크 서비스' 회사이다. 그 전까지는 5년 정도 가업인 제조업 쪽 일을 했고, 우연히 지금의 회사에 투자를 하고 일을 하게 된 지 2년 반 정도 되었다.

나는 한때 직원들이 '나만큼 회사 걱정을 하지 않고 일을 열심히 하지 않는다.'고 생각했다. 그럴 때마다 마음속으로 그들을 원망하거나 '사장인 나와는 입장이 달라서 그렇다.'고 구분 지으며 스스로를 위안했다. 그러다가 스트레스나 불만이 쌓이면 직원들에게 화를 폭발시키곤 했다. 그렇다고 회사 상황이 나아지지도 않았다.

그러다 도가(道家) 공부를 하면서, '오상아(吾喪我)'를 배우면서부터 '나를 장사 지내고 품는' 연습을 하기 시작했다. '나만 옳다는 생각'을 내려놓고 상대의 입장에서 생각하려 노력했다. 그러자 조금씩 변화가 일어났다. 야근하던 직원이 힘들다고 투덜대지도 않고 밤 늦은 시간에 즐겁게 퇴근하는 모습이 보이기 시작했다. 또한 우리 사무실 이사를 하는 날이 마침 휴일이었는데도 기꺼이 나와서 짐정리를 하는 직원이 보였다. 그들도 즐겁게 일하고 싶어 하고 일이 잘 되기를 바랐던 것이다.

그러고 보면 내가 내 입장에서만 바라보고 나만 옳다고 생각한 탓에 생긴 문제들이었던 것이다. 요즘 회사나 사람 관계에 문제가 생기면 속으로 생각한다. '나를 장사 지내자. 그리고 품자.'

그러면서 대학교 때 친구가 머릿속에 떠올랐다. 최근 몇 년 동안 서로 얼굴도 보지 않고 지내는 친구였다. 학창시절에는 제일 친한 친구였는데 그렇게 멀어진 것은 순전히 내 성격 때문이었다. 지금은 기억도 가물가물한데 친구가 내게 무슨 말인가를 했다. 그 말에 확 뿔이 났다. 당장 예전에 내가 자주 써먹었던 '두 배로 갚아주고 연락 끊기 신공'을 펼쳤던 것이다.

생각 난 김에, 바로 전화를 해서 이런 저런 이야기를 나눴다. 그리고 얼마 후에 친구와 만나 저녁 식사를 같이 했다. 오랜만에 보는 친구가 어찌나 좋은지 몇 번을 얼싸안았다. 정말 신기한 일은 그 친구도 얼마 전부터 내 생각이 가끔씩 났었단다. 우리는 그날 진심으로 회포를 풀고 우정을 다졌다.

### 세상이 다정하게 다가오다

> 장주와 나비는 반드시 분별이 있을 것이다. 이러한 것을 '만물의 조화'
> 라 부른다.
>
> •《장자》양생주편, 김학주 옮김, 연암서가

내가 나를 조금 내려놓자, 세상이 나에게 다정하게 다가오는 것 같았다. 그 어렵게만 느껴졌던 가족과의 관계도 달라졌다. 특히 어머니와의 관계가 달라졌다.

어머니 역시 아버지처럼 매우 강하신 분이다. 어머니는 집안 형편 때문에 여상을 선택해야 했다. 여상을 졸업한 후 대학도 포기하고, 직장에 다니시며 동생 세 명을 모두 대학에 보내셨다. 그 후 아버지를 만나 결혼하면서부터 시할아버지, 시할머니, 시아버지, 시어머니 그렇게 수많은 시댁 식구들 수발을 하며 평생을 사신 분이다. 그렇게 보면 어머니는 아버지의 자수성가형에 여성의 강인함까지 더해진 분이다.

이렇게 부모님과 나는 성장배경에서부터, 생각의 차이가 커도 너무 클 수밖에 없는 상황이었다. 가난한 집에 태어나 고생하시면서 가족을 위해 희생했다 할 정도의 삶을 살아오신 어머니가 나를 어찌 이해할 수 있고, 부유하고 모자람 없는 환경에서 자라난 내가 어찌 어머니를 이해할 수 있었겠는가. 이렇게 부모님과 나의 환경적인 차이가 불화의 씨앗 중에 하나였을 것이다.

어머니에게 나는 그냥 골칫덩이 애물단지로 보였을 수도 있다. 아니 어머니 입장에서 보면, 해달라는 것 다 해 주고 호강시켜 주었는데, 자식이 왜 저리도 부모 말을 안 듣는지, 자식이지만 원망스러운 마음이 들었을 수도 있겠다. 어떤 연유에서건 내 기억에 어머니는 나만 보면 강한 언사를 쓰셨다. 어떨 때는 '당신의 스트레스를 내게 푸시는 게 아닐까?'하는 의심이 들 정도였다. 그때마다 나도 결코 지지 않고 대들기를 반복했다.

이런 관계는 내 나이가 사십이 다 되어서도 변함이 없었다. 관계도 습관이다. 그래서 처음부터 관계를 잘 맺어야 한다. 가까운 사이일수록 친하다 하여 무심결에 함부로 대하고 서로 상처를 주기 쉽다. 그런 습관이 배이면 안 된다. '이제부터라도 부드럽게 잘 대해야지'라고 생각이 들었다가도, 막상 상황이 닥치면 쑥스러워 제대로 표현하지 못한 경험을 대부분 갖고 있을 것이다. 불쑥불쑥 자기도 모르게 기어 나오는 것이 습관이란 놈의 정체가 아닌가.

얼마 전에 아침 일찍 부모님 댁에 찾아갔을 때, 어머니는 나를 보자마자 이렇게 말씀하셨다.

"살이 너무 뚱뚱하게 쪄서 피그 같다. 눈이 작아져서 아예 안 보이네."

관계가 좋은 모자간이라면 농담으로 여길 수도 있는 말씀이다. 하지만 나는 어머니 말을 듣는 순간 울컥했다. 우리 모자간은 늘 강한 언사를 주고받아 왔었고 그러한 습관이 먼저 나를 자극했기 때문이다. '무슨 상관이에요. 돼지건 호박이건.' 하고 어머니의 말을 받아치려다 멈칫했다. 그 순간 장자의 말씀 오상아(吾喪我)가 귓전을 스쳤기 때문이다. 놀랍게도 내 입은 달리 말하고 있었다.

"어머니, 제가 살이 쪄서 걱정 많이 되시죠. 앞으로 운동 열심히 해서 꼬옥 뺄게요."

그렇게 말하는 내 표정도 웃고 있었다. 어머니는 그 순간 기묘한, 이해할 수 없다는 표정을 지으셨다. '쟤가 뭘 잘 못 먹었나.' 도저히 믿기지 않는 말을 들으신 것 같은 표정을 하시고도 어머니는 예전처럼 계속 강하게 말씀하셨다. 마치 나를 시험하기라도 하는 듯 계속 공격적인 언사를 멈추지 않으셨다. 그래도 나는 마음속으로 '오상아'를 외치면서 계속 좋은 말로 돌려드렸다. 그러자 어머니도 어느 순간 쏘아붙이기를 멈추셨다. 주위가 갑자기 조용해지면서 집안에 평화가 찾아왔다. 그날 아침은 참 따뜻했다.

부모와 자식의 관계는 참으로 묘하다. 하늘이 지어준 관계, 그야말로 천륜이다. 세상 그 누구보다 가까운 관계로서 가장 사랑하고 존중해야 하는 사이다. 그런데 세상의 부모자식들의 관계를 살펴보면 상처 받고 상처 주는 경우가 더 많은 것 같다. 아마도 부모 입장에서는 자식이 좀 더 잘 되기를 바라고 한 이야기가 자식에게는 상처로 남고, 부모님께 조금 더 사랑을 받고 싶어서, 엉뚱한 행동을 하면서 부모님의 기대를 저버리기 일쑤인 자식들이 많기 때문일 게다. 사랑과 미움은 동전의 양면처럼, 하나의 감정일지도 모른다.

# 내려 놓으면 깨닫는 것들

뼈와 살이 엉긴 곳을 만날 때마다 저도 어려움을 느끼게 됩니다. 조심조심 경계를 하면서 눈은 그곳을 주목하고 동작을 늦추며 칼을 매우 미세하게 움직입니다. 그러면 뼈와 살이 후두둑 떨어져 흙이 땅 위에 쏟아지듯 쌓여집니다. 그러면 칼을 들고 서서 사방을 둘러보며 만족스런 기분에 잠깁니다. 그리고는 칼을 닦아 잘 간수해 둡니다.
- 《장자》 양생주편, 김학주 옮김, 연암서가

## 키나발루 산의 포정을 만나다

작년, 키나발루라는 산을 올랐다. 인문의 숲 도가수업을 같이 듣는 분들 중에 슬쩍 보아도 멋진 어르신이 한 분 계시다. 그분과 여름휴가 이야기를 하다가 키나발루라는 산에 간다고 하시기에 덜컥 같이 가겠다고 해 버렸다. 나중에 안 사실인데, 그 산은 동남아시아에서 가장 높은 산이었다. 계단이 많아 초보 등산객들한테 꽤 어려운 산악코스라는 것이었다. 게다가 그때까지만 해도 나는 산을 자주 간 적이 없는 사람이라 걱정이 좀 되기도 하였다.

떠나는 날 당일 열한 명의 원정대 분들이 모였다. 등산 초보자는 나 혼자뿐이었다. 처음부터 긴장이 되었다. 말레이시아 정부는 하루 150명만 키나발루 정상 등정을 허가한다고 한다. 그리고 등산객

여섯 명당 한 명의 등산 안내인이 동행하는 것을 법으로 규정한다. 우리에게는 두 명의 등산 안내인이 배정되었다.

등산 일정은 1박2일이었다. 첫째 날은 해발 1,500m 부분부터 3,000m 부분의 베이스캠프까지 여섯 시간 정도를 올라가고, 둘째 날은 새벽 두 시에 일어나 정상까지 올라간 후 하산하는 일정이다. 등산에 익숙한 남자들에게도 쉬운 일정은 아니었다. 짐이 많은 여성 참가자들은 등산 안내인에게 짐을 들게 하여 오르기로 하였다.

등산이 시작되었다. 가파른 경사와 계단이 끝없이 이어졌다. 우리는 조금씩 지쳐갔고 게다가 비까지 내리기 시작했다. 2,000m가 넘어가자 자연스레 호흡이 힘들어졌다. 현지 등산 안내인은 대부분 맨 앞과 중간 혹은 맨 뒤에서 걸어갔다.

그런데 등산 안내인 중 한 명의 걸음걸이가 내 호기심을 자극했다. 처음엔 그의 신발이 눈에 띄었다. 거의 고무신 수준의 신발이었다. 그 후엔 그의 짐이 눈에 들어왔다. 그의 몸보다 커 보이는 커다란 가방을 두 개나 짊어진 채였다. 어떻게 저렇게 낡은 신발과 작은 체구에 저 큰 짐을 지고 이 험한 길을 갈 수 있을까?

그러다 그의 묘한 걸음걸이가 눈에 들어왔다. 한 발 한 발 떼는 걸음이 마치 살얼음에 발을 옮기듯 조심스럽다. 아니 또 거침없어 보이기도 한다. 그의 발은 조심스럽게 작은 동물조차 밟지 않으려는 듯 보이는데 몸의 움직임은 가벼운 춤처럼 보였다. 신기했다. 계속 처다보게 되었고, 그 걸음걸이에 빠져들고 말았다.

그리고 나도 모르게 어느 순간부터는 그의 걸음걸이를 따라 하기 시작했다. 내 걸음이 아닌 그의 걸음으로 걷기 시작한 것이다. 신기하게도 몸이 편해지기 시작했다. 고도가 높아질수록 산소가

▶ 키나발루 산은 보르네오 섬에서 가장 높은 산(4,095m)이다. 원주민의 말로 '죽은 자를 숭배하는 장소'라는 뜻이다.

모자라서인지 호흡이 힘들어지는 건 어쩔 수 없었지만, 베이스캠프까지 어렵지 않게 도착할 수 있었다. 그때까지도 나는 놀랍다는 생각만 들었고 그것이 무엇을 의미하는지에 대해서는 생각지 못했다. 난 다음 날의 등산을 위해 후다닥 잠을 청했다.

둘째 날이 되었다. 일정은 새벽 두시에 기상, 일곱 시경에 정상 등정, 저녁 무렵까지 하산하는 코스였다. 등산 경험이 서툴러서인지 깨어나서 이것저것 준비하다 출발이 30분 정도 지연되었다. 미안한 마음에 급히 따라나섰다. 등산이 시작되고 나는 어제와 다른 안내인의 뒤에서 걸었다. 그는 또 다르게 산을 탔다. 훨씬 경쾌하고 빠른 박자로 올랐다. 어제처럼 그의 걸음걸이를 따라하려 하였으나 도저히 쫓을 수 없었다. 나는 그의 뒤에서 금세 지쳐갔고, 중간에는 거의 포기해야 할 정도의 호흡 곤란과 두통에 시달렸다. 어쩔 수 없이 팀에게 요청하여 어제의 그 현지 등산 안내인에게 뒤에 처진 팀을 맡아 달라고 했다.

어제의 그 안내인이 다시 내 앞에 섰다. 나는 그의 발걸음을 따라 걸었다. 내 발걸음을 버리고 그의 발걸음으로 걷기 시작하니 호흡 곤란과 두통이 금세 사라졌다. 다시 산을 차곡차곡 밟아갈 수 있었다. 예정보다는 두 시간 정도 늦었지만 다행히 정상에 무사히 올랐다. 폭우가 쏟아지는 하산 길도 큰 사고 없이 마칠 수 있었다. 모두가 그의 덕분이었다.

그 후로도 한동안 그 발걸음이 눈앞에 어른거렸다.


**삶의 작은 비밀을 깨닫다**

나는 이전까지는 산을 좋아하지 않았다. 간간이 친구들과 설악산이나 관악산을 오르고 나면 왠지 모르게 뿌듯하긴 했지만, 등산을 좋아하지는 않았던 것 같다. 하지만 키나발루 산을 오르며 다시 깨닫게 되었다. 등산은 절대로 정상 정복을 위한 게 아니라 한 걸음 한 걸음을 밟기 위한 것이라는 것을. 그리고 나의 마음을 평화롭게 산속에 완전히 두고 오는 것이라는 사실을.

나는 이제 산을 사랑한다고 말한다. 오르다가 정말 목숨이 위험한 에베레스트의 꼭대기가 아니라면, 나는 벗들과 언제든 떠날 마음의 준비가 되어 있다. 때마침 이런 나의 마음을 시험해 볼 기회가 생겼다. 지인께서 눈 쌓인 지리산을 종주하자고 하셨다. 그 말을 듣자마자 잠시의 주저도 없이 열렬하게 그러겠다고 답했다.

나는 지리산 종주와 겨울 산행에 대해 아무것도 몰랐다. 연초라 사업계획으로 업무 스케줄도 초죽음인 상황이었다. 그럼에도 지리산 눈 속으로 빠져들었다. 키나발루 산의 설렘이 다시 떠올랐다.

겨울의 지리산 종주는 하늘이 우리나라에 주신 선물이었다. 지리산 능선 구비마다 절경들이 숨어 있었고, 나중에는 절경을 하도 자주 만나서 보는 것만으로도 지칠 지경이었다. 왜 많은 이들이 지리산을 민족의 영산이라 말하는지 마음속 깊이 느낄 수 있었다. 2박3일 동안 눈 속에서 살았다. 소리라곤 눈을 밟는 소리와 동료들의 웃음소리가 전부였다.

문득 이런 생각이 든다. 비록 힘들고 잘 모르는 일이라도 그리 겁내지 않고 도전하고 그 과정에 최선을 다한다면 우리의 생명은 잘 보전되고 행복할 것이라고.

나는 포정이라는 소 잡이에게 어렴풋이 단서를 얻고, 키나발루 산을 오르고 지리산을 종주하면서 우리 삶의 작은 비밀을 깨달은 느낌이었다.

### 장자의 귀환(莊還)

작년 2월에 시작한 '수요포럼 인문의 숲'은 말 그대로 매주 수요일 저녁에 두 시간씩 진행되었다. 그 전에 '2세 경영인을 위한 12첩 반상'이라는 과정에 참여했던 인연으로 나는 소중한 초대를 받았다. 처음에는 쉽게 결정을 내릴 수 없었다. 나는 성격상 대충이라는 말과 친하지 않다. 1년 동안 매주 빠짐없이 참석한다는 것이 힘들 것 같았다. 그럴 거라면 차라리 하지 않기로 결정했다. 다음 기회에 참여하겠다며 다른 분을 추천해 드렸다. 그런데 그 후로 마음 한구석이 언제나 찜찜했고 빠트린 것이 있는 양 허전했다. 어쩌면 인생에 한 번밖에 없을 기회일지도 몰랐다. 과정이 시작되기 바로 전날 마음을 바꿔 먹었다.

그리고 일 년의 긴 과정을 거쳐, 2012년 12월 5일 마지막 수업을 끝내며 신 내림과 같았던 감정의 소용돌이에 빠져들었다. 끝난 지 석 달이 채 되지 않았지만, 갑자기 그때의 감동들이 사라져 버릴까 봐 모든 수단을 동원하고 있다. 내 이름의 본래 한자와 다르지만, '장환'이라는 이름도 주변사람들에게 '장자의 귀환'이라는 뜻이라고 설명하곤 한다. 심지어 내가 아끼는 탁구채에도 장달이라는 이름을 붙여주기도 했다.

스페인어 'R'소리를 처음 연습할 때, 모든 상황에 혀를 꼬는 연습을 한다. 한국사람 80%가 처음에는 그 'R' 발음이 안 된다고 한다. 하지만 수도 없이 '따르르릉, 까르르르, 꼬르르륵'을 계속 반복하면 자연스레 발음이 트인다고 한다. 이것처럼 나는 모든 상황을 장자와 연관 지어 생각한다. 그렇게 자연스레 발음이 트이기를 기원하면서 장자를 연습하는 것이다.

'지금 여기서 최선을 다해 즐겨라.' 이 말은 '소잡이 포정이 되라는 말이 아닐까?' 이런 생각이 들면 바로 다른 이들과 나누기도 했다. 내가 사외이사로 있는 벤처 회사의 인턴들과 직원들을 50명 정도 모아 토론 같은 강의를 했다. 강의 제목은 'Perfection' 완벽이었다. 포정 이야기를 각색한 주제였다. 삶에서 자신이 맡은 일에 대하여 완벽을 추구하는 것은, 남을 위한 일이 아니라 자신의 삶과 생명을 지키는 일이라는 내용이었다.

이렇게 주변에 당시 배웠던 장자의 얘기를 하고 나의 경험과 설명을 늘어놓는다. 마치 교회에서 전도를 하듯이 내 안에서 느꼈던 감정을 이곳저곳에 뿌리고 다녔던 것이다.

### 순수의식의 체험

그러던 중에 마지막 수업 날 느꼈던 감정의 소용돌이와 이후의 평온함을 구체적으로 표현할 방법을 만났다. 예전에 읽다 만 책이 한 권 있었다. 《먹고 기도하고 사랑하라》라는 책이었다. 사실은 읽다 만 것이 아니라 읽을 수 없었던 책이라 해야 맞다. 내용 자체나 문장은 매우 편하고 쉬운데, 마음에 와 닿지 않던 책이었다.

책 내용은 뉴욕 출신의 전문직 여성이 이혼을 하고, 이탈리아로 여행을 떠나서 맛있는 음식에 푹 빠졌다가, 인도에서 참선을 하고 드디어 모든 걸 용서하고 버리고, 인도네시아에서 진정한 사랑을 만난다는 간단한 줄거리였다. 책 제목 그대로 '먹고, 기도하고, 사랑하라' 그 자체이다.

그런데 '먹고'에 해당하는 부분인 이탈리아 여행 부분이 끝나고 '기도하라' 부분에 가서는 돌덩이를 가슴에 얹어놓은 듯 답답함이 밀려왔다. 전혀 진도를 나갈 수 없었다. 주인공의 영적 체험을 조금도 공감할 수 없었다. 그래서 결국 책 읽기를 포기했었다. 그 책은 책꽂이에서 나를 비웃는 듯했다.

"너는 나를 읽을 수 없어."

인문의 숲 수업이 끝나고, 우연히 책꽂이에 꽂혀 있는 그 책이 다시 눈에 들어왔다. 망설임 없이 집어 들고 읽기 시작했다. 신기하게도 '기도하라' 편이 읽혔다. 간절하고 절절하게 내가 느꼈던 감정과 평온함을 그녀도 느꼈던 것이다. 그제야 그녀의 감정을 같이 공감할 수 있었다. 인도 힌두 철학에서 산스크리트어로 '투리야'라고 부르는 말이 있다. 네 번째라는 말로 뜻은 '순수 의식 또는 순수 의식을 경험하는 것'이다. 책장을 덮었을 때, 나는 기적 같은 황홀함에 몸을 떨었다.

요즘에는 사람을 만날 때마다 그 책을 읽었느냐고 묻고 또 잘 읽히는지를 다시 묻는다. 그것이 무엇인지는 아직도 잘 모른다. 다만 그것이 나의 인생에 새로운 세계를 펼쳐줄 것이라는 생각은 변함이 없다. 나는 또 '다른 나'로 변신하는 중이다.

요즘은 조그만 일에도 최선을 다해 완벽을 추구하려 하고 마음을 언제나 평온하게 유지하려 한다. 바로 나 자신을 위한 것이다. 나의 마음은 계속 약해지고, 유혹에 시달리겠지만, 다시 제자리로 돌아갈 것이다. 하나를 모를 때의 나와 하나를 알고 난 후의 나는 다를 것이다. 싸워 이길 자신도 있다. 지면 또 어떠하랴. 매일 아침 다시 도전하면 되는 것이다.

# 삶의 그릇 건축, 인문학을 만나다

김진욱

1. 집을 숨 쉬게 하는 디자인
2. 운명처럼 다가온 건축
3. 건축, 인문학을 만나다
4. 형식의 틀을 뛰어넘는 도시 디자인

# 집을 숨 쉬게 하는 디자인

문과 창문을 내어 방을 만드는데
그 텅 빈 공간이 있어서 방의 기능이 있게 된다.
그러므로 유는 이로움을 내 주고
무는 기능을 하게 한다.
• 《도덕경》 11장

---

### 그 집에는 바위가 있었다

대문을 여는 순간 처음 눈에 띈 것은 바위였다. 30년이 넘는 오래된 집의 한 쪽에 자리 잡은 바위는 이제 금방 인왕산 자락에서 굴러 내려온 듯 주변을 압도하고 있었다. 한참 동안 바위를 바라보고 나서야 비로소 집의 모습이 눈에 들어왔다. 특이하게 기둥식 구조로 이루어진 집이었다. 일반적인 집은 벽 자체가 구조이기 때문에 집의 구조를 변경하기가 대단히 어렵다. 대표적인 것이 아파트다. 아파트는 벽식 구조로 이루어져 벽을 허물어 방의 구조를 변경할 수 없다. 그러나 이 집은 기둥식 구조로 이루어져 벽을 허물고 얼마든지 새로운 집으로 변화가 가능했다.

 나와 이 집의 만남은 어느 날 지인에게서 걸려온 전화 한 통으로 시작되었다. 박사학위를 막 마치고 논문에서 벗어나 그림을 너무

나도 그리고 싶었던 때였다. 아는 분이 청운동에 집을 구입하셨는데 인테리어를 할 수 있느냐는 문의였다. 나는 머리도 식힐 겸 새로운 출발을 하기 전 재미있는 일이 될 것 같아 흔쾌히 승낙을 하고 이 집에서 클라이언트를 만났다.

바위와 어울린 집의 자태에 빠져 한참 만에야 정말 좋은 집을 사셨다며 클라이언트에게 인사를 건넸다. 아닌 게 아니라 정말 좋은 집이었다. 바위는 아름다웠고 집은 튼튼했다. 콘크리트는 50년이 지나고 나면 더욱 더 단단해지는 특성이 있는데, 이 집은 기둥식구조라 앞으로 더 튼튼해 질 것이라는 설명을 클라이언트에게 덧붙였다.

집을 꼼꼼히 살핀 후 클라이언트에게 내 의견을 전달했다. 이 집은 단순한 인테리어를 하면 오히려 어려움을 겪을 수 있다. 그 이유는, 일단 집이 오래 되어서 배관을 믿을 수 없고, 배관 공사를 시작하면 거의 모든 것을 뜯어야 하며, 단열 성능을 높이기 위해 창호공사를 시작하면 그 공사비가 만만치 않고, 오히려 창호공사 후 결로가 생겨 또 다시 보수 공사를 진행할 수밖에 없는데, 인테리어 공사로는 지금의 문제를 해결할 수 없다. 또한 이 집은 공원지역으로 지정되어 신축이 불가능하므로 리노베이션만 할 수 있으니 잘 생각해서 결정하시고, 단 설계를 절대로 짧은 시간에 하지 말라고 부탁드렸다. 자동차를 사도 한두 달 생각하고 끝없이 생각을 변경하는데 20년 이상 거주할 집을 짧은 시간에 결정하면 반드시 후회할 수밖에 없기 때문이다.

클라이언트는 고심 끝에 경험이 전혀 없었던 나에게 설계를 부탁했고, 나는 약속대로 6개월간 설계를 진행하는 것을 전제로 수락하였다. 그 당시 클라이언트는 내 의견이 지금까지 이 집을 본 사람들의 견해와 너무 달랐다고 했다. 많은 사람들이 왔었지만 바위를 언급한 사람은 없었다고 한다. 단순히 인테리어 공사비가 얼마 정도 든다는 의견이 대부분이었는데, 나만 바위 이야기를 하고 인테리어를 하면 안 되는 이유를 말했다는 것이다.

가슴이 설레었다. 건축가로서 개인주택을 설계한다는 것은 매우 큰 영광이다. 개인주택이 많지도 않을뿐더러 어린 나이에 이런 기회가 나에게 오다니 믿기질 않았다. 매일 밤을 설쳤다. 아니 잠이 오질 않았다. 무엇에 집중하여야 하는가? 생각, 생각, 생각, 또 생각!!! 클라이언트를 알아야 한다. 그것도 정확히 알아야 한다. 설계를 시작한 후 클라이언트와의 6개월간의 만남에서 삶의 철학, 살아온 환경, 가족관계, 개인주택으로 이사하게 된 동기, 좋아하는 스타일은 무엇인지, 친구 분들은 많으신지, 취미가 무엇인지 등을 묻고 또 물었다. 클라이언트의 취향을 파악하기 위해 살고계신 집의 가구, 의류, 구입한 책 등을 분석하였으며, 심지어 찻장의 그릇까지도 살펴보았다.

우선 클라이언트는 우리나라 유아들이 유치원에 들어가기 전까지 방치되는 점을 안타까워 했다. 미취학 아동의 창의성 개발을 위한 교재를 만드는 회사를 운영하고 있었고 엄청난 다독가이기도 했다. 당연히 기업의 리더로서 손님들과 만남이 잦았고 직접 식사를 대접하는 경우도 빈번했다. 그래서 개인주택으로 이사하게 된 동기가 "아파트의 답답함을 벗어나, 맑은 공기를 마시며, 좋아하는 꽃과 나무를 보며 건강하게 살고 싶다."라고 했다.

## 오래 걷고, 소통하고, 나누는 집

나는 클라이언트와 많은 대화를 통해 집을 설계할 개념들을 정리하였다.

첫째, 오래 걷는 집.

힐링, 웰빙이라는 단어를 어렵지 않게 접하는 것만 보아도 '건강'은 일상에 가장 중요한 화두가 되었다. 일반적으로 건축에 있어 '건강한 집'은 햇살이 잘 들어오게 하고, 환풍이 잘 되며, 친환경재료로 유해물질을 만들어 내지 않는 집을 만드는 것으로 생각할 수 있다. 그러나 좀 더 근원적으로 접근해 보면, '왜 건강하지 못한지'에 대해 원인을 찾는 것이 중요하다. 많은 이유가 있겠지만 나는 가장 큰 문제를 '걷지 않는다.'에서 찾았다.

우리가 설계를 할 때 가장 주목하는 것은 편리한 집이다. 아파트의 경우 지하주차장에서 바로 집으로 들어갈 수 있도록 승강기를 설치하고, 집에 들어가서는 안방 옆에 주방을 배치해서 주부 동선을 가장 짧게 하며, 주방과 거실을 함께 조성해서 가족과 자연스럽게 대화할 수 있게 한다. 즉 최대한 짧게 걷게 하는 것이다. 나 역시 직장생활 이후 거의 걷지 않아 비만이 찾아오고 많은 문제를 경험하고 있다. 이러한 문제를 해결하기 위해 헬스클럽을 다니며, 마사이족이 신는 신발을 사기도 했다.

나는 클라이언트에게 '오래 걷는 집'을 만들겠다고 제안하였다. 주차장에서 현관문까지 최대한 걷게 하고, 집에 들어와서는 안방이 있는 2층 계단은 가장 먼 곳에, 또한 주방은 1층에 배치하여 항상 많이 걸을 수 있게 만들었다. 내가 만약 아파트를 이렇게 설계했으면 팔기 힘들었을 것이다.

둘째, 숨 쉬는 바위

이 집이 갖고 있는 장소적 특징은 마당에 걸쳐 있는 바위이다. 상상이 잘 안 가겠지만, 바위 산 하나가 마당 한 켠에 버티고 서 있다고 생각하면 된다. 그러나 이 바위는 높은 담장에 숨겨져 대문을 열어야 볼 수 있었고, 바위의 절반은 집에 가려 보이질 않았으며, 집이 만드는 그림자로 인해 늘 어두웠다. 일단 바위에 생명을 불어 넣고 싶었다. 집을 약간 잘라내어 그 틈으로 바위에 햇살이 닿을 수 있도록 하고, 바위와 집 사이의 틈에 연못을 만들어 집과 바위를 일체화하면서 그 곳을 바라볼 수 있도록 벽을 허물고 큰 창을 만들었다. 또한 혼자 보기엔 너무 아까운 바위를 동네사람들과 시각적으로 공유할 수 있도록 집의 담장을 낮추었다. 내가 집을 디자인하여 아름답게 꾸미는 것보단, 바위가 더 드러나게 설계하는 것이 핵심이었다.

그 결과 우리가 아이를 관심어린 눈으로 바라보면 곧게 크듯이 바위는 햇살에 화답하여 이끼를 만들기 시작했고, 비가 오면 물이 흘러 촉촉한 피부를 유지했으며, 사계절 다른 모습으로 동네사람들과 시선을 마주하고 있다.

셋째, 서재 안에 침실.

내가 6개월간 설계를 하는 동안 가장 놀라웠던 사실은 클라이언트의 집에 책이 너무 많이 늘어나는 것이었다. 매주 한 번씩 미팅을 갈 때마다 탁자 위에 어지럽게 널려 있었는데 책은 매번 바뀌어 있었다. 늘 책과 같이 하는 생활, 서재는 이 집에서 무엇보다 중요했다. 서재를 크게 만드는 것보다는 손이 닿는 곳에 책을 놓을 수 있도록 하는 것이 중요했다. 서재를 별도로 구성하는 것보다 집을 서재로 만드는 것을 제안했다. 서재와 침실이 분리되는 것이 아니라 서재 안에 침실을 배치하여 서재가 중심이 되는 집을 설계했다.

이 집을 설계하고 몇 해 지나 나중에 안 사실이지만 나의 클라이언트는 내가 이 집을 보고 너무 좋아하는 모습 때문에 나에게 일을 맡겼다고 한다. 내가 보고 싶은 것을 보는 것보다 보이는 것에 집중하는 것, 이것이 건축에서 무엇보다 중요하다. 건축가가 무엇을 보는가, 어떻게 바라보는가에 따라 집은 숨을 쉰다.

# 운명처럼 다가온 건축

삼십 개의 바큇살이 하나의 곡에 모이는데,
그 텅 빈 공간이 있어서 수레의 기능이 있게 된다.
찰흙을 빚어 그릇을 만드는데,
그 텅 빈 공간이 있어서 그릇의 기능이 있게 된다.
• 《도덕경》 11장

---

**나의 아버지는 건축가였다**

나의 첫 전공은 건축이 아니었다. 내가 대학에서 금속공학을 전공하던 때는 나라 전체가 호황을 누리던 시절이었다. 군 장교로 입대가 예정되어 있던 나는 '부실한 몸' 때문에 갑자기 병역이 면제되는 난감한 상황에 직면했다. 당시 장교 입대를 앞둔 터라 그저 막연히 군인의 길을 생각했을 뿐 취업준비 같은 걸 생각해 보지 않았었다. 나는 갑자기 선로를 이탈한 기차 같은 신세가 되고 말았다. 갑자기 준비 없이 마주한 사회에 대한 두려움은 나를 진지하게 만들었다. 내가 해야 할, 그리고 후회하지 않을 무엇인가를 반드시 찾아야만 하는 절박한 순간이었다.

  돌아가신 아버지는 건축가였다. 아버지가 생전에 나에게 물려주신 것 중에 지금도 가장 감사하게 생각하는 것은 건축가로서 '공간을 바라보는 눈'이다. 내가 살고 있던 집, 우연히 내가 다니던 학교도, 성당도, 아버지가 설계한 곳이었다. 아버지는 음식을 먹을 때도 그 장소가 매우 중요하다고 생각하셨다. 아버지는 일요일 아침에는 우리들을 시장 한구석에 있는 해장국집에 데려가기도 했고, 어떤 날은 커피를 마시기 위해 호텔에 데려가서 좋은 경치를 바라볼 수 있게 해 주셨다. 그리고 내가 살았던 집은 우리 동네에서 '하얀집'이라는 애칭이 있었는데, 2층에 올라가는 계단은 당시 흔하지 않은 돌음계단이었고 거실에는 아버지가 직접 디자인한 소파가 있었다. 그 집은 내가 태어나 30년간 살았던 집이다. 지금도 그 집이 그립다.

건축설계는 나에게 일상이었다. 형님도 아버지의 영향을 받아 건축을 전공하였고, 손닿을 곳에 세계의 여러 건축물을 소개하는 잡지도 늘 곁에 있었다. 형님이 건축학과를 진학하는 바람에 나는 그저 무심결에 '건축학과'를 제외한 다른 전공을 선택했었다. 그러나 이제는 단순한 전공이 아닌 내 인생의 진로를 선택해야 하는 순간과 마주한 것이다. 나는 그나마 내가 조금이라도 기댈 언덕이 있는, 한 번쯤 미치듯 열정을 바쳐 볼 만한 매력이 있는 건축을 시작하기로 결심했다.

## 뒤늦게 들어선 건축의 길

건축학과에 편입하고 되돌아 갈 수 없는 강의 다리를 건너서일까? 건축은 내 적성과 딱 맞아떨어지는 느낌이었다. 하나의 선도 제대로 그리지 못하고 밤새 생각만 해도, 동료들과 말도 안 되는 건축을 논해도 지루함이 없었다.

　나는 건축의 다양한 분야를 경험했다. 건축학과를 졸업한 후 혹독한 IMF시절에 인턴십이라는 새로운 프로그램을 통해 60만원이라는 월급을 받으며, 선배들이 물러난 자리를 값싼 임금으로 채우는 역할부터 시작하였다.

　그 후 경기호전에 따른 '용인 난개발' 시절 내가 다니던 회사는 수많은 사업을 검토하고 모델링을 진행했다. 나는 회사의 막내로 모형을 만드는 작업을 담당했다. 매일 새로운 용인 일대의 산을 모형으로 하나씩 만들고 그것을 아파트로 채우는 작업을 밤새 진행했었던 일이 아직도 기억에 생생하다.

　그 당시 나의 갈등은 내가 학교에서 배운 건축과 실제로 실행하는 건축은 너무나도 다르다는 것이었다. 학교에서 배운 건축에서 중요한 것은 '사람'의 서로 다름을 인정하는 것이었다. 그러나 건축현장은 전혀 그렇지가 않았다. 서로의 불평이 많아지는 것이 두려워 너무 좋아도, 너무 나빠도 안 되는 공간으로 설계해야만 하는 것이 주택시장의 논리였다. 그것을 받아들이는 것은 내게 큰 스트레스였다.

　건축을 포기하든지 아니면 제대로 해야 한다는 오기가 생겼다. 대학원에 가서 건축을 제대로 공부하기로 마음먹었다. 아내에게 집안경제를 떠넘기며 늦깎이 공부를 다시 시작했다. 경제적으로 너무 어려웠다. 가족에게 가장으로 책임을 다하지 못하는 것도 늘 미안했다. 어쩔 수 없이 최선을 다해야만 했다. 그 길만이 살 길이었다. 아르바이트, 연구과제, 수업 등 하루가 어떻게 흘러갔는지 지금 생각해도 끔찍하지만 주변의 권유와 후원으로 나는 박사과정까지 지원하게 되었다.

생각지도 않았던 박사과정. 그것도 지도교수의 첫 제자. 중압감이 크게 밀려왔다. 내가 만약 박사과정 후 사회적 구실을 잘 못하면 후배들이 우리 교수님 밑에서 공부를 시작하지 않을 것 같았다. 잘해야 본전이라는 생각이 늘 머릿속을 떠나지 않았다. 박사학위를 받은 후 내가 연구하는 분야에 처음으로 국책연구소가 설립되었고, 나는 연구원으로 발탁되는 행운을 얻었다.

국책연구소는 정책을 개발하고 실현화될 수 있는 제도를 만드는 데 싱크탱크의 역할을 하는 곳이다. 건축도시관련 제도를 전반적으로 검토하고 새로운 대안을 모색하는 것이 주 업무다. 연구소에 근무하면서 많은 것을 경험했다. 연구소 재직 전까지는 건축에 관련된 세부적인 지식을 습득하였지만, 제도와 정책, 행정시스템의 관계를 이해하면서 내가 종사하는 건축이 사회에 어떻게 스며드는지 이해하는 계기가 되었다.

그 당시 내가 가장 놀랐던 사실은 우리가 모르는 제도가 너무 많다는 사실이었다. 한번 정해진 기준은 '사건'이 발생하지 않는 한 좀처럼 바뀌기 어렵다는 것, 기준이 생기면 반드시 이해당사자가 발생하고, 다수의 피해자가 발생해도 소수의 수혜자가 좀처럼 양보하지 않는, 이중적인 상황이 벌어진다는 것이다. 따라서 정책을 연구할 때 가장 중요한 관점은 '사람'이다. 우리가 연구한 정책이 '사람'을 떠나서는 아무런 의미가 없다.

## 마흔에 다시 생각하는 건축

인턴에서 출발해 다시 공부를 하고 연구소를 거쳐 도시디자인에 이르기까지 건축의 한길에서 일한 지 벌써 15년이 되었다. 다른 사람들보다 늦게 건축을 시작했지만 그것 때문에 뒤처지고 싶은 생각은 없었다. 누구보다 치열하게 살았고, 쉬지 않고 일했다고 자부한다. 누구도 나에게 요구하지는 않았지만 무조건 1등을 해야 한다는 강박관념이 내 무의식의 일부를 차지하고 있었나 보다. 그 과정에서 얻은 것도 적지 않다. 나이에 걸맞지 않은 경험과 지위, 경제적 혜택까지 누리고 있다. 내가 사회생활을 시작하면서 원하던 것들 대부분을 나이 마흔에 성취한 것이다.

그럼에도 불구하고 행복하지도 만족스럽지도 않았다. 내가 욕심이 많아 더 많은 무엇인가를 갈구하기 때문은 아니었다. 15년의 경력과 마흔이라는 나이는 나에게 확고한 자기 신념과 건축에 대한 깊이 있는 혜안을 가져다 줄 것으로 믿었다. 이쯤이면 나만의 건축 세계를 이루고 내가 생각하는 도시를 디자인 할 수 있으리라 생각했다. 그것이 오판이라는 사실을 깨닫기까지는 많은 시간이 필요하지 않았다. 오히려 그동안 가져왔던 사고체계가 조금씩 흔들리기 시작했다. 내가 사회 초년병 시절 생각했던 사회와 지금의 내가 바라보는 사회는 전복된 것들이 너무 많았다. 언제부터인가 상식이라고 생각했던 것이 지금 사회에서는 너무나 비상식적인 상황이 되고, 바꿀 수 있을 것이라고 믿었던 세상이 하나의 커다란 벽으로 다가섰다. 자신이 없어서일까? 지겨워서일까? 머릿속이 정리되지 않았다.

갑작스레 병역이 면제되고 새로운 진로를 찾아야 했을 때처럼, 또 다른 돌파구가 필요한 시점이었다. 결코 회피하고 싶지는 않았지만 쉽지도 않았다. 내가 '인문의 숲'을 만난 시점이기도 하다. 그러나 인문학이 나의 흔들리는 일상을 다잡아줄 전기가 되어 줄 것이라고 처음부터 생각했던 것은 아니다.

그저 처음에는 새로운 커뮤니티에 대한 호기심 정도였다. 좋은 사람들과 동양철학을 듣는 정도로 생각했다. 인문학은 내가 일하고 있는 '건축·도시' 관련 분야와 매우 밀접한 학문이다. 건축가는 클라이언트의 삶을 들여다보고 이해한 후 건축물을 설계하기 때문에 소위 말하는 '인문학적 소양'은 건축가에게는 기본이라고 할 수 있다.

연구소 재직시절에도 2년간 '인문학으로 바라본 건축도시공간'이라는 주제로 세미나를 개최한 적이 있었다. 내가 모시던 소장님은 "앞으로 인문학적 관점에서 건축도시공간을 바라봐야 한다."고 말씀하셨다. 나는 그저 그런가 보다 하고 스쳐 지나갔을 뿐 그것을 깊이 생각해 보지는 않았다. 다만 언젠가는 인문학이 무엇인지 반드시 고민해 보리라 마음먹었을 뿐이다. 그러나 이번 '인문의 숲'에서 만난 인문학은 단순한 소양이 아니라 '내 삶의 축'을 다시 생각하는 계기로 내게 다가왔다.

# 건축, 인문학을 만나다

성인은 방정하되 가르지 않으며
예리하되 찌르지 않으며,
솔직하되 멋대로 하지 않고
빛나되 눈부시지 않는다.
・《도덕경》 58장

## 건축, 사람이 그리는 동선을 담는 그릇

내가 연구소에 근무할 때 생겼던 일화다. 건축도시관련 정책에 대해 연구원들과 한참 동안 고민했던 적이 있다. 논의하던 주제가 '건축문화'였는데, 우리가 하고 있던 연구 중 '건축정책기본계획'에 '건축문화의 확산'이라는 항목이 있었다. 우리는 정책의 파급효과를 고려해 건축문화 분야에 지원정책을 마련하여야 했다. 공직에 근무해 본 경험이 있는 분들은 이러한 내용을 잘 아시겠지만, 항상 행정은 대상과 범위가 마련되어야 하기 때문에 이러한 개념정의는 정책개발에서 무엇보다 중요했다.

건축문화정책? 문화? 한번도 이 단어에 대해 고민해 본 적이 없다. 일상생활도 문화이고, 서구의 문명도 문화이며, 모든 것이 문화라고 생각했다. 건축문화? 그럼 이건 뭐지? 건축물이 만들어지면 건축문화인가? 건축물을 만드는 행위도 건축문화인가? 어디까지가 건축문화일까? 난감하였다. 그런데 여하간 나는 새로운 건축문화정책을 만들어야 했다.

그 당시 여러 책들을 읽어 보고, 연구원들과 머리를 맞대도 그 대상과 범주는 쉽사리 정의 내리기가 어려웠다. 답답했다. 문화가 무엇인지, 건축이 무엇인지 진지한 고민은 쉽게 해결되지 않았다.

그리고 몇 년이 지나 '문화의 정의'를 '인문의 숲'을 통해 새롭게 접하게 되었다. 이 말을 들을 당시 내 몸에 느껴지는 전율이 아직도 생생하다. 인문학에서 정의하는 문화는, 문(文)이 내포하는 의미가 '사람이 그리는 무늬'에 있고 문화(文化)는 문(文)이 동사화되는 화(化)가 붙어 '사람이 그리는 동선'이라는 의미로 해석된다는 내용이었다. 또한 인문학은 문학, 사학, 철학의 세 가지 학문으로 정의될 수 있는데, 문학은 인간의 동선을 글로써 정리한 것이며, 사학은 인간의 동선을 역사적 사실에 기반을 두어 기술한 것이며, 철학은 인간의 동선을 개념적으로 설명한 것이라고 정의하였다.

건축의 핵심은 사람이다. 원초적으로 사람이 살아가는 집을 짓는 것에서 건축은 시작되었다. 사람이 그리는 동선을 담는 그릇, 그 그릇이 만들어 내는 건축문화는 장소와 관계 맺을 때 비로소 특성을 나타낸다. 같은 주택이어도 어느 장소에 어떻게 지어지는가에 따라 전혀 다른 주택이 된다.

결국 건축문화는 '삶의 가치'와 매우 밀접한 관계를 맺는 것이다. 지금 생각해 보면 연구소 시절 내가 관여했던 건축정책 또한 '삶의 가치 상승'에 관련된 일이었다. 그러나 그 당시 나는 이러한 문제를 쉽게 설명하지 못했고, 막연히 떠오르는 '상'을 통해 접근했던 것으로 기억하고 있다. 나는 다시 설계사무소에 취직하여 일선에서 건축도시관련 실무를 하고 있다. 내가 쌓아온 경험을 통해 건축도시공간의 변화를 모색하고 있지만 녹록치 않다. 건축이라는 행위가 '삶의 가치'를 상승시키는 것이라 주장하지만 현실은 이러한 이상과 충돌한다. 사업성과 삶의 가치가 연결되기에는 시간이 더 필요하지만 지금부터 조금씩 준비하면 이상적 가치가 좀 더 다가올 거라 믿는다. 그리고 이를 지탱할 수 있는 힘은 '인문의 숲'으로부터 시작될 것이다.

## 건축, 인문학을 만나다

그 정치가 어눌하면 그 백성은 순박해지고
그 정치가 빈틈이 없으면 그 백성들은 교활해 진다.
화로구나! 거기에는 복이 기대어져 있다.
복이로구나! 거기에는 화가 잠복해 있다.
누가 그 궁극을 알겠는가?
정해져 있는 것은 없다.
바르게 되어 있는 것은 다시 기이한 것이 되고,
좋은 것은 다시 요상한 것이 되니,
사람이 미혹된 채 보낸 날이 아주 오래 되었구나!
그래서 성인은 방정하되 가르지 않으며
예리하되 찌르지 않으며, 솔직하되 멋대로 하지 않고
빛나되 눈부시지 않는다.
　•《도덕경》 58장

이 구절의 깊은 뜻을 내가 다 이해할 수는 없었다. 하지만 나의 지난날을 되새겨 많은 것들을 다시 생각하게 하는 글이다. "빈틈이 없으면 그 백성들은 교활해 진다."는 구절을 읽으면서 나는 연구소 재직시절 경관법 개정연구를 진행하던 일을 떠올리지 않을 수 없었다.

경관법은 각종 개발사업으로 파헤쳐진 국토를 효율적으로 관리하기 위한 법안이다. 모든 개발사업이 반드시 경관심의를 받도록 만들어 흉물스러운 건축이 자연과 도심에 들어오지 못하도록 하는 것이 경관법의 의도였다. 그러나 그 의도가 현실이 되는 것은 쉬운 일이 아니었다. 개발사업자는 정치가와 결탁하여 새로운 제도를 만들고 그것에서 명분을 얻어 다른 방식으로 규제를 빠져 나간다. 건축관련 법령 중에서 의원입법으로 발의된 '특별법'이 유난히 많은 것은 다 이유가 있다.

아무리 조직을 관리하기 위해 정치(精緻)하게 규칙을 만들어도 규칙으로 조직을 관리하는 데는 한계가 생긴다. 어떠한 규칙도 완벽하게 모든 상황을 포괄할 수는 없다. 규칙을 만들면, 규칙에 포함되지 않은 상황들이 계속 발생하게 되고, 그 상황을 해결하기 위해 또 규칙을 만들어야 하는 일이 반복된다.

"정해져 있는 것은 없다." 내가 믿었던 현상과 사실이 실은 내가 '보고 싶은 것'만을 보면서 정해버린 나만의 편견은 아니었을까? 기준과 경계는 끊임없이 변화한다. 그 변화를 알기 위해서는 '보이는 것'을 보아야 한다. 내 안에 존재하는 혼란은 '보고 싶은 것'과 '보이는 것' 사이의 방황이었을 것이다.

노자는 "성인은 방정하되 가르지 않는다."고 말한다. 나는 지금껏 스스로 정한 '공정하다는 잣대'로 판단하고 나의 사고와 다른 생각은 받아들이려 하지 않았던 것은 아닐까?

내가 하고 있는 도시디자인은 장소의 가치를 높여 삶의 환경이 더욱 나아지는 것을 목표로 하고 있다. 기존의 우리 도시가 엄격한 기준과 규제 속에 '개발'되었다면, 이제는 개별적 상황이 다른 토지에 대해 장소의 가치를 향상하기 위한 유도 지침과 협상으로 '관리'되어야 한다고 믿는다. 그러나 다른 의견도 있다. 행정체계는 기준이 없으면 운용하기 어렵기 때문에 규제 중심으로 관리되어야 한다는 의견이 그것이다. 이 간극은 어떻게 소통되어야 할까?

도시는 서로 다른 사람들이 어우러지는 공간이다. 각자의 삶을 개별 건축이 형상화하고 개별건축이 융합되어 도시를 이룬다. 건축가의 일이 그것이다. '사람 사는 동네'를 만드는 그 길 어디쯤에 그 소통의 공간도 분명히 있을 것이다. 나의 '방정함'으로 그것을 가르지 않는다면 말이다.

그리고 가장 가슴을 울렸던 문구는 "솔직하되 멋대로 하지 않고"이다. 나는 그동안 '진심은 통한다.'고 생각하여 항상 '진정성'을 강조해 왔다. 늘 내 자신의 이익보다는 대의를 위한 결정이 당연하다고 생각하여 왔다. 솔직히 말하면, 그래야만 나는 더 큰 것을 얻는다고 믿었기 때문이고, 그래서 실제로 더 많은 것을 얻은 적도 많았다. 그럼에도 불구하고 남는 문제는 있었다.

나의 진정성을 어떻게 표현하고 관철시켜 왔는가 하는 문제다. 나의 진정성과 자기 확신이 다른 의견과 부딪히며 관철되어 갈 때, 다른 의견은 공론의 장에서 배제되어 갔을 것이다. 내 진심이 깊고 자기 확신이 강할수록 배제되어 나간 견해들도 많았을 것이다. 돌이켜 보면 나의 진정성은 투쟁을 통하여 관철될 수 있는 것이 아니었다. 서로 다른 견해는 소통을 통해 통합되는 과정을 거치는 길이 있었을 것이다. 노자를 듣는 동안 그는 나를 늘 돌아보게 만들었다.

### 보고 싶은 건축, 보이는 건축

서울 세종로 덕수궁 옆에 성공회대성당이 있다. 우리나라에 유일하게 남아 있는 로마네스크 양식의 건축물로 매우 고풍스러운 아름다움을 간직하고 있다. 성공회 대성당은 원래 십자가 모양으로 설계가 되었으나, 그 당시 건축비가 부족하여 일자 모양만 유지한 채 완성하지 못하고 100여 년의 세월이 흘러 왔다고 한다.

90년대에 면적을 확장하는 공사를 진행한 적이 있는데 그 당시 이 설계를 맡은 건축가는 확장부분을 유리로 디자인하여 하이테크한 유리가 고(古)성당의 느낌과 서로 어울리는 모습을 계획하였다고 한다. 그런데 어느 날 영국 관광객한테 이 성당의 원도면이 영국도서관에 비치되어 있다는 말을 듣고, 그 길로 영국도서관에 찾아가 원도면을 본 순간 본인이 디자인한 모든 것을 버리고 원래의 십자가 형태를 복원하기로 결심하였다고 한다. 그 도면에서 보이는 장인의 숨결과 열정을 도저히 외면하기 힘들었을 것이다.

건축가 김원 선생은 "프라 안젤리코의 성모님 상이 명작인 것은, 작가가 자기의 재주를 뽐내지 않고 성모마리아의 훌륭함을 살리기 위해 자기를 죽였기 때문이다. 처음 성당 증축설계를 제의 받았을 때, 사실 나대로의 욕심이 있었다. 강철과 유리를 써서 신구 조화의

'김원 작품'을 남기고 싶었다. 그러나 그때 내 나이가 50이었다. 나를 죽이고 선배건축가의 고뇌와 정신을 존중해 주는 일을 할 수 있는 나이였다. 성당측이 옛 도면대로 하기 원했을 때, 마음을 비울 수가 있었다. 실제로 찾아낸 도면을 통해 90년 전 영국의 대선배와 교감할 수 있었던 것이 나에겐 아름다운 감동이자 또 하나의 보람이었다."라고 회고하였다.

우리가 일상생활에서 늘 접하는 건축물은 건축가에 의해 설계된다. 건축가는 클라이언트의 요구에 따라 기능과 형태를 결정하고 사람의 움직이는 동선을 예측하며, 공간을 상상해 나간다.

맨 처음 건축을 시작했을 때 멋있는 건축물, 세상에 단 하나뿐인 디자인으로 누구도 따라올 수 없는 건축을 해 보는 것이 나의 소망이었다. 내가 해 보고 싶은, 멋있게 보이는 작품이 건축인 줄 알았던 시절의 이야기다. 시간이 흐를수록 살고 있는 사람과, 그 건축물을 바라보는 사람, 그 건축물이 놓여 있는 장소의 중요성을 깨닫기 시작하였다. 건축의 형태야말로 독자적인 존재가 아닌 장소와 겸손하게 어우러진 존재여야 한다는 것을 알게 되었다. 아울러 새것보다는 남겨진 것에 대한 소중함을 느끼게 되었다.

# 형식의 틀을 뛰어넘는 도시 디자인

정말로 잘 가는 것에는 궤적이 없고,
정말로 잘 된 말은 흠을 남기지 않으며,
정말로 셈을 잘하는 자는 주판을 쓰지 않고,
정말로 잘 닫힌 것은 빗장을 걸지 않아도 열 수가 없으며,
정말로 잘 묶인 것은 노끈을 쓰지 않아도 풀 수가 없다.

• 《도덕경》 27장

## 예상치 못한 불협화음, 기준으로 만드는 도시

도시를 디자인한다는 것의 의미는 무엇일까?

디자인의 어원은 '계획을 기호로 표현한다.'는 뜻의 라틴어 designare인데, 불어로는 데생(dessin)이고 '스케치 하다.'라는 뜻을 갖는다. 학창시절 미술시간에 데생작업을 해 본 경험은 누구나 가지고 있을 것이다. 그런데 같은 정물이나 사물을 보고도 사람들은 저마다 그것을 다르게 그린다. 즉, 디자인을 'DE-재구성', 'SIGN-인식체계'로 나누어 보면, 우리가 알고 있는 인식체계를 재구성해서 새로운 것을 보여주는 것으로 정의할 수 있다. 우리가 영화 속 외계인을 보면서 생김새가 이상하다고 생각하는 이유는 우리가 알고 있는 인식체계와 맞지 않기 때문이다. 아이폰과 같은 보

편적인 디자인이 많은 사람의 열광적인 호평을 받는 것도 같은 이유일 것이다.

그렇다면 도시디자인(Urban Design)은 무엇인가? '도시의 이미지를 재정립해서 새롭게 보여 주는 것'이다. 만약 하나의 도시가 우리의 일상적인 경험에서 벗어나 있으면 그 도시는 대단히 혼란스러울 것이다. 또는 인지할 수 있는 인식체계가 너무 똑같으면, 그 도시는 흥미를 잃어 갈 것이다.

우리의 도시는 어떤가? 우리 도시는 모두 똑같다. 그게 그거란 이야기다. 신도시가 특히 그렇다. 그 이유는 무엇일까? 우리나라에 도시디자인을 잘하는 건축가가 없어서 그런 것일까?

아니다. 답은 다른 곳에 있다. 국토기본법이라는 게 있다. 이 법은 국가의 모습을 결정하는 큰 틀을 계획하는 준거가 된다. 지방자치단체는 그 틀을 받아서 도시기본계획이라는 것을 수립한다. 도시기본계획은 지역의 인구 적정성, 기반시설 등을 고려하여 해당 지역의 발전방향을 제시한다. 도시기본계획 아래에 도시관리계획이 있다. 도시개발사업, 재건축, 재개발사업 등이 이 도시관리계획에 따라서 행정적으로 관리된다.

이렇듯 엄격한 위계를 갖는 관련법규와 체계적인 행정시스템은 우리 도시에 약이자 독이다. 도시 곳곳에서 독(毒)과 약(藥)의 효과를 동시에 발휘하고 있다. 우리나라의 도시는 전 세계 어디에 견주어도 뒤지지 않을 만큼 빠르고 효율적으로 건설된다. 해외의 개발도상국들은 우리의 이러한 체계적인 시스템을 배우기 위하여 매년 우리나라를 찾고 있다. 정부는 '도시 수출'이라는 성과를 국민들에게 홍보하기에 이르렀다.

그러나 이 체계적이고 효율적인 시스템의 이면에는 획일화라는 독이 함께 있다. 도시 건축에 관련된 법규들은 무리한 난개발을 막기 위하여 최소한의 기준으로 설정된 것들이다. 그런데 사업자는 시장에서 최대한의 경제성을 추구하기 마련이다. 최대한의 이익 창출이라는 목표 아래서 경제성이라는 수치로 환산된 건축은 종국에 모두 같은 모양으로 수렴될 수밖에 없다. 동일한 법적·행정적 기준과 최대이익을 쫓는 사업자가 부딪히는 경계에 건설된 신도시는 그 느낌도 생김새도 같다.

## 경제성의 총아, 아파트

느낌도 생김새도 똑같은 신도시. 신도시는 아파트에 의한 아파트를 위한 아파트의 도시다. 아파트를 신도시 그 자체라고 불러도 무리는 아닐 것이다. 그런데 이 아파트는 건축법과 주택법 등 관련 법규에 의해 엄격하게 관리되고 있다. 여기에 분양가 상한제 등 정치적·경제적 목적이 함께 더해져 지금처럼 너무나도 비슷한 모양이 된 것이다. 우리는 그것을 아파트라 쓰고 성냥갑이라 읽는다.

사실 아파트는 태생부터 경제성을 극대화한 주거공간이다. 산업화가 급속하게 진행되면서 도시라는 한정된 공간에 많은 사람들이 모여 들었다. 좁은 공간에 더 많은 사람들이 주거할 수 있는 마법이 필요했고, 이 필요를 충족시킨 것이 아파트라는 마법의 주거양식이다. 도시는 점점 커져 갔고 커지는 도시는 아파트로 채워졌다. 도심의 자투리땅들까지 점령한 아파트는 외곽의 달동네마저 밀어

내고 그 자리를 차지했다.

　아파트가 도심의 주거양식을 장악하고 사람들이 아파트로 다투어 몰리면서 아파트의 경제성은 또 다른 방식으로 표현되었다. 아파트가 중요한 재산 증식의 역할을 하게 된 것이다. 살기 위해서가 아니라 재산을 불리기 위해서 아파트를 구매하는 사람들이 늘어났다. 살기 좋은 집보다 비싸게 팔 수 있는 집이 좋은 집이 되었다. 아파트 위에 평수가 큰 아파트가 있고 그 위에는 교통이 좋은 아파트가 있다. 그 위에는 학군이 좋은 아파트가 있다. 물론 비싸게 팔 수 있는 위계의 순서다. 이제는 아파트에 브랜드가 생기고, 오래된 아파트는 페인트칠을 다시 하고 브랜드의 로고를 새로 새겨 넣는다.

　도시가 커지면서 아파트도 변화하고 발전한다. 그런데 놀라운 것은 생김생김이 하나같이 똑같은 아파트는 그 변화하는 모습도 모두 똑같다. 더 잘 팔리는 아파트를 원하는 공급자와 수요자들이 아파트의 모습을 바꾸고 뒤따라 건축법규가 바뀐다. 바뀐 법규를 따라 아파트는 일사불란하게 다시 그 모양을 바꾼다.

　예를 들자면 아파트에는 발코니라는 것이 있다. 지붕과 벽이 없이 난간만으로 아파트 외부에 돌출된 공간이다. 마당이 없는 아파트에서 유일하게 외부 공기와 접하는 공간으로 전망을 확보하여 휴식의 공간이 되기도 하고 식물을 재배하는 공간이나 기타의 다양한 용도로 쓰이도록 설계된 공간이다. 더 넓은 평수가 더 높은 매매가를 보장하면서 사람들은 베란다를 거실이나 방으로 바꾼다. 뒤따라 법규는 발코니 확장을 합법화한다. 이제 아파트는 설계할 때부터 방의 확장을 염두에 두고 발코니를 설계한다. 다시 법규는 발코니의 면적을 제어할 새로운 관리기준을 만든다. 우리나라 아파트가 발전하는 일반적인 방식이다.

## 사람과 장소 중심의 아파트

나는 어릴 때부터 한동네에서 30년을 살았다. 동네에는 친구들이 있었다. 그중에는 '별장 집' 아들도 있었고, 구멍가게를 하는 '통장 집' 아들도 있었다. 커다란 감나무가 있었던 집을 우리는 감나무집이라고 불렀는데 물론 그 집의 아들도 나의 친구였다.

가을이면 친구들과 감을 따기 위해 감나무 집으로 몰려가던 길에 통장네 구멍가게가 있었고 어른들은 가게 앞 평상에서 장기를 두고 있었다. 훈수를 두던 어른들은 군대 간 별장지기의 큰아들 걱정을 하기도 했을 것이다. 나와 악동들은 못된 장난을 치다가 동네 어른들에게 타박을 듣기도 하면서 함께 자랐다. 동네 어른들은 더러 실없이 싸우는 일도 있었지만 서로의 걱정을 함께 하며 한세상을 살았다.

동네에 새로 들어선 아파트는 달랐다. 깔끔한 간판으로 치장한 아파트의 상가는 동네의 구멍가게와 달랐다. 울긋불긋한 놀이기구가 정렬된 아파트의 놀이터는 우리가 뛰어다니는 골목과는 비교할 수 없을 정도로 고급스러워 보였다. 한 동네에 담을 싸고 들어 왔지만 아파트는 한 동네가 아니었다. 우리가 아파트에 들어갈 일도 없었고, 아파트 사람들이 우리가 뛰어다니는 골목길에 들어올 일도 없었다. 다른 동네였다.

나중에 안 일이지만 아파트 안의 사람들도 서로 한 동네 사람들은 아니었나 보다. 그들은 옆집에 사는 사람이 누구인지 몰랐고 승강기 안에서 함께 서 있기 어색한 사람들이었다. 아파트는 다양한 사람들이 한 공간에 모여 함께 살아가는 공간이 아니다. 아파트는 한 공간을 좌우와 위아래로 잘게 쪼개서 다양한 사람들이 각자 살아가는 공간이다.

우리가 살고 있는 아파트는 이미 확립된 기준에 의해서 디자인되는 최고 효율의 비즈니스 모델이다. 애초에 건축과 도시를 만들기 위해 세워진 기준은 난개발을 막을 최소한의 규제, 안전을 확보하기 위한 최소한의 장치, 각각의 조화를 위한 최소한의 가이드로 만들어졌다. 이 기준은 모든 지역의 상태와 조건을 고려하기 쉽지 않다. 또한 관련된 이해당사자의 엇갈린 이해를 충족시키지 못한다. 오직 경제성과 효율성이라는 비즈니스 툴만이 이것들을 통합시킨다. 기준은 그저 들러리를 서는 것이다.

대안은 없을까? 다양성이 공존하고 각자 사는 것이 아니라 서로 소통하면서 함께 사는 아파트는 불가능한 설계일까?

### 새로운 도전, 소통하는 아파트

나는 최근 새로운 제도로 아파트를 설계할 수 있는 기회를 얻었다. 여기서 새로운 제도는 '특별건축구역'인데 이 제도는 남에게 피해가 되지 않는다면 건축법을 배제하여 도시경관을 창출하는 것을 목적으로 하고 있다. 서울시는 민간 사업자에게 처음으로 특별건축구역을 허용하였고, 나는 이 프로젝트를 주관하였다.

이 아파트의 계획안을 설명하자면, 지금까지 서울시에서 진행되어 온 주거정책의 새로운 패러다임을 제시하는 제도로 기존의 '디자인 서울' 정책이 건축물의 형태 개선을 통해 세련된 도시를 만드는 것에 집중하였다면, 특별건축구역제도의 적용은 지역공동체의 회복을 전제로 도시의 경관을 향상시키고, 지역주민 모두가 커뮤니티 시설을 함께 나누는 데 목적이 있어 '사람과 장소 중심의 공유도시' 개념이 반영된 것이다.

기존의 아파트 단지는 물리적 기준에 의한 제도의 불합리성으로 성냥갑 같은 일률적이고 숨막히는 경관을 제공하였고, '소유'의 관점에서 담장으로 경계를 나누며 주민과 소통할 수 없는 '나만의 아파트'를 만드는 데 초점이 있었다면, 특별건축구역이 적용된 이 아파트는 건축법의 불합리한 제도를 성능 중심의 기준으로 대치하여, 저층·중층·고층의 다양한 형태를 만들 수 있도록 하였으며, '공유'의 관점에서 한강을 모두가 바라볼 수 있는 '통경축'을 형성하였다. 또한 담장을 없애고 언제든지 함께 사용하는 지역커뮤니티 시설을 배치하여 '우리들의 아파트'를 제공하는 데 목적이 있다.

기존 아파트는 분양 수익만을 목적으로 최상층은 고급주택을 조성하였지만, 새롭게 조성되는 이 아파트는 한강과 남산의 조망을 '서울시민의 유산'이라고 보고 한강변에 가장 근접한 아파트의 최상층을 시민에게 개방한다. 또한 한강으로 접근하는 길목에는 주민 이용편의시설을 배치하고, 학교와 상가 부분의 활성화된 가로에는 작은도서관, 방과후아카데미, DIY공방, 어린이놀이방, 세미나실을 배치하여 인근 지역주민이 함께 사용할 수 있도록 하였다.

이러한 개념은 함께 문화와 경관을 나누는 장소로 아파트를 계획하여 주변지역의 '장소의 가치' 향상을 통해 '살기 좋은 마을'을 만들자는 개념으로 새롭게 형성된 경제적 이익을 주변에 분배하는 데 목적이 있다.

### 삶이 있는 도시디자인

도시디자인 분야의 석학 '케빈 린치(kevin lynch)'의 글에서 나는 많은 영감을 얻었다. 그의 1960년 첫 저서 《The image of the city》에서 도시는 특정한 이미지에 의해 상이 결정된다고 판단하여 도시를 결정하는 길(path), 중심(node), 구역(district), 접경(edge), 랜드마크(landmark)의 5가지의 원소를 설명하고 있다. 우리나라에서 도시디자인에 입문하거나, 건축을 전공한 사람들은 이 책으로 도시를 바라보는 눈을 배운다. 나 역시 이 책을 통해 도시의 형태를 이해하는 데 많은 도움을 받았다.

린치는 이 책을 발간하고 20여 년이 지난 1981년 《A Theory of Good city form》이라는 저서를 발간하였는데 좋은 도시는 일정한 '형식'이 있다는 것을 설명하는 책이다. 내가 박사과정에 있을 때 이 책을 접하였다. 앞에서 언급한 도시의 형태로 수많은 도시의 일상을 설명할 수 없어서 고민하고 있었는데, 이 책을 접하는 순간 내가 그 당시 준비하고 있던 논문이 린치의 사고와 일치한다는 생각에 소름이 돋았다. 또한 내 박사논문에 확신이 서는 순간으로 기억하고 있다.

나는 도시를 형태 또는 이미지로만 설명하기에는 분명히 한계가 있고, 우리가 인지하는 '체계'가 합리적일 때 좋은 도시로 인식한다고 믿었다. 내 박사학위 논문의 기본적인 틀은 이러한 도시의 합리적 체계가 건축물과 연계할 때 좋은 도시공간을 만들 수 있다는 논리로 구성되어 있다.

그런데 어느 날 한 가지 의문이 들었다. 한 학자의 생각이 변화하였는데, 내가 읽고 있는 책은 1981년에 발간된 책이고 20여 년이 지난 그 당시 시점에서 그 학자의 생각이 궁금했다. 나는 다시 린치의 책을 찾기 시작했다. 린치는 마지막 저서를 준비하다가 갑작스러운 죽음을 맞았고 그가 준비하던 것을 엮어서 낸 《City Sense and City design》이라는 책이 있었다. 린치는 감성의 도시를 이야기 하고 있었던 것이다. 도시를 이야기하는데 도대체 왜 감성을 이야기하고 있는 것일까? 도시의 감성은 도대체 무엇인가? 쉽게 이해되지 않았다. 지금도 내 머릿속엔 '감성'이란 해결되지 않은 단어가 자리 잡고 있다.

아마도 저자는 도시를 공부하고 연구하면서 생각들이 변해 갔을 것이다. 린치는 도시 연구의 초기시절에는 도시를 '형태'로 분석하고 그것을 설명하고자 노력했고, 그 후 설명되지 못하는 무엇인가를 도시의 '형식' 즉 시스템으로 설명하고자 하였으며, 마지막은 도시의 감성을 사람의 '현상'을 통해 말하고 싶었을 것이라고 나는 판단한다.

결국 건축은 '사람의 현상'을 이해하고 그 현상을 담는 그릇을 만드는 것이다. 지금까지 나는 도시를 '형식의 틀'로 바라보고 있었다. 사람의 동선이 내가 생각하는 대로 움직여 주길 바라고 있었던 것과 다름없다. 그렇다면 사람의 현상은 어떻게 이해될 수 있을까?

결국 이 문제의 접근과 해답은 '인문학'에 있었다. '사람의 동선'을 이해하기 위해서는 기준으로 수립된 틀을 벗어나 '관계'의 시선으로 바라보아야 할 것이다. '관계'의 시선이야말로 노장사상의 핵심이다. 기준이 수립되는 순간 기준에 속하지 못하는 것들을 담을 수 없다. 도시에는 여러 가지 기준이 존재한다. 그렇다면 기준을 없애야 하는 것일까? 이 또한 대립되는 생각의 틀이다. 사람의 현상은 기준으로 설명될 수 없고, 그 또한 예측불가능하기 때문에 기준을 수립할 수도 없다.

언제나 유연하게 대응할 수 있는 도시를 만들 수 있도록 사람과 사람, 사람과 자연, 사람과 건축의 관계를 이해하여야 한다. '형식의 틀'을 뛰어넘어 불확정한 '현상'을 담을 수 있을 때 비로소 내가 하고 있는 도시디자인이 새롭게 다가올 수 있을 것이다.

# 천하와 몸의 경계에 서서
# 춤사위를 익히다

김종선

1. 40대, 인생 2막 1장
2. 인문의 숲에서 거안사위(居安思危)하다
3. 도가(道家)에서 무위(無爲)의 경영을 배우다
4. 행복한 공동체를 꿈꾸다

# 40대, 인생 2막 1장

천하는 신령스런 기물이어서 의지가 개입된 행위로
무엇을 할 수 있는 것이 아니다.
강한 의지로 하려는 자는 그것을 망칠 것이고,
꽉 잡고 놓지 않으려는 자는 그것을 잃을 것이다.
• 《도덕경》 29장

---

## IMF의 한복판에서 새로운 시작을 꿈꾸다

IMF는 어느 날 갑자기 찾아왔다. 공포는 한순간에 300선까지 떨어진 주가지수나, 달러당 2,000원을 돌파한 환율 때문만은 아니었다. 고성장 시대를 살아온 이들에게 IMF는 듣지도 보지도 못한 것이었다. 오늘도 혼미했고, 내일은 전혀 예상할 수도 없었다. 공포는 알 수 없는 실체와 마주하고 있다는 사실에 있었다.

전조가 아주 없었던 것은 아니다. 1997년은 한보의 부도로 비극의 서막을 열었다. 부도, 파산, 퇴출…. 흉흉한 소문이 거리를 떠돌고 또 그 소문이 현실이 되었다. 수많은 중소기업의 연쇄도산, 재계 2위의 대우그룹도 맥없이 무너져 내렸다. 금리는 하늘 높은 줄 몰랐고, 실물경제는 바닥없이 추락했다. 그해 겨울, 한국경제는 치욕적인 IMF관리체제에 들어갔다.

부당했다. 나로 인한 것도 아니었고 내가 책임질 수 있는 문제도 아니었다. 그땐 모두가 나처럼 부당하고 억울한 심정이었을 것이다. 세상은 그것을 자연재해처럼 취급하였으나, 그 고통은 기업인이, 노동자가 그리고 자영업자가 맨몸으로 받아내야만 했다. 우리는 멀쩡한 심장을 두고 협심증을 돌림병처럼 함께 앓았다.

그때 나는 40대 초반이었다. 걸어 온 길이 길지는 않았지만 남은 길이 또 얼마일지 가늠하기 어려웠다. 내게는 아직까지 건실한 직장과 행복한 가정이 있었다. 그동안 쉬지 않고 일해서 얻은 것이었고 감사한 일이었다. 그러나 내일도 오늘과 같을지 알 수 없었다. 시대를 뒤흔드는 거대한 소용돌이의 복판에서 변화하지 않고서는 새로운 시작을 꿈꿀 수 없다고 생각했다.

1998년 3월, 나는 그동안의 나와 작별했다. 결코 쉬운 선택은 아니었지만, 위기와 기회는 동전의 양면이라고 믿고 새로운 시작을 준비했다. 내게 있는 것과 없는 것, 내가 잘하는 것과 못하는 것, 그리고 내가 결별해야 할 것들과 새로 맞이해야 할 것들에 대해 생각했다. 그리고 그릇 하나를 만들기 시작했다. 당장 담을 수 있는 것은 작았지만 그릇만은 커야 한다고 생각했다. 물은 그릇 크기만큼 채울 수 있다던 선친의 말씀에 마음 한 자락을 기대고 싶었다.


## 루키스 창업과 단기간의 성장

시장은 변화하고 있었다. 나는 내가 가진 IT전문기술로 변화하는 시장에 도전했다. 1999년 3월 나는 루키스라는 이름으로 새 둥지를 틀었다. 콜센터에서 처리하고 있는 각종 금융 거래, 상품 문의, 민원 처리 등 전화로 이루어지는 업무 처리 내역에 대한 전화 통화 음성을 기록, 보존하고 증명해 줄 수 있는 Call Monitoring(전화 통화 녹음) 분야의 솔루션 사업이다.

컴퓨터 통신기술 환경은 비약적으로 발전하고 있었고, 때마침 기업은 IMF를 맞아 비용 절감에 나서고 있었다. 고객을 직접 상대할 인력이 필요한 대면(對面) 거래 형식보다 전화 혹은 인터넷을 통한 비대면(非對面) 거래 형식의 업무 처리가 확대될 시기였다. 그렇다면 비용 절감뿐만 아니라 거래의 안전성과 신뢰성 확보가 무엇보다 중요한 일이었다. 나는 콜센터 산업이 크게 성장할 것을 예상했다. 그렇게 되면 각종 업무 처리가 이루어진 전화 통화 내용이, 거래를 증명할 수 있는 소중한 정보가 될 것이므로 콜 모니터링 솔루션이 반드시 필요했다.

루키즈는 콜 모니터링 분야에 서로 다른 기종의 시스템에서도 유기적으로 음성데이터를 통합 처리할 수 있는 방법을 도입하였다. 여러 단계로 분리된 사용자 화면도, 한 화면으로 통합 조정한 Single View 개념을 도입해 편리하게 쓸 수 있도록 개편하였다. 고객들은 기존 솔루션 대신 우리가 제안한 솔루션을 도입하기 시작했고, 루키즈는 단기간에 국내 시장 점유율 상위기업으로 성장할 수 있었다. 작은 시작이었고 소중한 성공이었다.

그 후 정부의 IT839정책에 반영된 USN 분야의 기술 개발에 집중하여 '심장모니터링시스템' ECG 솔루션 개발에 성공했다. 시계 크기만한 기구를 가슴에 부착하고, 심장박동을 무선으로 실시간 체크하여 추출된 데이터는, 스마트폰에 무선으로 전송되어 부정맥

⁽빈맥/서맥⁾ 증상을 모니터링 할 수 있는 솔루션이다. 향후 원격진료 의료법 시행이 구체화되면 새로운 비즈니스 모델이 될 것이다.

또한 USN 기술을 응용하여 초등학교 저학년 학생들의 등하교 알림과 안전구역 이탈 알림 문자 서비스를 제공했다. 몇 년 뒤부터는 방범용 CCTV, 쓰레기 무단 투기 감시용 CCTV, 공장 관리용 등 수 많은 CCTV 녹화 내용을 통합하여 효율적으로 관리할 수 있는, 방범 방재 CCTV 통합관제 서비스를 실시할 수 있게 되었다. 아울러 사내 벤처 제도를 통해 루키스 직원이 제안한 사업에 투자해, Social Commerce 분야의 자회사 ㈜온푸른도 사업을 시작하게 되었다. 이렇게 두 명으로 시작한 루키스 가족은 어느덧 120여 명이 함께하는 공동체가 되었다.

# 인문의 숲에서 거안사위(居安思危)하다

도가 말해질 수 있으면 진정한 도가 아니고
이름이 개념화 될 수 있으면 진정한 이름이 아니다.

• 《도덕경》 1장

## 거대한 격변기, 도가를 만나다

IMF라는 초위험 시대에 맞서 크지는 않지만 일가를 이루었다는 자부심도 없지 않다. 하지만 세상은 거대한 격변을 예고하고 있다. 아니 변화는 이미 시작되고 있다. 스티브 잡스의 아이폰이 한국에 상륙하면서 불어 닥친 스마트폰 열풍은 사람들의 생활패턴을 바꾸어 놓고 있다. 모두의 손안에 쥐어진 작은 우주는 그들의 생각과 행동을 바꾸었고, 세상은 변하기 시작했다. '자스민 혁명'으로 대표되는 거대한 사회 구조의 변화부터 대한민국 남녀노소가 서로에게 Heart Mark를 던지는 애니팡 놀이문화까지…. 개인, 사회, 경제, 정치 등에서 미시적이고 거시적인 변화가 동시에 일어나기 시작한 것이다.

세상에는 기존의 내 사고체계로는 이해되지 않는 현상들이 나타났다. 그때마다 나는 고민했다. 나름의 대안들을 찾아 나섰지만 마음 한구석의 허기는 가라앉지 않았다.

시장의 변화에 '나와 루키스가 적절하게 대응하고 있는 것일까?', '조직이 커지고 구성원들이 늘어나면서 나와 조직과 구성원간의 관계를 어떻게 재설정해야 할 것인가?' 등의 의문만 계속 늘어갔다. 그러던 어느 날 우연히 '수요포럼 인문의 숲'의 초청을 받았다. 그것은 정말 우연이었을까? 아니면 필연의 다른 얼굴이었을까?

## 노자는 길로써 길을 가르쳐 주지 않았다

'인문의 숲' 첫 번째 시간. 공맹과 노장사상의 등장 배경과 덕(德), 예(禮)의 개념을 풀어 놓은 강의는 강렬하였다. 하지만 나는 강의 내용과 쉽게 화해(和解)할 수 없었다. 길을 찾아 나선 숲에서 미로를 만난 격이었다. 내 사고의 기저에는 유교와 기독교적 세계관이 공존하고 있었기 때문이었다. 나와 동시대에 한국 땅에 태어나서 교육받고 경제활동을 한 동년배들은 같은 경험을 했을 것이다. 우리는 전쟁 후 근대화와 경제 발전이라는 지상과제가 있었다. 뒤를 돌아보지 않고 앞으로 전진해야 했기에 언제나 답은 하나였다. 이것이 정(正)이면 저것은 정확히 부정(不正)이어야만 했다. 그런데 도(道)가 도가 아니고 이름(名)이 이름이 아니라니….

더구나 나는 컴퓨터 공학을 전공한 공학도이다. 현상을 해결하기 위해 수학을 기초로 문제의 본질을 파악하고 정의한 후, 선형적인 접근으로 문제를 풀어나가는 과정에 익숙한 사람이다. 그런데 자신의 존재 근거가 자신 안에 있지 않고 상대편과의 관계에 있다는 개념, 도는 무엇이라고 정의하는 것이 아니라 세계가 이렇게 되어 있음을 나타내도록 임의로 부여된 기호에 불과하다는 말을 전혀 이해할 수 없었다. '왜 그것을 그것이다.'라고 정의할 수 없는지, 유(有)라는 존재의 근거가 왜 반대 개념인 무(無)에 의해서 마련되는지, 질문은 끊이지 않았다.

내 안에서 서로 다른 세계관이 격하게 부딪쳤다. 나는 노자사상을 계속 상기했고 현실에 적용시키려고 노력했다. 그 과정은 녹록치 않았다. 의지에 따라 보이는 것이 달라질 수 있을까? 같은 것을 보는데 선험적 판단이 다른 의미를 부여하는 것은 아닐까? 마음속에는 의구심이 한 가득이었지만 세상을 다르게 보기 위한 노력을 쉬지 않았다.

### 답이 아닌 질문으로 읽힌 노자

도가 말해질 수 있으면 진정한 도가 아니고
이름이 개념화 될 수 있으면 진정한 이름이 아니다.
무는 이 세계의 시작을 가리키고 유는 모든 만물을 통칭하여 가리킨다.
언제나 무를 가지고는 세계의 오묘한 영역을 나타내려 하고
언제나 유를 가지고는 구체적으로 보이는 영역을 나타내려 한다.
이 둘은 같이 나와 있지만 이름을 달리하는데 같이 있다고 그것을 현묘하다고 한다.
현묘하고도 현묘하구나.
이것이 바로 온갖 것들이 들락거리는 문이로다.
  • 《도덕경》 1장

우리말에 '깊은 산'이라는 표현이 있다. 형용 모순이다. 물은 깊이로 재어야 마땅하고 산은 높이로 재어야 마땅하다. 그러나 산과 산들이 켜켜이 중첩되어 그 높이도 거리도 가늠할 수 없는 산중의 어느 곳이라면 '깊은 산'이라는 표현이 딱 맞다. 이때의 깊이는 '수심 100m'라는 계량의 척도가 아니라 알 수 없는 아득함의 정서적 표현일 것이다. 이는 산과 골이 어우러져 있기 때문이 아닐까? 산에 있으되 산이 아닌 곳이 산골이다. 산이 없으면 산골은 더 이상 산골이 아니다. 유와 무가 서로를 만들어 있게 하고, 그 둘의 관계가 만들어 내는 아득한 현묘함은 혹시 '깊은 산' 같은 것이 아닐까?

'n=n+1'이라는 텍스트를 이해하지 못했던 학창시절의 기억이 문득 떠올랐다. 'n=n×1'이라면 몰라도 이 이상한 등식은 'n≠n+1'로 고쳐 표현하는 게 마땅해 보였다. 내가 이 텍스트를 이해하지 못한 이유는 매우 간단했다. 'n=n+1'에서 '='의 의미가 'equal'이 아니었기 때문이다. 수학에서 '='은 엄정한 기호다. '그 양쪽이 정확하게 같다'는 것이 '='이 말하는 단 하나의 의미다. 그때까지 엄격하게 입력된 '='의 의미가 다른 해석을 불가능하게 했던 것이다. 그러나 대다수의 컴퓨터 프로그래밍 언어와 플로차트에서 'n=n+1'의 '='은 다른 의미로 사용된다. 그 뜻은 '←'에 가깝다. 즉 변수 n의 값에 1을 더하여 변수 n에 집어넣으라는 뜻이다. 쉽게 말하면 프로세스가 이 구간을 통과할 때마다 변수의 크기를 1씩 증가시키라는 의미다. 강력하게 입력된 선험적 경험이 다른 차원의 상황을 마주하였을 때, 상황 인식을 더욱 어렵게 하는 예는 다양하다.

우리가 꽃을 꽃이라고 부르기 시작하면, 장미나 수국 또는 코스모스를 만나더라도 단박에 꽃이라고 한다. 심지어 우리는 반원 다섯 개를 둥글게 이어 붙인 기호를 보고서도, 꽃이라고 잘도 말한다. 이것은 매우 빠르고 편리한 인식의 시스템이지만 놓치는 것도 많다. 장미꽃 뒤에 숨은 가시나 수국의 흐드러진 자태, 코스모스의 나풀거리는 가냘픔은 본질을 벗어난 부차적인 것이 되고 마는 것이다.

도가도 비상도(道可道 非常道)는 도를 정의하지 말라는 명령이 아닐 것이다. 도를 도라고 말하는 순간 도는 긴 스펙트럼을 절개한 단면으로 화석화될 수도 있음을 경계하는 지혜를 가지라는 가르침은 아닐까? 도로변에 서 있는 플라타너스 한 그루조차도 봄 가을이 다르다. 심지어 이슬 먹은 아침의 이파리와 저녁바람에 흔들리는 이파리가 다르다. 아니다. 다른 것이 아닐 것이다. 그것은 여전히 플라타너스고, 순간순간 쉼 없이 변해가는 플라타너스다. 보이는 것을 보이는 대로 온전하게 보기 위하여, 한걸음 다가가서 바라볼 수도 있지만 한걸음 뒤로 물러서서 볼 수도 있다. "무엇을 볼 것인가?" "어떻게 볼 것인가?" 노자의 텍스트는 적어도 내게 답이 아닌 질문으로 읽힌다.

### 빅데이터 시대의 비즈니스, 세 가지 사례

2012년 한 해, 대한민국이 열광한 키워드 중 하나는 빅데이터(Bigdata)이다. 위키피디아는 "빅데이터란 기존 데이터베이스(Database) 관리 도구의 데이터 수집, 저장 관리, 분석의 역량을 넘어서는 대량의 정형 또는 비정형 데이터 세트 및 이러한 데이터로부터 가치를 추출하고 결과를 분석하는 기술을 의미한다."라고 정의했다. 스마트폰의 보급이 확대되고, M2M 통신기술 등의 발달과 사용이 보편화되면서, 기존에는 다룰 수 없었던 다양한 데이터들을 다룰 수 있게 된 것이다. 몇 가지 사례를 살펴보자.

### 사례1 〈오바마의 선거전략〉 — 빅데이터 분석을 활용한 제안

(출처: 경영, 정치에서 배워라 "송규봉, 박용재")

2012년 우리나라뿐 아니라 세계 주요국 중 지도자를 선출하는 선거를 치른 나라가 많다. 미국도 대선을 치렀고 민주당의 오바마 대통령이 51.03%(선거인단 332표)를 얻어 47.19%(선거인단 206표)의 득표를 한 공화당의 롬니 후보에게 승리를 거두었다. 오바마는 어떻게 재선에 성공할 수 있었을까? 우리가 주목해야 할 부분은 오바마 캠프의 빅데이터(Bigdata) 이용 전략이었다.

2008년 대선 후, 오바마 캠프는 시카고의 비밀 사무실에 빅데이터의 수집, 분석, 전략을 전담하는 '비밀 동굴팀(The Cave)'을 조직한다. 이들은 '선거에서 다뤄지는 모든 데이터를 측정한다.'는 목표로 데이터 마이닝 전문가 레이드 가니를 최고책임자로 영입한다. 2008년 대선의 데이터를 다시 분석하고 오바마를 지지하는 유권자의 페이스북과 온라인 사용 활동 등을 추적하기 시작한다. 오바마의 트윗을 팔로워하거나 리트윗(Re-tweet)하는 사람들의 관심사와 성향을 파악하거나, 오바마 페이스북의 친구나 구독자의 정보를 이용해, 어떤 글에 우호적이고 부정적인지, 좋아하는 페이지는 무엇인지 등을 세심하게 분석한다. 뿐만 아니라 친구들의 정보도 수집해 한 사람을 입체적으로 분석하는 것이다. 또한 유권자가 오바마 캠프의 온라인 페이지에 가입하면 어떤 경로로 정보에 접근하는지 분석해서, 가입자의 관심 순위에 맞춰 정보를 안내하고 정책을 발송했다.

이러한 오바마의 선거 전략이 세상에 알려진 것은, 대선을 8개월 앞둔 2012년 3월, 언론학 교수 출신 대니얼 싱커 부부에게 오바마 캠프의 e메일이 도착하면서부터였다. 부부는 오바마 캠프로부터 같은 날 동시에 메일을 받았으나 내용은 전혀 달

▶ 오바마 캠프가 이메일만으로 1조의 선거자금을 모은 것은 빅데이터 분석의 힘이었다.

랐다. 남편에게는 오바마의 웹사이트에 관한 내용만 짧게 언급되었으나, 부인에게는 영부인과의 저녁식사에 관한 내용이 담겨 있었다. 부부는 이를 이상하게 여기고 심층 분석 언론사인 프로퍼블리카(Propublica)와 함께 트위터와 구글을 통해 오바마 캠프가 발신한 2만여 통의 메일을 모아 내용을 비교했다. 그 결과 약 800개의 메시지와 1,500가지의 개인별 변형이 있다는 사실을 알게 되었다. 특히 개인별 이메일에 응답을 하게 되면 그 내용이 즉각 달라진다는 것이다.

분석 팀이 이메일 내용에 클릭 한번으로 소액의 선거자금을 낼 수 있는 빠른 기부(quick donation) 버튼을 넣었는데, 이 역시 개개인의 성향에 따라 금액을 다르게 요청했다. 2달러 기부요청에 답하면 다음 이메일에는 5달러를 제안하고, 처음에 100달러를 기부한 사람에게는 250달러를 요청하는 식이다.

그 결과 '비밀 동굴팀'은 이메일 발송만으로 1조 규모의 선거자금을 모을 수 있었다.

## 사례2 〈데이터 야구의 시작〉 — 머니볼

양극화의 시대이다. 지구촌 시대에 부의 불균형 현상은 분야를 가리지 않고 나타나고 있다. 특히 스포츠에서 두드러진다. 미국 프로야구리그인 메이저리그에서 선수들 간의 연봉 차이는 상상을 초월한다. 구단의 성적은 통상 구단이 보유한 선수의 연봉 총액에 비례하여 나타났고, 사람들은 이를 당연하게 받아 들였다. 그런데 이러한 통념을 깨트린 사람이 나타났다.

1984년 뉴욕 메츠에서 선수 생활을 시작해 1989년 선수 생활을 마치고 1998년에 가장 가난한 구단인 오클랜드 어슬레틱스의 단장으로 부임한 빌리 빈이다. 그는 기존의 선수 영입에 문제점을 지적하며 선수를 새로운 방식으로 영입하기 시작한다. 야구에서 전통적인 스카우트 방식은 타고난 재능의 선수를 찾아내는 것이다. 현재 성적이나 타격 모습, 피칭 모습보다도 선천적인 재능과 운동 능력을 더 중요하게 생각했다. 하지만 빈은 이것이 성공을 담보한다고 믿지 않았다.

그는 단장이 된 뒤 기존의 드래프트 방식에서 사용되는 5툴 플레이 방식, 타격 정확도, 타격의 파워, 수비 능력, 송구 능력, 주류 능력 테스트를 버리고, 실제 선수들의 데이터를 분석하는 새로운 툴을 적용하여 선발하였다. 즉 재능보다는 실현 가능성(skill)을 중요하게 생각한 것이다. 이러한 그의 노력은 2000년대가 시작되면서 빛을 발한다. 허드슨, 멀더, 지토로 이어지는 오클랜드의 투수진은 99만 7000달러의 연봉으로 56승을 합작해 냈고, 오클랜드는 전체 29위의 연봉총액으로 ML 2위의 성적을 올린다. 그리고 1년 후인 2002년. 오클랜드는 전체 구단 중 28위의 연봉 총액으로 메이저리그 최다승(103승)을 달성하게 된다.

### 사례3 〈마케팅 조사 방법〉

국내 굴지의 화장품 업체 마케팅 부서에 근무하는, K대리의 매일 아침 첫 업무는 Social Media의 동향 분석이다. 그는 트위터, 페이스북, 카톡 등에서 회자되고 있는 자신의 회사 제품의 평판 또는 기업의 사회적 평판 등에 대한 분석을 실시한다. 트위터에서 자신의 회사 또는 제품이 얼마나 언급되고 있는지, 그 내용은 긍정적인지 부정적인지를 파악하여 보고서를 작성한다. 특히 부정적인 내용이 감지되었을 경우에는 신속히 상부에 보고하고 그 원인을 파악한다.

또한 SNS에 자주 등장하는 주요 인물의 선호도 또는 소비자들이 관심을 갖는 유형의 인물이 누구인지에 대한 모니터링을 계속한다. 소비자들의 심리 또는 선호도 변화를 예측하기 위해서다. 예를 들어 SNS에 가장 많이 언급되는 인물이 K양, L양, S양 등의 순위에서 S양, L양, K양 등의 순으로 변화하고 있다면, 그 이유가 무엇인지 찾아야 한다고 가정하자. 이러한 문제를 해결하기 위해서 기존에는 소비자 선호도 조사를 했지만, 지금은 SNS에서 주로 언급되는 외모에 대한 키워드로 연관시켜, 소비자들의 숨어있는 구매 욕구를 파악하는 방식이 더 큰 비중을 갖게 된 것이다.

## 보이는 대로 볼 수 있는 능력을 키우라

빅데이터 시대에 발맞추어, 2012년 루키스는 그 동안 준비해 온 몇 가지 솔루션을 시장에 런칭(Launching)했다. 그 중 가장 대표적인 솔루션이 SA(Speech Analytics) 솔루션이다. 이는 콜센터에 유입되는 콜의 내용을 분석하여 실시간으로 경영에 반영할 수 있게 해 주는 것이다.

예를 들어 제조사 A가 신제품 출시를 준비하려고 한다고 하자. 이를 위해 A사는 시장 조사를 실시한다. 소비자 설문 또는 FGI(Focus Group Interview), 델파이(Dephi) 등의 설문 방법을 통해 사용자들이 기존 제품에 대해 어떠한 불만이 있고, 또 앞으로 출시될 제품에 대해서는 어떠한 기대를 하고 있는지 파악한다. 그런데 설문조사에 의한 소비자 성향 분석은 소비자의 의견이 왜곡될 가능성이 무척 높다. 왜냐하면 소비자는 자신이 원하는 것을 잘 모르거나 알더라도 제조사에게 알려주지 않을 수도 있기 때문이다.

그래서 혁신의 대명사 애플의 스티브 잡스는 신제품을 출시할 때 시장조사의 자료보다는 시대의 흐름에 따라 소비자들이 진정으로 원하는 것이 무엇인지 파악하고자 노력한다고 한다. 하지만 SA를 통한 소비자 성향 또는 심리를 파악하면 더욱 정확하게 소비자가 원하는 것을 제품에 반영할 수 있다. 왜냐하면 제조사는 자사의 콜센터에 접수된 소비자들의 진짜 의견이 담긴 통화음성 데이터를 가지고 있기 때문이다. 이를 우리는 VoC(Voice of Customer), 고객의 소리라고 부르는데, 기업 경영에서 매우 중요한 개념이다.

SA가 출시되기 전, 기업 콜센터가 보관하고 있는 콜 데이터는 단순히 상담원의 평가, 관리, 성과를 측정하기 위한, 즉 콜센터를 효율적으로 운영하기 위한 자료를 제공하는 수준에 머물러 있었다. 하지만 우리가 출시한 SA(Speech Analytic) 솔루션은 기업 콜센터가 가지고 있는 통화음성 데이터를 이용하여 다양한 분석과 예측을 통해 소비자의 요구에 최선의 대안을 가지고 대응할 수 있게 해 준다.

예를 들어 스마트폰 제조사 A의 콜센터에 저장된 콜 데이터를 분석해보자. 상담원이 주로 상담한 내용이 제품 배터리의 성능 불만에 대한 것이라면, 상담원은 상담한 콜을 불만 콜로 분류하고 내용은 '배터리'라고 간략하게 기재한다. 관리자에게 보고되는 내용은 불만 콜 수와 콜 내용에 대한 것이다. 하지만 소비자는 배터리뿐만 아니라 제품 디자인에 대한 불만, 경쟁사의 배터리에 대한 정보, 제조사에게 바라는 점 또는 앞으로 출시될 제품에 대해 원하는 내용을 언급했을 가능성이 높다. 이는 콜센터에 전화를 해 본 독자라면 충분히 이해할 수 있을 것이다. 내 경우도 콜센터에 전화를 하면 직접적인 불만뿐만 아니라, 그 동안 제품과 회사에 대해 가지고 있었던 의견을 늘어놓기 때문이다.

또 다른 예는 공공분야에서도 찾을 수 있다. 서울시에서 운영하는 다산 콜센터(120)에 전화를 해 본 경험이 있을 것이다. 시민들은 시에서 운영하는 정보를 알고 싶을 때 또는 시에 건의하고자 할 때 이곳에 전화를 한다. 그런데 사람들이 꼭 한 가지만 이야기를 하는 것은 아니다. 교통 정보를 원하는 시민이 전화를 했다면, 먼저 본인이 원하는 정보에 대한 답을 얻은 후 그 동안 생각했던 서울의 교통에 대한 의견을 흘리듯 남긴다.

이렇게 '숨어있는 고객의 소리(VoC)'는 기업 또는 정부 입장에서 보면 매우 중요한 것이었지만, 그 동안은 고객과의 통화 내용을 활용할 방법이 없었던 것이다. 하지만 SA(Speech Analysis), 통화분석 솔루션을 활용하면 이야기가 달라진다. 즉 SA를 사용하면 대화의 유형이나 단어의 사용 빈도 및 함께 사용되어진 인접단어들의 경향 등을 분석하여 업무에 활용할 수 있는 것이다. 그리고 숨어 있는 고객의 소리(VoC)를 분석하여, 제품 개발 또는 서비스 개선 및 경영 혁신에 반영하여 회사의 유의미한 정책 수립 등에 적극 활용할 수 있다.

이와 같은 빅데이터는 도가적 접근 방식이다. 기존의 불특정 다수를 대상으로 한 설문 방식이나 FGI(Focus Group Interview) 방식은 설문자의 의도를 확인하기 위한 방법이지만, 빅데이터 분석 기술을 활용한 작업은 소비자들의 진정한 욕구를 파악하는 작업이다. 즉, 기업은 보고 싶은 대로 보지 않고, 보이는 대로 볼 수 있는 능력을 갖추게 되는 것이다. 이것이 바로 노자가 이야기한 무위(無爲)에 의한 경영이 아닐까 생각한다.

# 도가에서 무위(無爲)의 경영을 배우다

도는 항상 무위하지만 이루어지지 않음이 없다.
통치자가 만일 그 이치를 지킬 수 있다면 만물은 저절로 교화될 것이다.
교화하려 하거나 의욕이 일어나면
나는 아직 이름이 붙지 않은 순박함으로 그것을 억누를 것이다.

• 《도덕경》 37장

---

## 노장의 가르침에서 문제 해결의 실마리를 찾다

루키스는 2012년 2부문, 5본부, 4지사와 자회사, 관계사 각 1개씩 총 120여 명이 함께 일하는 경제 공동체가 되었다. 효율적으로 조직을 운영하기 위해, 몇 년 전부터 부문제도를 도입하여 운영하고 있다. 부문제도를 도입한 이유는 첫째, 직원들에게 최대한 권한을 위임하여 그들이 책임감을 가지고 회사를 이끌어 가기를 바라는 마음과 둘째, 업무에 따라 부문을 나누어 전문성을 키움으로써 업무 효과를 극대화하기 위함이었다. 그런데 부문제도 도입 후 기대했던 효과와 더불어 부정적인 현상이 나타나기 시작했다. 긍정적 효과보다 더 크게 보이는 부정적 현상은 크게 두 가지였다. 첫째는 부서 간 이기주의에 따른 조직의 경직화였고 둘째는 개인의 업무 또는 지위에 대한 불만 증가였다.

루키스는 중소벤처기업이다. 중소벤처기업에서 가장 어려운 부분은 인력의 운영이다. 청년실업이 사회적 문제라고 하지만 단지 일자리가 부족한 게 아니다. 구인회사와 구직자 간의 미스매칭(mismatching) 현상에서 발생하는 것이다. 그래서 수많은 구직자가 있음에도 불구하고 중소기업은 늘 구인난에 허덕이고 있다. 이러한 어려움은 외부에서 좋은 평가를 받는 우리 회사도 예외는 아니다.

중소기업의 직원들은 대부분 1인다역의 업무를 수행한다. 이는 단기적으로는 기업의 경쟁력을 극대화시키고 장기적으로는 개인의 생존력을 강화시켜 주는 긍정적인 기회를 제공한다. 따라서 중소기업의 조직 유연성은 매우 중요한 경쟁력이다. 하지만 부문제를 도입한 후 중소기업만이 가져야 할 조직 유연성이, 권한과 책임 그리고 전문성이라는 명목 아래 희석되기 시작한 것이다. 각 부문은 자신의 책임과 권한을 구획하기 시작했고, 책임과 권한이 불명확한 업무는 루핑(looping)되기 시작했다. 부서 간 조직 이기주의가 발생, 책임을 지기보다는 회피하고, 나서기보다는 엎드려 관망하는 분위기가 나타나기 시작했다. 난감했다.

둘째 개인들의 업무와 인사에 대한 불만이다. 조직을 나누고 권한과 책임을 부여한다는 것은 '무엇을 무엇'이라고 정의하는 것이다. 그런데 그 순간 '다른 무엇'이 될 수 있는 가능성을 잃어버리게 되는 조직과 개인이 있기 마련이다. 업무에 따라 호불호가 갈리게 되고, 그 자리에 안주하거나 또는 떠나려는 반응을 보이기 시작한 것이다. 이는 앞서 이야기한 것처럼 1인이 다역을 해 줘야 하는 중소기업의 경영자 입장에서는 큰 난관으로 다가왔다.

사실 부문제를 도입하기 전에 이러한 현상이 다소 나타나리라 예상은 했다. 그렇지만 회사의 미래를 위해서 꼭 갖추어야 할 시스템이고, 거쳐야 할 과정이라고 판단했기에 부문제를 도입한 것이다. 기업이 성장하기 위해서는 조직의 정의가 명확해야 하고 이에 따라 개인의 업무도 명확해야 한다. 그래야 조직이 항상성을 가지고 시스템 경영(System Management)을 할 수 있기 때문이다. 그럼에도 불구하고 막상 이러한 현상에 맞닥뜨리니 어떻게 대처해야 할지 난감했다.

이러한 고민에 빠져있을 때, 유무상생(有無相生), 상선약수(上善若水)라는 노자의 가르침에서 해결의 실마리를 찾았다.

### 유무상생하는 Collaboration경영

노자는, 이 세계에 있는 모든 것은 상대와의 관계 속에서 비로소 그것이 되고, 모든 것은 그 상대를 향해 항상 열려 있다고 주장한다. 또한 노자는 대립 쌍들[유(有)/무(無), 장(長)/단(短)]이 서로 꼬여 있음, 즉 나와는 서로 상대되는 것들이 존재함으로써 내가 존재한다는 관계론적 세계관으로 이 세계의 법칙을 설명한다. 역으로 말하면, 대립되는 상대방이 없다면 결국 나의 존재도 있을 수 없다는 것이다. 대립면을 동시에 포착하여 독립적 사고의 폭을 확장하고, 관찰을 통하여 문명의 변화를 재빨리 깨달을 수 있다면 기존 질서를 역전시킬 수 있는 힘을 갖게 된다. 하지만 모순의 공존 관계를 깨닫지 못하면, 자신만의 본질로 꽉 채워져 이 세계를 그대로 받아들일 수 없다는 것이다.

▶ 서로에게 빛이 되는 행복한 공동체를 꿈꾸는 루키스 가족들과 함께

이는 조직의 존재를 기능적으로 인식하고 있는 직원들과 대화를 할 때 큰 도움이 되었다. 너의 존재 그리고 개별 조직의 존재는, 같이 일하는 동료와 다른 조직이 존재할 때 그 가치가 더해진다는 것을 설명하였다. 예를 들면, "영업을 원활하게 할 수 있는 것은, 영업부문이 가장 경계하는 경영지원본부의 엄격한 비용 관리가 있기 때문이다. 그리고 고객지원부서가 존재할 수 있는 것은, 현장에서 고객들에게 최선의 서비스를 제공하는 엔지니어들이 있기 때문이다. 그렇기 때문에 갈등이 있는 부서가 있다면, 서로의 존재를 무시하는 것은 결국 나의 존재를 무시하는 것이므로 서로가 상생할 수 있는 방안을 모색해야 한다."고 주문하였다. 그리고 유무상생 정신을 바탕으로 한 Collaboration 경영을 직원들과 함께 실천하였다.

## 물처럼 만물을 이롭게 하라

내가 겪고 있었던 어려움을 극복할 수 있는 또 하나의 개념은 바로 상선약수(上善若水)였다. 먼저 노자가 상선약수를 설파한 도덕경 8장의 내용을 보자.

> 가장 훌륭한 덕은 물과 같다.
> 물은 만물을 이롭게만 하지 다투지는 않고
> 주로 사람들이 싫어하는 곳에 처한다.
> 그러므로 도에 가깝다.
> 물과 같은 이런 덕을 가진 사람은
> 살아가면서 낮은 땅에 처하기를 잘하고
> 말 씀씀이는 신실함이 넘친다.
> 정치를 한다면 질서 있게 잘하고,
> 일을 할 때는 능력에 잘 맞추며,
> 거동을 할 때는 때를 잘 살핀다.
> 오로지 다투지 않으므로 허물이 없구나.
>
> • 《도덕경》 8장

노자는 가장 훌륭한 덕은 물이라고 주장한다. 물은 형태가 없다. 그렇기 때문에 어떠한 형태에도 적응할 수 있고, 어떠한 상황도 두려워하지 않는다는 것이다. 나는 노자가 이야기한 상선약수의 개념을 받아들여 직원들과 이야기를 나눌 때, 루키스는 물의 본질을 가져야 한다고 강조하였다. 시장은 우리의 관념대로 존재하는 것이 아니다. 우리가 시장을 '그것이다'라고 정의하고 접근하는 순간 시장은 그 형태를 달리한다. 마치 제논의 역설처럼, 아무리 빠르게 움직여도 우리의 관념에는 느린 거북이로 설정된 시장을 절대 따라잡을 수가 없다. 하지만 관점을 바꾸어 우리의 생각, 행동 그리고 조직의 형태가 물이 된다면 어떠한 시장에도 적응할 수 있는, 즉 최고의 경지인 도(道)를 아는 조직이 되는 것이다.

우리 회사는 고객들의 분에 넘치는 사랑으로 콜 모니터링 시장을 선도하는 기업이 되었다. 나는 회사의 성공이 결코 우리의 능력으로만 이루어지지 않은 것임을 가슴으로 느끼고 있다. 하지만 구성원 중 일부는 본인과 조직의 능력만으로 이 위치에 올라왔다고 생각하는 이들이 있다. 이런 직원일수록 업무와 조직에 대한 불만이 많다. 특히 부문제를 도입하면서 이러한 불만들이 더 많아졌다. 왜냐하면 예전에는 업무 구분이 불분명하고 인원이 절대적으로 부족하여, 눈치가 빠르거나 수완이 좋은 사람이 자신을 드러낼 수 있는 기회가 많았고, 또 성장 속도가 자신들의 예상보다 빨랐기 때문에 처우도 기대 수준에 부합할 수 있었다. 하지만 부문제 실시 후에는, 업무가 명확히 구분되면서 더 많은 준비와 절차를 거쳐야 했고, 수익 증가에 따른 실제 분배도 개인의 기대 수준을 만족시키지 못하기 때문이었다.

나는 이러한 직원들에게 회사의 사명 중 하나인 Humble Service에 대해 설명하면서, 노자가 이야기한 상선약수를 얘기해 주었다. 물은 모든 사람들에게 필요한 것이다. 물이 없으면 살아갈 수가 없다. 즉, 모든 사람의 생명을 책임지고 있는 것이다. 그렇지만 물은 어떤 것도 지배하려 하지 않는다. 무엇이라 정의하려고도 하지 않는다. 어떤 것이든 굽이굽이 감싸주고 단지 그것의 형태에 맞추어 흘러갈 뿐이다. 또한 물은 높은 곳에서 낮은 곳으로 흘러간다. 만약 물이 높은 곳에 머물러 있다면 그 물은 곧 메마를 것이다. 그러나 흘러내리는 물은 낮은 곳의 어려움을 보듬고 그 곳에 새로운 새싹이 피어날 수 있는 생기를 준다.

 회사를 설립할 때 세운 Humble Service가 바로 노자가 이야기한 물의 특성과 비슷하기 때문이다. 고객들 위에 서 있지 않으며, 고객들을 무엇이라 정의하지 않고, 고객의 이야기에 유연하게 대응하는 서비스. 고객이 어려움을 겪고 있으면 언제든지 흘러가, 고객의 어려움에 함께 동참하고 그 문제를 해결해 주는 서비스. 그래서 고객과 상생할 수 있는 서비스가 바로 우리가 지향하는 Humble Service의 개념이다.

## 행복한 공동체를 꿈꾸다

최고의 단계에서는 백성들이 통치자가 있다는 것만 안다.
그 다음은 친밀함을 느끼고 그를 찬미한다.
• 《도덕경》 17장

### 먼저 자기를 사랑하라

"자신의 몸을 천하만큼이나 귀하게 여긴다면 천하를 줄 수 있고, 자신의 몸을 천하만큼이나 아낀다면 천하를 맡길 수 있을 것이다." 라는 도덕경 13장에 나오는 문구가 나를 화들짝 놀라게 만들었다. 중소기업 CEO로 나는 직원들의 자아실현을 이루어 주어야 한다는 사명을 갖고 있다. 나는 사람들이 대기업을 선호하는 현실을 부정하진 않지만, 우리 회사가 직원들의 자아실현을 도와줄 수 있다고 믿는다. 그래서 직원들과 많은 대화를 나누고 많은 지원을 하려고 노력하고 있다. 자아실현에 있어 가장 중요한 것은 자중자애(自重自愛), 즉 나를 중요하게 여기고 나를 사랑해야 한다는 것이다. 노자도 이를 무척 강조한다.

탕 임금이 이윤에게 묻기를 "천하를 취하려면 어떻게 해야 하는가?"
이윤이 답하길 "천하를 취하고자 하면 천하는 취할 수 없으니, 취할 수 있다면 몸을 먼저 얻어야 합니다. (중략) 옛 성왕은 먼저 몸을 완성하여 천하를 이루었으니, 그 몸을 다스려야 천하가 다스려집니다. 그래서 좋은 소리는 울림소리에서 나오는 것이 아니고 발성체로부터 나오고, 좋은 그림자는 그림자에서 나오지 않고 형상에서 나오고, 천하를 다스리는 사람은 천하에서 나오지 않고 자기 몸에서 나오는 것입니다."

• 《여씨춘추(呂氏春秋)》

노자는 천하를 위하는 것은 나를 위함으로부터 나온다고 말하였다. 또한 자중자애를 통한 자기배려는 '우리'에 갇혀 있던 '나'를 비로소 해방된 존재, 독립된 주체로 탄생시켜 줄 것이다. 자기를 위하는 사람이라야 자신의 존엄에 대한 자각을 놓치지 않을 수 있고, 자신의 '욕망'을 대면할 수 있다는 것이다.

한국은 세계사에서 유례를 찾아볼 수 없을 정도로 빠른 경제 성장과 민주주의를 이룩한 나라이다. 하지만 양이 있으면 음이 있는 법. 개인, 가족 등의 희생이 밑거름이 되어 이룩한 것이다. 새벽부터 밤늦게까지 직장에서 일하는 아버지를 두고 국가에서는 산업역군으로 칭송했지만, 자신과 가족에게는 일하는 기계일 뿐이었다. 그리고 우리가 누리고 있는 민주주의, 누군가의 부모는 매년 자식의 묘 앞에서 눈물을 흘리고 있다.

우리 회사도 IT 투자의 열풍이 일었던 시기에 설립해, 지금은 최고의 블루칩으로 성장하면서 많은 투자자들로부터 러브콜을 받고 있다. 이러한 성장의 배경에 임직원과 그 가족들의 땀과 눈물이 있음을 잘 알고 있다. 이제 우리 직원들도 정말 큰 신뢰 자본을 형성한 자기 자신에게 감동받고, 자기를 칭찬하며 기쁨과 환희를 누릴 수 있었으면 좋겠다. 정말 잘했다고, 훌륭하다고, 아름답다고, 사랑한다고…. 그 감동으로 자발적 생명력을 마음껏 발휘했으면 좋겠다. 자기를 위해 사는 존재라야 비로소 세계를 책임질 수 있는 능력을 갖는다고 하지 않는가?

## 최고의 리더는 그냥 존재할 뿐

언젠가 오케스트라를 지휘하는 지휘자와 이야기를 나눌 기회가 있었다.

"지휘자님은 곡을 지휘할 때 연주자들과 어떻게 소통하세요? 모든 연주자들과 계속해서 눈을 맞추는 것도 쉽지 않을 것 같은데요?"라는 내 질문에 지휘자는 이렇게 대답했다.

"오케스트라의 연주자들은 지휘자들과 연주 내내 눈을 맞추지 않고, 본인 앞에 있는 악보만을 쳐다봅니다. 그 악보에 그들이 해야 할 연주에 대한 모든 정보가 담겨 있기 때문이죠. 연주자들이 저를 쳐다볼 때는 네 번 정도, 호흡을 조절할 때, 박자와 템포가 바뀔 때, 연주의 시작과 끝을 알릴 때, Tutti(총주: 연주에 참가한 모든 단원이 동시에 연주하는 것)를 할 때입니다. 우리는 연주 내내 각자의 숨소리에 집중합니다. 즉 청각을 활용해 호흡을 맞추는 것입니다. 만약 다른 사람의 숨소리에 집중하지 않으면 오케스트라의 하모니는 무너지게 됩니다. 그리고 이렇게 되기까지 충분한 연습과 교감을 통해 신뢰가 구축되어야 합니다. 신뢰가 구축되면 지휘자의 큰 책임은 연주에 오히려 방해가 될 뿐입니다. 그때 지휘자는 단지 서 있기만 하면 됩니다."

완전한 하모니를 이루기 위해서는 지휘자에게 계속 집중해야 한다는 생각을 가지고 있었던 내겐 매우 생경한 이야기였다. 내가 이 지휘자와 나눈 이야기를 다시 상기시킬 수 있었던 것은 도덕경 17장에서였다.

> 최고의 단계에서는 백성들이 통치자가 있다는 것만 안다.
> 그 다음은 친밀함을 느끼고 그를 찬미한다.
> 그 다음은 그를 두려워한다.
> 그 다음은 그를 비웃는다.
> 통치자가 백성들을 믿지 않기 때문에
> 백성들도 통치자를 믿지 못한다.
> 조심스럽구나! 그 말을 아낌이여.
> 공이 이루어지고 일이 마무리되어도
> 백성들은 모두 "우리는 원래부터 이랬어."라고 하는구나.
> • 《도덕경》 17장

나는 이 가르침을 통해, 구성원 간에 신뢰를 구축하기 위한 조건과 리더로서의 내 역할을 재정립할 수 있었다. 조직이 신뢰를 기반으로 조화롭게 운영되기 위해서는, 지휘자의 말처럼 세 가지 조건이 필요하다. 첫 번째는 오케스트라의 각 연주자처럼 구성원들에게 명확한 역할이 부여되어야 하고 두 번째는 구성원들이 서로의 호흡을 들으려는 경청의 자세가 있어야 하며 마지막으로는 지휘자의 최소한의 움직임이다.

노자는 이를 알고 있었던 것이다. 백성과 통치자들 간의 신뢰가 구축된 나라, 다시 말해 도의 경지를 이룩한 나라에서 백성들은 통치자의 존재만 알고 있을 뿐이다. 통치자는 무위(無爲)로 나라를 다스리고 천하(나라)는 몸(백성)에 의해 이루어지는 것이다.

결국 최고의 오케스트라 연주 원리와 동일한 것이다.

## 혁신과 재미, 오상아(吾喪我)와 소요유(逍遙遊)의 다른 이름

신문이나 경영 관련 잡지에는 시기별로 일하기 좋은 기업의 순위가 발표된다. 약간의 차이가 있기는 하지만 상위에 위치한 기업은 대부분 중복된다. 여기서 우리가 주목할 점은, 좋은 기업의 기준이 시대별로 차이가 있다는 점이다. 2000년대 이전에 일하기 좋은 기업 기준의 우선순위는 연봉, 안정성, 복지 등이었다. 하지만 최근에는 달라졌다. 우선순위의 대표적인 기업으로 Google, Jappose Southwest Airline, IDEO 등인데, 이들 기업 문화의 특징은 혁신과 재미를 추구하여 성과를 내고 있다는 것이다. 물론 다른 기업들도 혁신과 재미를 추구한다. 하지만 가만히 생각해 보면 혁신을 이루어 내고 재미를 느낀다는 것은 결코 쉬운 일이 아니다. 왜냐하면 사람들에게는 기존의 관성에 굴복하려는 특성이 있고, 이는 결국 일의 재미를 반감시키기 때문이다.

우리 회사도 예외가 아니었다. 사내제안제도, 독서캠페인, 루키스 University 등의 제도적 장치와 직원들과의 끊임없는 대화를 통해 혁신과 재미를 강조하지만 그 성과는 늘 기대에 미치지 못했다.

무엇이 잘못되었을까? 이러한 고민에 답을 준 개념이 바로 오상아(吾喪我)와 소요유(逍遙遊)이다. 그럼 먼저 노장사상에서 이야기한 개념에 대해 살펴보자.

오상아를 직역하면 "내가 나를 죽인다."는 극단적인 표현이다. 달리 표현하면 자기를 부정한다는 것이다. 자기를 부정한다는 것은 자기 생각을 버릴 줄 알고, 변형시킬 줄 알며, 찌그러뜨릴 줄 아는 것이다. 결국은 자기 부정을 통하여 자기 함량을 극대화할 수 있다는 가르침이다.

예를 들어, 최고의 권력자가 "그 동안 너의 삶이 잘못 되었으니 이를 부정하고 새로운 삶을 살아야 한다, 이를 따르지 않을 경우 큰 벌을 받게 될 것이다."라고 강요한다면 권력자의 요구에 따를 것이다. 그렇지만 이러한 외부의 압력이 없는 상태에서 자기를 부정할 수 있는 사람은 드물다. 그렇다면 이렇게 어려운 오상아를 장자는 왜 강조했을까?

그 이유는 오상아를 통해 모순의 경계에 서서 불안과 긴장을 감당할 수 있는 힘, 즉 용기와 감각, 대립 면을 동시에 포착하여 유무상생을 실현할 수 있는 힘을 갖출 수 있게 되기 때문일 것이다. 인간은 자기(自己)로 말미암을 때, 자기를 키울 때 비로소 자유로워지고 행복해진다. 강제로 시켜서 하는 일은 어느 한계에 도달하면 성장이 멈추어 버린다. 이념과 신념이 진리가 되고 체계화되어 굳어져 버리면, 구속당하고 변화에 대응하는 능력이 떨어지게 된다는 것이다. 장자는 구속이 없는 절대의 자유로운 경지에서 노니는 것을 소요유(逍遙遊)라 설명하는데, 인간은 놀이할 때 비로소 창의성 발현이 극대화되고 활동성이 폭발적으로 증대된다고 말하고 있다.

인간은 주체성을 확보하여야 주도적 삶을 살아갈 수 있다. 그런 사람들이야말로 장자가 이야기하는 소요유의 경지에 도달할 수 있을 것이다.

정리하면, 근래에 일하기 좋은 기업으로 뽑힌 기업들의 특징인 혁신과 재미는 장자가 추구한 오상아(吾喪我)와 소요유(逍遙遊)의 개념의 다른 표현인 것이다. 즉, 관성에 의해 움직이려고 하는 개인과 조직의 관성을 부정하고 주체적인 삶을 통해 궁극의 경지인 놀이에 도달할 수 있다는 것이다. 나는 루키스가 이러한 회사가 되기를 진심으로 바라며, 모든 임직원들이 함량 있는 놀이에 동참하기를 바라고 또 바란다. 나 역시 그에 헌신할 것이다.

2012년 수요포럼에 입문하여 도가의 길을 함께 걸으면서 많은 영향을 받았다. 급변하는 시대에 도가 철학을 어떻게 적용해야 하는지 가늠할 수 있었다. 나는 직원들의 꿈 너머 꿈을 볼 수 있다는 희망을 품었고, 꿈의 행진을 할 수 있는 지혜와 용기를 가지게 되었다.

'선한 영향력'으로, 직원들과 함께 험난한 길을 힘차게 걸어 나아갈 수 있는 자양분을 마련한 것이다.

# 동행(同行), 함께 가야 멀리 간다

하영목

1. 내 인생의 가장 힘들고 보람 있었던 1년
2. 새로운 변화를 실험하다
3. 도가의 경영 철학
4. 자기를 이기는 경영

# 내 인생에서 가장 힘들고
# 보람 있었던 1년

이 세상에서 가장 부드러운 것이 이 세상에서 가장 강건한 것을 부린다.
형태가 없는 것은 틈이 없는 곳으로도 들어간다.
나는 이런 이치로 무위가 얼마나 유익한 것인지를 안다.
불언으로 하는 가르침이 얼마나 효과가 있고,
무위가 얼마나 유익한지 세상에 아는 이가 거의 없구나.

• 《도덕경》 43장

## 세상에서 가장 어려운 것, 경영

2011년 12월 1일, 정녕 잊지 못할 날이었다. 나는 평소 꿈을 잘 꾸지 않는데, 이 날은 강력한 후보들 속에서 유일하게 승진하는 꿈을 꾸었다. 임원 인사를 눈앞에 두고 있었기에 은근히 기대감을 갖게 되었다. 사장실에서 연락이 왔다. '꿈이 현실이 되는 걸까?'라는 기대는 금세 깨졌다.

"자회사로 발령을 내려고 하는데, 어떻게 생각하느냐?"는 사장님의 말씀에 당혹스러웠다. '승진'과는 거리가 멀게 느껴지는 인사였다. 고생문이 훤한 곳이었기 때문에 마음이 편치 못했다. 결론부터 말하자면, 이 일을 계기로 나에게는 새로운 세계가 열렸다. 지금까지와 전혀 다른 새로운 시각으로 경영을 실험해 볼 수 있는 좋은 기회가 된 것이다. 하지만 지난 1년이 내 인생에서 가장 힘든 시간이었다는 것도 부정할 수는 없다.

2012년부터 200명 규모의 자회사에서 경영을 시작했다. 5년 전 M&A(인수 합병) 과정을 통해 편입되었는데, 지난 4년 동안 경영 상태가 악화되어 누적 적자가 큰 폭으로 늘어났다. 설상가상으로 회사에 대한 불만과 불신 때문에 직원들의 30%(약 60명) 정도가 회사를 떠났고, 힘들어 하는 직원들은 프로젝트 중에도 사표를 냈다. 나는 직원들의 손을 붙잡고 더 나은 성공을 위해 일해 달라고 쿨한 모습을 보였지만 정말 힘들었다.

사업을 하는 사람들에게 "세상에서 가장 어려운 것이 무엇인가?"라고 묻는다면 사람마다 입장이 다르긴 해도 '경영'이라고 대답하지 않을까? 경영은 인간을 움직여서 '변화'라는 작품을 만들어내는 창조 행위에 가깝다. 경영을 잘하기 위한, 다른 사람을 움직일 수 있는 힘은 자기를 다스릴 줄 아는 데서 기인하는 것이다. 그래서 '경영'이 어렵다고 말하는 것이 아닌가 싶다.

사실 나는 ERP업계에서는 베테랑급이라고 할 수 있다. 기업이 조금씩 커지게 되면 보이지 않는 일들이 늘어난다. 그래서 업무의 가시성이 떨어지게 된다. 중요한 의사결정을 하는 데 필요한 정보가 불투명해서, 뿌연 안개처럼 앞을 가리기 때문에 암중모색하게 된다는 것이다. 회사 안의 이런 업무들을 하나의 통합된 시스템으로 관리할 수 있도록 만들어 주는 업무가 ERP(Enterprise Resources Planning)이다. 아마도 기업 혁신에 가장 공헌도가 높은 분야일 것이다.

그런데 본사에서 근무할 때 좋은 성과를 낸 사람도, 자회사와 같은 하위 조직으로 내려오면 모든 업무 관계가 달라진다. 대기업이 가지고 있는 경영 인프라와 자원을 가지고 일을 하는 것과 영세한 중소기업 수준의 조건에서 일하는 것은 큰 차이가 있을 수밖에 없다. 그래서 대기업에서 성공한 임원도 중소기업에서는 실패하는 경우가 많다고 한다. 물론 반대의 경우도 있겠지만, 나는 지난 1년 동안 이런 차이를 여실히 경험하게 되었다.

## 지식 기반 기업 경영자의 고민

작년 5월에 있었던 일이다. 한 직원이 PM(Project Manager)을 맡아 몇 사람과 함께 팀을 꾸리고 프로젝트를 진행했다. 그런데 일이 마무리되기 두 달 전에 회사를 나가겠다고 했다. 더욱 기가 막혔던 것은, 지금 진행하는 프로젝트에서 프리랜서로 일할 수 있도록 소속을 바꾸고 싶다는 것이다. 일이 성공적으로 끝난 상황이었다면, 좋은 일이 될 수도 있었다. 하지만 오픈을 두 달 남겨 놓고 프리랜서로 바꿔달라는 것은 윤리의식 없는 '양아치'의 행태와 다를 바 없었다. 게다가 그는 본인이 받아갈 금액까지 제시하고, 요구한 금액에서 일원이라도 뺀다면 프로젝트에서 빠지겠다고 위협을 했다. 이런 상황에서도 회사는 그의 뜻을 수용해야 했다.

고객은 PM이 필요하다고 계속 요청했기 때문이었다. 그리고 오픈이 두 달밖에 남지 않았는데 어떻게 PM(Project Manager)을 바꿀 수 있겠는가!

지식을 기반으로 일을 수행하는 전문가 집단은 매우 개인적으로 일을 할 수밖에 없다. 이들을 통제하고 감시하는 것은 업(業)의 특성상 적절하지 않다. 과거 노동을 기반으로 일을 할 때와는 상황이 완전히 다르다. 그래서 지식 기반 기업의 경영자는 이런 행동을 하는 직원 때문에 항상 골치를 썩는다.

그래서 경영자는 항상 중심을 잡고 개인이 추구하는 가치와 회사의 가치가 충돌할 때 이를 잘 조율할 수 있어야 한다.

또 현장에서 직원들 각자가 CEO처럼 스스로 판단하고 책임감을 가지고 일할 수 있도록 도와주어야 한다. 직원들에게 건전한 1인 기업가 정신을 키워줌으로써 윤리의식을 갖추게 하고, 기회가 되면 독립하되 기존 조직과 함께 갈 수 있는 방법을 열어주는 일이 필요하다. 그리고 전문적인 능력을 이유로 회사에 피해를 주는 행위가 마치 다른 직원들에게 영웅적인 모습으로 비쳐지는 것도 경계해야 할 일이다.

# 새로운 변화를 실험하다

적을 잘 이기는 자는 적에 맞서 싸우지 않고
사람을 잘 부리는 자는 그들을 위해 자신을 낮춘다.
이것이 싸우지 않는 덕이라고 하는 것이고
이것이 사람을 부리는 힘이라는 것이며
이것이 천도에 부합하는 궁극적인 방침이라는 것이다.

• 《도덕경》 68장

---

## 위대한 리더는 소크라테스에 가깝다

직원들이 하나 둘씩 떠나는 모습을 지켜보며 나는 큰 충격을 받았고, 심경에 변화가 일어났다. 그 시기에 인문의 숲을 만나고 도가 철학을 공부하게 된 것은 정말 행운이었다. 도가 철학은 질문하는 경영을 하도록 도와주었다. 나는 스스로 "탁월한 성과를 만들어 낸 '경영자'는 누구일까?" 질문했다.

스티브 잡스는 "만일 소크라테스와 점심식사를 할 수 있다면 우리 회사가 가진 모든 기술을 그와 바꾸겠다."라고 했다. 그는 과연 어떤 대화를 원했기에 애플의 모든 기술을 줄 수 있다고 했을까?

그리고 현대 경영학에 지대한 영향을 주고 있는 짐 콜린스는, 지난 30년 동안 포춘지가 선정하는 500대 기업에 오른 1,435개의 기업을 5년 동안 심층 분석한 결과, 위대한 기업을 일구어낸 경영자들은 모두 '소크라테스식 질문법'의 달인이었다고 하였다. 그래서 그는 "위대한 리더는 시저보다 소크라테스에 가깝다."고 했다.

실제 피터 드러커와 찰스 핸디는 이 질문법을 경영학에 접목해 전설이 되었고, 금세기에 가장 큰 성공을 거뒀다고 평가받는 잭 웰치와 스티브 잡스, 이건희는 경영현장에 적용해 기업의 역사를 새로 썼다.

진정한 경영이란 뭘까? 진정한 경영은 새로운 문화, 새로운 역사를 만든다. 그리고 '사람'이 중심이 된 조직을 통해 이루어진다. 궁극적으로 경영자는 소크라테스, 공자, 노자처럼 시공을 초월하는 삶을 사는 것이다. 물론 이분들은 철인이지 경영자는 아니라는 반론도 있겠지만, 나는 이렇게 답하고 싶다.

"모든 경영인의 꿈은 인류 역사의 마지막까지 존속하는, 지속 가능한 기업을 만드는 것이다. 이는 영원에 가까운 회사로서 인간의 마음속에 존재하는 것이다. 소크라테스와 공자, 노자는 인류의 마음속에 지속 가능한 상태로 남아, 영원에 가까운 세계를 세운 사람들이다. 그렇기 때문에 진정한 경영을 꿈꾸는 사람이라면 그들처럼 사는 삶을 지향해야 한다."

## 성과를 내려면 배워야 한다

나는 고민하고 또 고민했다. 그리고 두 가지로 결론을 내렸다.

첫째, 경영자의 가장 큰 책임은 무엇인가? 고민의 종착역은 "성과를 내는 데 실패하는 것이다." 이 말은 경영의 구루라고 불리는 피터 드러커가 지적한 내용이다. 포춘지에 언급된 100대 기업조차도 성과 달성에 실패하면, 시장에서 사라지는 냉엄한 현실이다. 성과에 책임지는 경영자로 남아야 한다.

물론 나는 우리 회사의 특성상 최고 경영자가 모든 것을 결정하지 않는다는 것을 잘 알고 있다. 그렇기 때문에 더욱 현장에서 의사 결정을 주도하는 직원들이 CEO 마인드를 가지고 주체적으로 일할 수 있게 돕는 것이, 내 역할이라는 생각을 갖게 되었다. 그래서 탁월한 성과를 이루면, 시장에서의 존재감은 커지게 될 것이다.

둘째, 직원들이 떠나더라도 교육을 시켜서 보내자는 생각을 했다. 그래야 우리가 일하는 생태계에 변화가 올 수 있다고 판단했다.

## 사무실 이전, 행복한 일터를 꿈꾸다

지난해 6월 18일, 회사 사무실을 이전했다. 강남 도곡동에서 강북 명동으로 이사를 한 것이지만, 비용을 줄이기 위해서가 아니었다. 처음 회사에 부임했을 때, 무엇보다 사무실이 답답했다. 공간은 비좁고 층마다 직원들이 나뉘어 근무하다 보니, 상호 교류가 별로 없었다. 친밀감을 공유할 수 있는 공간도 부족해서 소통의 어려움이 많았다. 가끔 '면접을 보기 위해 우리 사무실에 내방하는 예비 직원들이 이런 환경을 보면서 뭘 생각했을까'라는 생각이 들기도 했다. 물론 우리가 파트너로 같이 협업하는 고객들 중에는 열악한 공장에서 지내시는 분들도 많다. 공장 내에서는 전투화처럼 생긴 신발과 작업복을 입고 일을 한다. 외부 손님이 오더라도 사무실 환경에 대해서 크게 신경 쓰는 것 같지는 않았다.

그렇지만 나는 과감히 사무실 이전을 단행했다. 직원들에게 좀 더 쾌적한 업무공간과 휴식 공간(café 도란도란), 배움의 장소(Guru 터 기)를 주고 싶었기 때문이다. 내 뜻을 알고 직원들은 정말 좋아했다. 자기가 집 사서 이사하는 것만큼이나 설렌다는 말에 가슴이 뭉클하기도 했다.

얼마 전 본사에서 상사가 사무실에 들러 전에 쓰던 건물보다 비용이 얼마나 추가되었느냐고 옆에 있던 재경담당에게 물었다.

"이사하면서 약 7억 정도 들었고, 연간 4억 정도가 추가로 발생하게 된다."는 대답에 "분발하소."라고 짤막한 한마디를 남겼다. 작년에 14억의 적자를 내고, 우후죽순처럼 직원들이 떠난 아픔과 상처가 많은 곳인지라, 상사의 이 짤막한 한마디가 큰 무게로 다가왔다.

처음에 이사를 하자고 제의했을 때, 재경담당은 추가적인 재원 확보 없이 이사를 하는 것은 어렵다고 했다. 그러나 나는 돈을 벌어 이익을 남기는 것도, 회사가 직원들에게 행복한 일터가 되고 건강한 조직이 되어야 할 수 있는 일이라고 믿었기 때문에 이사를 결정한 것이다. 물론 닭이 먼저냐? 달걀이 먼저냐? 논란이 있을 수 있다. 그 동안 이익을 내지 못했기 때문에 더 나은 공간을 만들지 못했다고 할 수도 있다. 하지만 기업의 성과는 사람을 통해서 만들어진다. 그렇기 때문에 나는 직원들의 성장과 배움이 있는 행복한 일터를 만드는 경영을 실천해 보고 싶었다. 게리 해멀의 '미래 경영'에서 자극을 받아, 성과에 실패하지 않기 위해서라도, 새로운 변화를 일으킬 경영 플랫폼을 실험해 보고 싶었다.

**도가에서 배운 경영, 흑자로 전환되다**

그리고 1년이라는 시간이 흘렀다. 많은 변화가 생겼다. 지난 4년간 만성적으로 발생하던 적자가 빠른 시간에 흑자로 전환하는, 새로운 기조가 만들어졌다. 직원들과 서로 합의한 목표도 초과달성하여 자신감을 얻는 계기가 되었다. 새로 옮긴 사옥에서, 회사 사명까지 바꿨다. 배움의 장소 Guru터기를 통해 시대를 가르는 구루들이 쏟아지기를 소망했던, 내 간절한 마음처럼 사내 공간을 활용하는 직원들이 부쩍 늘어났다.

나는 이러한 변화를 지켜보며, 직장은 경영자와 직원이 '동행'하는 관계로 발전되어야 한다는 것을 깨달았다. 먼 길을 동행하려면 끈끈한 파트너십이 형성되어야 한다. 서로가 서로에게 위협이 되어서는 먼 길을 같이 갈 수가 없다. 서로에게 애정이 깃들 수 있도록, 서로를 성장시켜 주어야 할 책임이 있는 것이다.

회사는 '조직을 위한 사람'이 아니라 '사람을 위한 조직'을 통해, 삶의 무게를 함께 나누는 조력자가 되어야 한다.

무엇보다 지난 1년간 수요포럼 인문의 숲, '리더, 도가에서 길을 찾다' 수업에 참석하면서 많은 도움을 받았다. 어느 때보다 절박감이 커서인지 한 주 한 주 강의에 임할 때마다, 나 자신을 돌아보고 더 큰 경영의 지혜를 배우게 되었다. 노장 철학은 이론보다는 생명 그 자체를 좋아한다. 생명 없는 질서보다는 생명 있는 무질서를 사랑했다. 죽어 있는 질서보다 살아 움직이는 무질서가 훨씬 인간적이고 생명력이 있다는 장자의 통찰은, 사람이 중심이 되는 조직을 위한 가장 적절한 지적이 아닌가 생각한다.

# 도가의 경영 철학

사람에게는 사색보다도 공부하는 것이 더욱 중요하다. 그런데 공부를 잘하려면 좋은 환경에 좋은 방법을 써야 한다. 아무리 홀로 발돋움해 봐도 높은 곳에서 바라보는 것만큼 널리 바라보이지 않는 것처럼, 학문도 좋은 환경에서 크게 발전한다.

• 《순자》 권학편, 을유문화사

## 사람은 나면서부터 무리를 이룬다

조직이 체계적인 틀을 갖추기 위해서는 사람을 먼저 이해하는 것이 중요하다. 순자는 인간의 본성에 대해 공자의 의견을 따르지 않고 오히려 노자의 주장을 받아들였다. 인간의 본성은 욕망에 따라 자신의 이익을 위하는 쪽으로 흘러가기 때문에, 조직공동체의 유익과 번영을 위해서는 학문이 필요하다고 주장했다.

왜 이런 주장을 하는 걸까?

"푸른 물감은 쪽풀에서 얻지만 쪽풀보다 더 파랗고, 얼음은 물로 이루어졌지만 물보다 더 차다. 나무가 곧아서 먹줄에 들어맞는다 하더라도 굽혀 수레바퀴를 만들면 굽은 자에 들어맞게 되고, 비록 바싹 마른다 하더라도 다시 펴지지 않는 것은 굽혔기 때문이다. 나무는 먹줄을 따르면 곧아지고

쇠는 숫돌에 갈면 날카로워지는 것처럼 군자도 널리 배우며 매일 자기에 대해 생각하고 살피면 앎이 밝아지고 행동에 허물이 없을 것이다.

그러므로 높은 산에 올라가 보지 않으면 하늘이 높은 것을 알지 못하고, 깊은 계곡 가까이 가보지 않으면 땅이 두터운 것을 알지 못하며, 옛 임금들이 남긴 말씀을 듣지 못한다면 학문의 위대함을 알지 못할 것이다. 오나라 월나라 오랑캐의 자식들도 태어났을 때는 같은 소리를 내지만 자랄수록 풍습이 달라지는 것은 가르침이 다르기 때문이다."

순자는 이같이 말하면서 인간의 기본 품성은 학문을 함으로써 교화되어질 수 있다고 강조하였다. 또한 순자는 인간의 사회성을 중시하여, 국가나 정치 제도도 모두 사람들을 잘 모여 살게 하기 위한 것이라는 생각을 가지고 있었다.

그래서 "하늘이 백성을 낳은 것은 임금을 위한 것이 아니며, 하늘이 임금을 세운 것은 백성을 위한 것이다."라고 말했다.

경제적으로는 "부유하지 않으면 백성들의 감정을 길러 줄 수 없다."라고 하여 청빈만을 고집하기보다는 부국을 강조하고, 실제적인 방법으로 "생산에 힘쓰면서 절약해 쓰는 것"을 주장하였다. 이런 순자의 견해는 내게 깊은 감동을 주었다.

과거와 달리 현재의 조직은 자기가 알고 있는 지식을 기반으로 업무를 수행한다. 이런 지식 근로자들은 조직 안에서 공동으로 추구하는 조직의 가치를 알아야 그에 걸맞은 행동을 할 수 있다. 또한 조직의 목표가 있어야, 그에 부합하는 실행을 하게 된다. 이를 위한 교육과 가르침, 그리고 깨달음이 있을 때, 비로소 스스로 행동할 수 있지 않겠는가!

## '오독(汚瀆)' 속의 삶을 즐기는 장자

《장자》 잡편의 '열어구'에는 재미있는 이야기가 많이 기록되어 있다. 자신의 영달을 뽐내는 동향 사람에게 장자는 "세상의 부귀는 권력자의 엉덩이에 난 종기를 빨아내는 짓과 같은 정신의 굴욕으로 얻게 마련이다."라고 일갈했다고 한다. 장자는 비록 벼슬도 하지 않고 가난하였으나, 굴욕을 감수하며 부귀를 쫓아 발버둥 치는 행위를 조크로 응징했던 것이다.

누구나 직장 생활을 하다 보면 조직 안에서 많은 부침이 있기 마련이다. 그 고비마다 결정적 선택을 하거나, 정신적 굴욕을 견디어야 하는데, 장자의 일화는 큰 교훈을 준다.

장자는 집이 가난하여 김하후에게 곡식을 얻으러 갔다. 김하후가 말하였다. "그럽시다. 내가 영지의 세금을 거둬들인 다음 선생에게 삼백 금을 빌려 드리도록 하겠습니다. 괜찮겠습니까?"
장자는 성이 나 얼굴빛이 변하면서 말하였다.
"내가 어제 이곳을 오는데 도중에 나를 부르는 자가 있었습니다. 내가 돌아다보니 수레바퀴 자국 가운데의 붕어였습니다. 내가 붕어에게 물었습니다. '붕어야, 너는 무얼 하고 있는 거냐?' 붕어가 대답했습니다. '저는 동해의 물결 속에 노닐던 놈입니다. 선생께서 한 말이나 몇 되박의 물이 있거든 제게 부어 살려주십시오.' 내가 말했습니다. '그러지. 내 남쪽으로 가서 오나라와 월나라의 임금을 설복시켜 서강의 물을 끌어다가 너를 마중하도록 하겠다. 괜찮겠느냐?' 붕어는 말했습니다. '저는 제가 늘 필요한 물을 잃고 있어서 당장 몸 둘 곳이 없는 것입니다. 저는 한 말이나 몇 되박의 물만 있으면 사는 것입니다. 선생께서 말씀하시는 대로 하다가는 차라리 저를 건어물전에 가서 찾는 편이 옳게 될 겁니다.'라며 성이 나서 얼굴빛이 변합디다."

• 《장자》 외물편, 김학주 옮김, 연암서가

장자의 세속적인 생활을 그 자신이 정확하게 표현했듯 '오독(汚瀆) 속의 인생'이었다. 그는 오독 속에서도 해학을 즐기는 방법을 알고 있었다.

### 오상아(吾喪我)의 기쁨

나는 장자가 말한 오상아(吾喪我)에 전율했다. '내가 나를 장사 지낸다.' 이 말은 자살하라는 것이 아니라, 오히려 황홀한 삶을 누리라는 말이다. 자신을 죽인 이후에야 비로소 다른 사람을 온전히 받아들일 수 있고 더 큰 뜻을 이룰 수 있다는 의미이기도 하다. 큰 나무일수록 새들이 와서 둥지를 틀고 사는 법이다.

남곽자기가 안석에 기대어 앉아서 하늘을 우러러 긴 숨을 내뿜고 있는데, 멍한 것이 그 자신조차도 잃고 있는 듯하였다. 모시고 있던 제자(안성자유)가 그 앞에서 시중 들고 있다가 말하였다.
"어째서 그러고 계십니까? 몸은 본시부터 마른 나무처럼 만들 수가 있는 것입니까? 마음은 본시부터 불 꺼진 재처럼 만들 수가 있는 것입니까? 오늘 안석에 기대고 계신 모습은 전날 안석에 기대고 계셨던 모습과 다릅니다."

자기가 말하였다.

"언아, 질문 참 잘하였다. 지금 내가 나 자신을 잃고 있는 것을 너는 알았느냐? 너는 사람들의 피리 소리는 들었겠지만 땅의 피리 소리를 듣지 못했을 것이다. 또 땅의 피리 소리를 들었다 하더라도 하늘의 피리 소리는 듣지 못했을 것이다."(중략)

"대지가 기운을 내뿜는 것을 바람이라 말한다. 이것이 일어나지 않으면 그뿐이지만, 일어나기만 하면 모든 구멍이 성난 듯 울부짖는다. 그대만이 그 쌩쌩 부는 소리를 듣지 못하겠는가? 산 숲이 높다란 것과 백 아름되는 큰 나무의 구멍들이 코와도 같고 입과도 같고 귀와도 같으며, 목이 긴 병과도 같고, 술잔과도 같고, 절구통과도 같고, 깊은 웅덩이 같은 놈에 얕은 웅덩이 같은 놈도 있다."(하략)

• 《장자》 제물론편, 김학주 옮김, 연암서가

이 우화에서 구멍은 인간이나 사물의 덧없음을, 소리는 시비를 일삼는 사고나 언설을, 바람은 좀처럼 포착하기 힘든 도를 나타내고 있다. 장자가 말하는 오상아의 의미는, 아직도 어떤 '가치'에 묶여 있는 나를 죽임으로써 새로운 나를 찾게 된다는 뜻이기도 하다.

얼마 전 회사 내부 매니저(Manager) 워크샵을 가졌는데, 핵심 사항은 "회사에서는 매니저 마인드를 가진 리더가 정말 필요하다. 그렇다면 매니저 마인드를 가진 리더로 어떻게 성장할 수 있는지? 또 매니저와 워커(Worker)와의 차이점은 무엇인지?"를 놓고 피터 드러커의 생각을 듣는 시간이 있었다.

매니저 마인드의 핵심은 '공헌력'에 달려 있고, 일에 대한 올바른 태도에서 출발한다. 내가 하는 일이 내 명성과 나만의 성공을 향해 초점이 맞춰져 있다면, 자신이 속해 있는 조직에서 '공헌력'을 발휘하기 어려울 것이다. 그렇다면 과연 '일에 대한 올바른 태도'란 어떤 자세여야 하는가? 일은 성과로 말할 수 있어야 한다.

피터 드러커는 "조직은 평범한 개인의 합을 뛰어넘는 비범한 성과를 올릴 수 있어야 한다."고 하면서 "비범한 성과를 올리기 위해 조직 내의 일하는 방법은 영원한 계주 게임과 같아야 한다."고 하였다. '기회'의 주자가 경쟁자보다 반 발이라도 앞선 상태로 바통을 '작업' 주자에게 넘겨주고, '작업' 주자는 최선을 다해 뛰면서 이를 완수하고, 그 안에서 또 다른 '기회'를 찾아 다른 '작업' 주자에게 바통을 넘겨주는 릴레이를 통해 회사의 성과를 높여 갈 수 있다는 것이다.

성과를 내기 위해서는 '문제'에 자원을 투입하지 않고, '기회'에 투입해야 한다. 결국 장자가 말하는 '오상아'를 일상에서 자신의 업무에도 적용해 볼 수 있는 것이다.

죽음 직전까지 가 본 사람은 대부분 후회하며 자신에게 "왜, 그렇게 살았지?"라고 묻는 경우가 많다고 한다. 과거의 나는 매일 죽고, 내 안에 새로운 나를 탄생시킬 때 그야말로 기적 같은 경험을 하게 될 것이다. 나 역시 그러했기에 자신 있게 말할 수 있다.

**황해의 신 우화에서 분수를 알아차리다**

황해의 신에 대한 이야기는, 하백(河伯)이 황하(黃河)가 범람하는 가을 홍수를 본 뒤 북해약(北海若)과 나누는 문답으로 시작된다.

가을철이 되면 물이 불어난 모든 냇물이 황하로 흘러든다. 그 흐름은 커서 양편 물가 언덕의 거리가 상대편에 있는 소나 말을 분별할 수 없을 정도이다. 그리하여 황하의 신은 흔연히 기뻐하며 천하의 아름다움이 모두 자기에게 갖추어져 있다고 생각하면서, 흐름을 따라서 동쪽으로 가 북해에 도착하였다. 그곳에서 동쪽을 바라보았으나 물가가 보이지 않았다. 이에 황하의 신은 비로소 그의 얼굴을 돌려 북해의 신 약을 우러러보고 탄식하면서 말하였다.
"속담에 백 가지 도리를 알고는 자기만한 사람은 없다고 생각하는 자가 있다고 하였는데 나 같은 사람을 두고 한 말인 것 같습니다. 또한 나는 일찍이 공자의 넓은 지식을 낮게 평가하고, 백이 같은 절의를 가볍게 여기는 이론을 듣고서 이제까지 믿지 않고 있었습니다. 지금 나는 선생님의 끝을 알 수 없는 모습을 보고서야 그런 것같이 느껴집니다. 내가 선생님의 문하로 찾아오지 않았더라면 위태로웠을 것입니다. 나는 오랫동안 위대한 도를 터득한 사람들에게 비웃음을 받게 되었을 것입니다."
북해의 신 약이 말하였다. "우물 안의 개구리에게 바다에 대해 얘기해도 알지 못하는 것은 공간의 구속을 받고 있기 때문이다. 여름 벌레에게 얼음에 관한 얘기를 해도 알지 못하는 것은 시간의 제약을 받고 있기 때문이다. 비뚤어진 선비에게 도에 관하여 얘기해도 알지 못하는 것은 가르침에 속박되어 있기 때문이다. 지금 당신은 물가를 벗어나 큰 바다를 보고서야 당신의 추함을 알게 되었다. 당신은 이제야 위대한 도리를 얘기하면 이해할 수 있게 된 것이다.(하략)"

• 《장자》 추수편, 김학주 옮김, 연암서가

참으로 놀라운 지혜가 아닐 수 없다. 어찌 "빈 수레가 요란하다.", "벼는 익을수록 고개를 숙인다."는 속담에 비하랴. 하백과 북해약의 문답이 큰 깨달음으로 다가왔다. 귀천 대소의 차별은 구분하면서 비롯되며, 이에 구애되면 진실로부터 멀어지므로 만물을 차별하지 않고 평등하게 감싸면서 작은 지견을 버려야 한다는 것을 알게 되면서, 나는 직원들을 더 잘 이해하고 보듬을 수 있을 것 같았다.

## 이명(以明), 경계에 서서 혁신을 추구하다

이명(以明)은 경계에 서 있다는 말인데, 경계에 서 있는 사람은 예민함과 평정심을 유지하는 자세로 자신과 세상을 대한다. 나는 이 대목을 배우면서 '관포지교(管鮑之交)'가 생각났다. 관중(管仲)과 포숙아(鮑叔牙)의 남다른 우정에 대해서 잘 알고 있을 것이다.

관중은 귀족의 후예였으나, 그가 태어났을 때는 이미 몰락한 상태여서 청년시절을 빈곤하게 보냈다. 젊은 시절부터 생계를 위해서 장사를 하며 떠돌아 다녔다. 관중은 어려운 가정 형편에도 총명하고 배우기를 좋아했으며, 큰 꿈을 가지고 있었다. 그래서 학문과 무예를 익히고 병법을 깊이 연구하였다. 관중은 자기를 낳아 준 사람은 부모이지만 자기를 알아준 사람은 포숙아라고 하면서 다음과 같이 고백하였다.

"내가 초년에 어려울 때 일찍이 포숙아와 장사를 하였다. 장사를 해서 생긴 이익을 나눔에 있어서 내가 많이 차지하였는데도 포숙아는 나를 욕심이 많은 사람이라고 생각하지 않았다. 내가 가난한 것을 알고 이해해 주었기 때문이다.

나는 일찍이 포숙아를 위해 일을 꾸몄으나 도리어 더욱 어렵게 되었음에도 불구하고 포숙아는 나를 어리석다고 여기지 않았다. 왜냐하면 일을 하다가 보면 유리한 경우도 있고 불리한 경우도 있다는 것을 이해해 주었기 때문이다.

나는 일찍이 세 차례나 벼슬길에 올랐으나 세 번 다 군주에게 쫓겨났다. 그러나 포숙아는 내가 모자란 사람이라고 여기지 않았다. 내가 때를 못 만났다고 이해해 주었다. 나는 일찍이 세 번 전쟁에 나가 세 번 다 도주하였다. 그런데 포숙아는 나를 비겁하다고 여기지 않았다. 나에게 노모가 있음을 이해해 주었기 때문이다."

- 《사기》 관안열전

포숙아는 늘 어려운 처지에 놓여 있는 관중을 진심 어린 마음으로 관중의 입장에서 대해 주었다. 생의 위험한 순간이 그들에게도 있었다.

장사를 하던 관중과 포숙아는, 마침내 제나라 희공의 인정을 받게 되었다. 제나라 희공은 공자 규를 좋아해서, 관중과 소홀을 공자 규의 스승으로 삼고, 포숙아는 공자 소백의 스승으로 삼았다. 포숙아는 내키지 않아 병을 청하여 나가지 않으려 하였으나 관중은 포숙아에게 공자 소백의 스승이 될 것을 설득하였다. 제나라 희공이 죽고 뒤를 이은 양공은 실정을 거듭하다 살해당하고 제나라에는 내란이 일어났다. 이미 학정을 피해 각자의 공자를 모시고 도피해 있던 두 사람은, 자신이 보좌하는 공자를 군주에 앉히기 위해 숙명의 전쟁을 벌이게 된다.

전쟁은 포숙아가 보좌하던 소백, 즉 환공의 승리로 끝났다. 권력 투쟁에서 진 공자 규와 관중의 운명 앞에는 죽음이 기다리고 있었다. 공자 규는 죽음을 당했다. 관중이 죽을 차례였다. 이때 포숙아는 자기를 재상으로 앉히려는 환공을 설득해서, 관중을 재상으로 적극 천거하였다. 포숙아는 관중의 다섯 가지 장점을 들며 다음과 같이 환공을 설득했다.

"신(포숙아)이 관중만 못한 것이 다섯 가지 있습니다.
백성에게 관대하게 은혜를 베풀어 백성을 사랑하는 것을 신은 관중만 못합니다.
나라를 다스리는 데 기강을 잡는 일을 신은 관중만 못합니다.
충성과 신의로 제후와 동맹을 맺는 것을 신은 관중만 못합니다.
예의를 제정하여 천하에서 본받게 하는 것을 신은 관중만 못합니다.
갑옷을 입고 북채를 잡고서 군문에 서서 백성들이 모두 용맹하게 하는 것을 신은 관중만 못합니다.
관중은 백성의 부모입니다. 장차 자식 같은 백성을 잘 다스리려면 백성의 부모, 즉 관중을 버려두어서는 안 됩니다."

• 《관자, 소광》

결국 관중은 포숙아의 천거로 제나라의 재상이 되어, 40년 동안 제 환공을 보좌하여 제나라를 부강한 나라가 되도록 새롭게 개혁시켰다. 관중과 제 환공의 만남이야말로 '경계의 선'에 선 사람들의 모습이 아닌가 싶다. 노자와 장자는 이명(以明)이라는 단어를 사용하면서 '대립면, 즉 경계에 서서'라는 말로써 사물을 볼 때 '경계에 서서' 판단과 선택을 하라고 가르치고 있다.

진정한 자기 변화도 '경계에 서 있을 때' 일어난다. 이런 경험은 조직에서도 일어날 수 있는 일이다. '경계에 서는 일'은 엄청난 에너지를 만들어 낼 수 있다.

요즘 회사에서 외치는 말 가운데 가장 인기 없는 단어가 '혁신'이 아닐까 싶다. 지금까지 경영자뿐만 아니라 조직원들까지 하도 혁신을 외쳐대다 보니, '혁신 피로 증후군'에 빠져 있다. 기존의 시스템을 유지하려는 긴장감 없는 혁신은 피로감만 불러오는 것이다. 조직의 혁신은 '경계에 서서 추구하는 변화'여야 한다. 그러나 이는 두려운 일이다. 힘을 가진 자의 반격이 무섭고, 자리를 보전해야 하는 자의 정치가 사람을 힘들게 한다.

얼마 전 회사 엘리베이터 안에서 젊은 직원 두 명의 대화를 본의 아니게 엿듣게 됐다. 그들은 내가 임원이라는 것을 몰랐던지 아주 편하게 대화를 나누었다. 한 친구가 "일만 열심히 해 봤자 소용없는 일이야. 윗사람에게 정치를 잘해야 승진한다니까!"라고 한다. 그의 얼굴 표정을 살짝 훔쳐봤다. 만족스럽지 않은 얼굴이었다.

나는 그에게 "앞으로는 개인도 시장 경쟁력이 필요해. 그런데 시장은 비정치적이야. 시장에서는 비정치적인 제품, 서비스만 살아남는 거야! 개인도 마찬가지야! 힘을 내!"라고 말해 주고 싶었다.

조직도 '경계에 서야 한다.' 어떻게 하면 경계에 설 수 있는가? 이는 파도에 몸을 맡긴 채 노를 저어가는 어부와도 같다. 험난한 파도와 공존하면서 스스로의 운명을 만들어 가는 조직만이 경계에 선 혁신을 추구해 갈 수 있다.

# 자기를 이기는 경영

그러므로 종채와 기둥, 문둥이와 서시(西施: 중국 춘추전국시대의 으뜸 미인), 진귀한 것과 괴상한 것 등을 놓고 볼 때, 도에 있어서는 모두가 통하여 한 가지 것이 된다.
나누어지는 것은 다른 면에서는 이루어지는 것이 된다. 이루어지는 것은 다른 면에서는 파괴가 된다. 모든 물건에는 이루어지는 것과 파괴가 없으며 다시 통하여 한 가지 것이 된다. 오직 통달한 사람만이 모든 것이 통하여 한 가지가 됨을 안다.
• 《장자》 제물론편, 김학주 옮김, 연암서가

---

### 직원들도 변화하고 성장한다

지난 1년 경영 현장에서 갖가지 새로운 체험을 했다. 도가 철학은 나의 마음을 변화시켰고, 질문하는 힘을 길러 주었다. 그리고 우리 직원들도 변화하고 성장할 수 있다는 확신을 갖게 해 주었다. 이런 확신은 '직원들이 어디까지 성장하도록 도울 수 있을까?' 라는 고민을 하게 했다.

그래서 이미 언급했듯이, 먼저 사옥을 옮겨 쾌적한 공간을 마련하였다. 비용 부담이 늘었지만, 직원들 업무의 질(質)이 높아질 수 있다면, 쓴 비용보다 더 큰 수익을 만들 수 있다고 생각하였다. 그리고 실제로 더 큰 성과를 이루었다.

다음으로 조직이 추구할 중요한 가치를 정했다. 우리 조직에 가장 필요한 가치는 무엇일까? 우리 직원들은 회사라는 울타리 안에 들어와 있지만, 프리랜서처럼 일한다. 조직은 개인을 뛰어 넘은 비범한 성과를 만들기 위해 있는 것이다.

우리 조직에 필요한 새로운 가치는 '서로가 서로에게 공헌하는 과정을 거쳐, 새로운 부가가치를 창출할 수 있다는 인식'이었다. 이런 가치가 현장에서 실행될 때, 비로소 서로의 역할이 꽃을 피우게 되는 것이다.

우리가 추구해야 할 가치를 서로에 대한 '공헌'으로 정하고, 조직에 공헌할 수 있는 것이 무엇인지 찾아보게 하였다. 방법을 잘 모르거나, 경험이 미숙한 사항에 대해서는 체계적으로 교육시킨다는 원칙을 세웠다. 직원들이 열심히 일해서 이익이 생기면 제일 먼저 직원 교육에 시간과 돈을 투자하기로 하였다.

올 한 해 동안 우리는 두 가지 프로젝트를 회사 안에서 수행해 보기로 했다.

첫째, '개인의 합을 뛰어넘는 조직 만들기' 프로젝트이다. 이 일을 위해 외부에서 강사를 모셔다가 팀장급 이상 단체로 우리끼리 그룹 과외를 받고 대화하고, 토론하고, 술 마시는 창조 놀이를 계획하고 있다. 그룹의 누군가는 성과를 만드는 사람이 있을 것이고, 그 사람을 주목하여 서로 벤치마킹 하는 것이다.

둘째, 차기 리더십 함양을 위한, 시니어 보드 멤버를 모아 '다니고 싶은 회사'를 우리 스스로 정의해 보고, 이를 위해 서로 '공헌력'을 발휘해 보는 놀이를 계획하는 일이다.

이 프로젝트의 핵심은 자발적인 참여로서 다니고 싶은 회사를 만드는 일에 공헌할 수 있는 기회를 부여하는 것이다. 우리는 이 일을 딱딱한 사무실에서 논하지 않고, 서로가 서로를 기억해 줄 수 있는 장소를 선택해서 창조적 유희 놀이를 계획하고 있다. 나는 이 프로젝트를 위해 사내 공고 글을 올리고 직원들로부터 큰 호응을 받았다.

| 공고 |

역사는 멋지게 산 사람들의 이야기입니다.
선악(善惡)을 떠나, 자신의 삶을 살다간 이들의 명멸(明滅)이 작용과 반작용하며 역사를 만들어가고 있습니다. 역사는 생동감이 넘칩니다. 사(史)의 기록에는 평범함이 없습니다. 하나하나가 깊은 사연을 품고 있습니다. 역사에는 승리와 패배, 삶과 죽음이 교차합니다. 지면 죽음이요, 이기면 사는 겁니다. 이기고 지는 이야기가 삶이고 역사의 이야기입니다. BnE Partners에서 함께하는 우리는, 매일 우리의 역사를 쓰고 있습니다. 하루에 한 페이지씩, 해(年)가 바뀌면 한 묶음의 이야기로 정리됩니다. 우리의 지난 이야기도 사연 많은 묶음으로 쌓여져 있습니다.
새로운 한 해를 맞이하면서, 앞으로 쓰이게 될 우리의 이야기를 생각해 봅니다.
나는 여러분과 이기는 삶을 이야기하고, 이겨서 기쁜 삶을 기록에 남기고 싶습니다. 우리 스스로 놀라고, 남들이 감탄할 그런 삶을 이야기하고 싶습니다. 평범하고 어디에서나 들을 수 있는 '그저 그런' 이야기는 거부하고, 미래를 품고 있는 자들이 만들어내는, 비범하고 생동감 넘치는 이야기를 만들고 싶습니다.

남과 싸워서 이기는 것은 하책(下策)입니다. 스스로 가치를 세우고 그것을 달성하고 뛰어넘는 것이 더 재미있고 신나는 일입니다. 내년에는 그런 이야기를 더욱 구체적으로 만들어 볼 계획입니다. 이기는 삶, 기쁜 삶이 CEO Letter에서나 볼 수 있는 메시지가 아니라, 실험과 변화를 통해서 BnE Partners 일터에서 만날 수 있는 현실이 되도록 할 것입니다. 하지만 이것은 경영자 혼자서는 할 수 없는 일입니다. '미래를 품고 있는 리더'들의 참여가 절실히 필요합니다. 내가 그들을 돕고 그들이 나를 도와서, BnE의 꿈을 만들어갈 주역들이 필요합니다. '미래를 품고 있는 리더'는 조직도에 없습니다. '열정'을 가슴에 담고 있는 자가 미래의 리더입니다.

2012년의 마지막 달이 기울고 있습니다. 일 년이면 열두 개의 달이 차고 기웁니다. 하느님도 열두 명의 제자들과 큰일을 이루었습니다. 일 년을 함께 할 열두 명의 리더를 모집합니다. 예를 들어 우리는 이런 일들을 도모할 것입니다.

- '다니고 싶은 회사'를 만들기 위해서 필요한 것.
- 조직에 만연한 냉소주의를 극복하고 서로 존중하는 기업을 만들기 위한 방법.
- 조직이라는 커튼 뒤에 숨어서 자신을 드러내지 않는 수동적 문화의 극복.
- 〈월, 화, 수, 목, 금, 금, 금〉 혹은 〈잃어버린 저녁〉을 극복할 수 있는 방안.

한 달에 한 번씩, 주제를 정하고 정해진 시간에 다 같이 만나서 이야기 할 것입니다. 이곳에서는 직급도 직책도 없을 것입니다. 지시나 통제가 아닌 자율과 참여의 정신을 추구할 것입니다. 수평적으로 의논하고 실험할 것입니다.

나는 이들을 '게릴라'라고 부르고 싶습니다. 이는 게리 해멀의 《꿀벌과 게릴라》라는 책에서 인용하였습니다. 성실함을 넘어 비선형적 사고와 실행으로 우리의 변화를 이끌어 갈 '게릴라'가 되길 바랍니다. 나는 이들을 전폭적으로 신뢰하고, 필요한 것들을 지원할 것입니다. 우리는 일 년간 '게릴라 놀이'를 통해서 많은 것을 배우고 공감하게 될 것입니다. 일을 통해서 느낄 수 없는 것, 배울 수 없는 것들을 맛보게 될 것입니다. 나는 '게릴라 12(twelve)'를 통해서 자연스러운 진화가 가능하고, 변화에 대응하며 위기를 극복하는 조직을 꿈꿀 것입니다. 동시에 조직에 활력이 고동치고, 변화를 좋아하는 사람들이 보수주의자를 이기는 비즈니스를 상상할 것입니다. 여러분들의 적극적인 지지와 참여를 부탁드립니다.

지원자는 나에게 직접 메일을 보내 주세요. 시간이 흘러가는 대로, 만들어지는 대로 사는 것은 시시한 일입니다.

- 2012년을 보내고, 13년을 맞이하면서<br>하영목

## 자기를 이기는 삶, 진정한 경영

지난 한 해를 돌아보니 정말 많은 일이 있었다. 아픔이 성장시킨다는 말이 딱 들어맞는 해이기도 했다. 가정사를 보아도 그렇다. 3년 전 갑상샘 수술을 받은 아내가 작년 가을에는 평소보다 용량이 세 배나 높은 항암치료를 받고 얼마나 힘들어 했는지 모른다. 하지

만 아내는 가족의 사랑으로 그 어려움을 극복하고 새로운 삶을 활기차게 살아가고 있다. 우리 딸 또한 본인이 선택한 전공이 원하는 공부가 아니라는 것을 깨닫고, 힘든 독학사의 길을 선택해서 명문대에 학사 편입하게 되었다. 그 길이 얼마나 힘들었을지 어찌 모르겠는가?

내게도 큰 변화가 있었다. 본사에서 자회사로 발령받은 일이다. 물론 나의 경영 능력과 정신을 풍요롭게 성장시키는 계기가 되었지만, 여러 가지 일들, 특히 직원들과의 관계가 나를 괴롭힌 게 사실이다. '만일 내가 수요포럼 인문의 숲에서 도가 철학을 배우지 않았더라면 어찌 되었을까, 그 모든 것을 지혜롭게 극복할 수 있었을까?'라고 내게 물어본다. 답은 물론 '도가의 가르침 덕분에 나 자신이 큰 변화와 성장을 가져왔다.'는 것이다.

무엇보다 기쁜 것은, 나와 직원들의 변화와 성장을 통해 회사가 적자에서 벗어나 흑자로 전환되는 성과를 거둘 수 있었다는 점이다.

우리는 늘 '열심히 일했는데 왜 성과가 만족스럽지 못한가?'를 고민한다. 매년 연례행사처럼 사업계획을 세우고, 이에 맞춰서 목표를 설정하고, 중간 점검을 하고, 최종 결과를 평가하고, 피드백을 위해서 측정 가능한 지표를 찾아내어 관리한다. 모두가 열심히 일하고 있지만 뭔가 허전하다. 마치 나무들이 빼곡한 숲 속에서, 하나하나 나무들은 보고 있지만 정작 숲이 어떻게 생겼는지, 어디를 걷고 있는지도 모르고 헤매는 것과 같다.

왜 그럴까? 지금까지의 경험과 자신의 전문 분야만 알고, 세상을 두루 살펴보는 안목이 부족하기 때문이다. 요즘처럼 숨이 가쁠 정도로 빠르게 변화하는 세상에서는, 나무만이 아니라 숲을 보아야 한다. 특히 리더가 숲을 제대로 보고 깊은 안목으로 길을 제시해 주어야 경쟁력 있는 기업이 될 수 있다.

남을 이기는 것은 하책(下策)이다. 인문학적 통찰은 늘 자기를 이기는 삶을 추구한다. 나는 리더와 직원 간의 신뢰와 우리 회사에 새롭게 불고 있는 인문학 교육 풍토로 인해 지금보다 훨씬 더 변화 성장 발전하리라는 것을 믿는다.

자기를 이기는 삶, 이것이야말로 진정한 경영이요, 진정한 성공이 아니겠는가?

# 나의 첫 걸음이 길(道)의 시작이다

### 김규동

1. 방황을 끝내다
2. 나를 버리고, 씽유의 리더가 되다
3. 리더는 다투지 않는다
4. 독일로 가는 길

# 방황을 끝내다

약한 것이 강한 것을 이기고,
부드러운 것이 굳센 것을 이긴다.
세상 사람들은 그것을 모르지 않으면서도
행하지를 못하는구나.

• 《도덕경》 78장

---

## 껍데기 안에서

어릴 적부터 나는 그림 그리기를 좋아했다. 장난감이든 화단의 꽃, 나비, TV, 엄마 화장품, 아빠 담배까지 눈에 띄는 것들을 새하얀 도화지 위에 울긋불긋 마음 내키는 대로 그리는 일은 정말 흥분되는 경험이었다. 부모님의 칭찬과 친구들의 부러움 섞인 찬사는 큰 기쁨이었고 나를 더욱 그림에 열중하게 했다. 그 하얀 도화지가 내가 만난 첫 번째 신세계였다.

하지만 중학교에 입학하면서 상황이 달라졌다. 내가 그린 자동차 스케치 한 장보다 영어 단어를 빽빽이 채운 깜지가 훨씬 가치 있었고, 늘 그리던 습작들은 아무 쓸모없는 것이 되었다. 그렇게 그림은 내게서 멀어졌다.

중학교 시절에는 사실 '입시'라는 생각도 별로 없었다. 그냥 영어

학원에 다니라면 다녔고 수학 과외를 받으라면 받았다. 대부분의 아이들이 그렇듯 공부를 왜 해야 하는가보다 수학 공식 하나 외우는 일이 우선이었다. 무조건 쓰고 외웠다. 지금 생각해 보면, 원하는 것은 하지 못하고, 갑자기 맞닥뜨린 '입시'라는 냉혹한 현실 속에서 나는 계속 허우적대고 있었다.

나는 자신감을 잃었다. 왜 학원에 가고, 왜 공부를 해야 하고, 왜 좋은 대학에 가야 하는지 수많은 의문들이 나를 괴롭혔다. 부모님께 상의하고도 싶었지만 매를 드시는 모습이 먼저 떠올랐다.

다시 그림을 만나게 된 것은 고등학교 2학년 때다. 하지만 유년 시절의 열정과 호기심 때문은 아니었다. '입시미술'이었다. 대한민국의 미술대학에 가려면 필수적으로 준비해야 할 것들이 있는데, 그것들을 통틀어 '입시미술'이라고 한다. 나는 그해 입시에 실패했다. 재수를 시작하면서 그래도 미술을 한다는 작은 위안 따위도 사라져버렸고, 대입만이 지상과제가 되었다. 그렇게 대학에 입학했다. 물론 원하는 전공은 아니었다.

진학 전에 정보도 찾고 조언도 구했다. 대부분의 의견이 유명 대학, 취직 잘 되는 대학, 서울에 있는 대학이면 다 좋다는 식이었다. '아, 그런가 보다. 서울에 있고 유명한 학교면 되는구나.'라고 앵무새처럼 되뇌었다. 복제 대학생이었다.

그리고 이것이 얼마나 어리석은 선택이었는지 깨닫는 데는 오랜 시간이 걸리지 않았다.

## 껍데기를 깨고 밖으로 나서다

전공 수업 첫 시간이었다. 풋풋한 대학 새내기들의 소란스러움 속으로 교수님이 들어오셨다. 어색한 침묵을 뚫고 강의가 시작되었고 앞으로 우리가 공부할 내용에 대해 말씀해 주셨다. 내가 원하던 공부가 아니었다. 육중한 강의실 문을 열고 나서는 내 안에서 '무언가 잘못되었다.'는 경고음이 들려오기 시작했다. '나는 얼마나 바보 같은가.' 자책감에 고개를 들 수 없었다. 목적지에 서지 않는 버스를 타버린 기분이었다.

돌이켜 생각해 보면, 나는 이때 내가 원하는 것이 '디자인'이라는 것을 확실히 알았다. 미술공부를 시작하면서부터, 막연히 생각했지만 입시를 위해 스스로 묻어두었던 것이다. '나의 욕망'도 '자신'에게 인정받는 과정이 필요했다. 하지만 현실은 만만하지 않았다. 삼수는 생각할 수도 없었고, 학과공부도 해야 했다. 하지만 어떻게든 해보고 싶었다. 더 이상 앵무새가 되기는 싫었다.

나는 학교 밖에서 길을 찾았다. '한국대학생디자이너연합(SDU)'에 가입하고 디자인에 관련된 실무를 배웠다. 그리고 디자인 분야의 다양한 사람들을 만나며 경험의 폭을 넓혀나갔다. 하지만 대학생활은 여전히 억지 춘향이었다. 과모임에서 시큰둥한 나에게 친구가 말을 걸었다. '재미없냐? 나도 재미없어.' 새벽까지 그 친구와 대화를 나누면서, 문득 '나와 같은 친구들이 의외로 많다.'는 생각이 들었다. 내 주변에도 본인의 희망과는 관련 없는 과에 들어오거나 막상 공부해 보니 전공이 자신의 적성과는 전혀 맞지 않는 친구들이 많았다.

생각해 보면 진짜 문제는 '정말 내가 무엇을 하고 싶은지 모른다.'는 것이었다. 대부분의 20대는 그런 생각을 할 기회조차 부족했을 것이다. 문득 같은 고민을 가진 친구들끼리 함께 고민해 보는 것도 좋을 것 같았다. 영화에서 본 알코올 중독자들의 모임을 떠올리기도 했다. 하지만 우스울 것 같았다. 그런 기회를 만들 수 있는 것이 무엇이 있을까? 생각이 생각의 꼬리를 물었다.

마침 방학을 앞둔 교정에는 '해외연수', '수련회' 등을 알리는 갖가지 플래카드들과 벽보들이 가득했다. 무심코 쳐다본 벽보의 '동계 특강'이라는 단어가 눈에 들어왔다.

'특강' 특별한 강연? 그렇다.

좋은 강연이라면, 나처럼 주입식 교육만 받고 사회 경험도 없는, 스스로 삶의 방향을 찾지 못해 방황하는, 20대들의 열정과 머릿속에서 맴돌기만 하는 생각의 물꼬를 터줄 수 있을 것 같았다. 이런 생각에 곧바로 인터넷을 검색했다. 당시에는 큰 의미를 부여하지 않았지만, 이때 나는 태어나서 처음 '누군가와 함께 하는 방법'을 찾고 있었다. 그리고 발견한 곳이 '씽유'라는 커뮤니티였다.

씽유는 대한민국의 청춘남녀들을 대상으로 한 달에 한 번씩 강연을 개최하는 곳이었다. 대학생 운영진이 강연을 직접 기획한다는 점, 모든 강연이 무료로 진행된다는 점도 마음에 들었다. 나와 같은 생각을 가진 '동료'를 발견한 기쁨에 마음이 설레었다.

마침 그때 씽유는 '대학생 운영진'을 모집하고 있었다. 나는 망설임 없이 지원서를 제출했고 곧 씽유의 운영진으로 활동하게 되었다. 그렇게 나의 대학 생활은 큰 전환점을 맞이했다.

# 나를 버리고, 씽유의 리더가 되다

구부리면 온전해지고, 휘면 펴지게 된다.
패이면 꽉 차게 되고, 낡으면 새로워진다.
줄이면 얻게 되고, 늘리면 미혹된다.
• 《도덕경》 22장

---

## 리더로서의 첫걸음

'씽유'는 2005년 당시 대학생이던 권기용 씨가 처음 설립했다. 좋은 강연과 세미나를 직접 기획하고 무료로 개최함으로써, 대학생과 청년들의 '비전 헬퍼(Vision Helper)'가 되는 것이 그 목적이었고, 이는 지금도 변함이 없다. 당시에는 대학생들의 이야기가 오고갈 수 있는 공간, 즉 커뮤니티가 전무했다. 공모전이나 취업과 관련해서, 토론하고 팀도 짜고 정보를 공유할 수 있는 공간이 필요했는데, 그 수요를 충족시킨 곳이 바로 씽유라는 커뮤니티였다.

씽유는 대학생들의 입소문을 타고 빠르게 성장했다. 인터넷카페 회원 수가 3만을 훌쩍 넘으며, 자체적으로 대학생 운영진을 뽑아 활동하기 시작했다. 국내 최초의 공모전 연합동아리이자, 커뮤니티의 탄생이었다.

초기에는 대학생들의 가장 큰 관심사 중 하나인 공모전에 대한 활동, 특히 공모전 수상을 목적으로 한 세미나가 주를 이뤘다. 공모전 관련 멘토로 유명한 김태원 씨를 비롯하여, 공모전 상금으로 혼수 준비를 마쳤다는 전설 속의 그녀 박신영 씨 그리고 수많은 기업의 대표들까지 연사들의 이력도 화려했다.

모든 강연은 연사 섭외부터 강연장 대관, 후원과 협찬 요청, 강연 내용까지 대학생 운영진이 직접 기획하고 준비했다. 이렇게 준비하는 과정도 소중한 배움의 기회였고 그렇게 준비한 강연을 대한민국의 청춘남녀에게 제공한다는 것은 더 큰 의미를 주었다.

내가 이런 단체의 운영진이 된 것이다. 나를 비롯한 일곱 명의 새내기 운영진은 투표를 통해, 가장 나이가 많았던 선배를 대표로 선출하고 6개월간의 야심찬 활동을 시작했다. 이때부터 나에게 '씽유'는 단순한 커뮤니티 이상의 의미를 갖게 되었다. 사람과 사람의 만남, 관계, 갈등부터 생전 처음 겪는 많은 일들을 경험했다. 그것들이 나의 피가 되고 살이 되었다.

활동은 시작부터 난관에 부딪혔다. 씽유는 사익(私益)을 추구하는 기업이 아니었고, 월급을 받는 것도 아니어서 운영진들의 활동이 기대만큼 적극적이지 못했다. 본업이 대학생이다 보니, 부수적인 활동인 씽유는 그만큼 우선순위에서 밀려났다. 매주 일요일 오전에 있는 씽유 운영진의 정기회의에도 불참하는 사람이 많았다. 서너 명만 나오지 않아도 회의 자체가 불가능했다. 기획을 할 때 책임을 다하지 않는 사람도 있었다. 대표는 나름대로 열심이었지만 일이 펑크가 날 때마다 일정에 차질이 생기게 되었고, 서로 반목의 골이 깊어지기도 했다.

그렇게 삐걱거렸지만, 우리의 첫 사업으로 대학생들의 재테크를 주제로 한 강연이 기획되었다. 그때 재테크라는 주제에 맞게, 돈모양의 초대권으로 관심을 끌어보자는 내 제안이 채택되었다. 밤을 새워 선을 그리고 색상을 입혀 초대권을 직접 만들었다. 지금 보면 어설픈 결과물이었지만 아이디어 때문인지 학생들의 반응은 꽤 좋았다. 많은 사람들이 강연에 참석해 주었다. 첫 강연이 나름 성공적으로 끝났다. 나는 '내 능력이 다른 사람들에게 영향을 주는구나' 생각하며 우쭐거렸다.

하지만 뜻밖의 문제가 발생했다. 강연이 끝난 후 다음 운영진 회의에서였다. 한 카페에서 운영진이 다 모이기를 말없이 기다리던 대표가 그만둔다는 선언과 함께 자리를 떠났다. 다른 운영진들의 불성실한 활동이 이유였다. 나름 생각이 많았던 선배는, 책임감이 컸던 만큼 실망도 컸던 것이다. 그의 결정은 나에게 큰 충격으로 다가왔다. 그가 자리를 뜨고 나는 아쉬움과 죄책감을 감출 수 없었다. 그가 프로젝트 제안을 해도, 그에게만 의존하고 함께하지 못한 일들이 생각났다. 그의 입장, 대표의 입장에서 한 번도 생각하지 못했던 것이 너무 미안했다. 그리고 이 일은 두고두고 나를 비추는 계기가 되었다.

## 심리학이 전하는 연애 이야기

하지만 남은 운영진은 코앞으로 다가온 다음 강연을 준비해야 했다. 공교롭게도 다음 강연의 총 기획이 내 차례였다. 나는 임시로 운영진 대표직을 떠안았다. 막막했지만 전 대표가 떠난 어수선한 분위기를 수습하기 위해 노력했다. 거기서 멈출 수는 없었다. 선배들에게 자문을 구하고, 운영진들과 거의 매일 머리를 맞대고 아이디어를 짜냈다.

드디어 우리가 결정한 다음 강연의 주제는 바로 '연애 심리학'이었다. 내 의지가 반영된 첫 강연이었다. 그때까지 씽유의 강연은 공모전과 취업에만 초점이 맞춰져 있었다. 나는 뭔가 다른 시도를 해보고 싶었다. 뭔가 딱딱한 강연보다는 축제 같은, 열정적인 색깔이 춤추는 시간이 되었으면 하는 생각이 컸다. 이십대가 청춘의 열정을 불사르는 것, 그것은 사랑이었다.

그 당시에도 나를 포함해서 연애에 실패한 친구들은 항상 있었다. 과연 연애에 관해서 정확하게 아는 사람이 얼마나 될까? 남자와 여자의 생각 차이, 상대방의 진심을 아는 방법, 생각해 보면 우리가 모르는 부분이 너무 많았다. 그리고 연애라는 것은 20대 청춘들에게 공모전이나 취업만큼이나 중요한 것이었다. 망설일 필요가 없었다. 그렇게 기획하게 된 것이 '연애심리학' 강연이었다.

나는 어려서부터 항상 구석에 몰려서야 용기를 내곤 했다. 지기 싫어하던 성격이 현실에 짓눌리면 결국 튀어 올랐다. 그것이 나의 유일한 세상을 향한 반항의 몸짓이었다.

강연 주제와 내용이 결정되자 나는 곧장 인근 서점으로 향했다. 연애 관련 컨설팅부터 현실적인 체험담까지 많은 책들이 있었지만, 내가 생각했던 '순수한 연애 심리학 강연'과는 조금 다른 관점의 이야기들이었다. 그렇게 서점을 몇 번을 돌았을까,《심리학, 사랑에 빠지다》라는 책이 눈에 들어왔다. 심리치료사이자 작가인 선안남 씨의 저서였다. 강연 방향과 내용이 잘 맞았다. 그녀는 흔쾌히 강연을 승낙해 주었다. 몇 번의 미팅을 통해 강연의 프레젠테이션부터 내용과 순서가 짜여졌다. 그리고 강연의 제목은 〈너와 나, 사랑일까… 심리학이 전하는 연애 이야기〉로 결정되었다.

우리는 마지막 미팅과 강연 홍보까지 최선을 다해 준비했다. 강연 전날에는 두근거리는 마음에 밤새 뒤척였다. 떠나던 전 대표의 뒷모습도 어른거렸다.

드디어 서울의 한 대학교에서 연애심리학 강연이 진행되었다. 자리가 비좁을 만큼 많은 청춘남녀들이 참가했고 강연은 대성공이었다. 어찌 보면 당연한 결과였다. 피 끓는 청춘들이니까. 강연이 끝나고 연사님을 비롯해 운영진과 강연에 참석했던 대학생들이 함께 저녁 식사를 했다. 연애에 관한 수많은 비하인드 스토리가 오갔던 즐거운 시간이었다. 나는 술을 잘하지 못하지만, 그때는 꽤 많이 마셨던 것 같다. 그 자리에서 들었던 '대학생들이 이렇게 자발적으로 강연을 개최하고 또 열정적으로 활동하는 모습이 참 보기 좋다.'는 선안남 씨의 말씀이 귓가에 생생하다.

대한민국 청춘들의 Needs는 다양하다. '연애 심리학' 강연의 성공은, 씽유의 강연 주제가 취업을 위한 공모전 및 스펙(Spec)을 쌓는 활동뿐 아니라 연애, 여행, 열정, 리더십, 프레젠테이션 등 다양한 콘텐츠로 확대되는 계기가 되었다.

### 나를 버리고 깨달은 나의 참모습

이렇게 정신없이 지내다 보니 6개월의 활동이 마무리되었다. 이 기간 동안 많은 것들을 배웠다. 자리가 사람을 만든다고 했던가. 주어진 일이었지만, 대표가 되기 전에는 볼 수 없었던 세상을 만났고, 내 자신을 되돌아보게 했다.

'내가 얼마나 부족한 사람인가.'

'나는 리더로서 어떤 모습으로 비춰졌을까.'

그러면서 어렴풋이 리더가 바라보는 넓은 시야가 무엇인지 느낄 수 있었다. 빛과 그림자처럼, 사람과의 관계에서 미움이나 질투, 분노와 같은 것도 배웠다. 그리고 나의 가장 큰 깨달음은 가장 큰 실수를 통해서 왔다. 그 모든 것들을 부정해야 하는 순간이기도 했다.

첫 강연 이후 나는 의욕이 넘쳤지만, 상황은 나아지지 않았다. 운영진들에게 열정과 참여를 강요할 수 없는 상황에서, 멤버들의 무책임한 태도는 전과 다름없었다. 매 강연을 준비할 때마다 그들의 공백을 메우는 일이 너무 힘들었다. 그렇게 할 거면, 그냥 그만두라고 하고 싶은 마음이 굴뚝같았다.

마지막 강연을 앞두고, 일요일 운영진 회의가 또 무산되었다. 멤버들의 불참 때문이었다. 그날 나는 욱하는 기분이 되었고, 떠났던 대표의 심정이 정말 이해가 되었다. 그리고 회의실에서 운영진들을 모아놓고 그와 같이, 아니 그와 똑같이 대표를 그만두겠다고 말한 후 자리를 떠나버렸다. 홀가분하기도 했지만 한편으로 낯선 느낌이 나를 따라왔다. 학원을 일부러 빼먹고 느꼈던 그런 해방감이랄까. 죄책감이 섞여 있는 뭔가 다른 기분이었다.

며칠 후, 늘 성실하게 참여했던 운영진 친구에게 전화가 왔다. 결국 불참했던 그 멤버들도 미안했던지 그만두었고, 운영진은 이제 두 사람만 남았다는 것을 알게 되었다. 그리고 마지막 강연을 망칠 수 없다는 친구의 말이 마음에 걸렸다. 어쩔 수 없이 다른 친구들까지 동원해서 강연 준비를 도와주게 되었다.

막상 대표를 맡으며 했던 일인데도, 전혀 다른 낯선 일을 하는 것 같았다. 뭔가 복잡한 생각들이 헝클어져 있었다. 똑같은 일이라도, 입장에 따라 전혀 다른 일이 된다는 걸 알았다. 왜 내가 그만둔다고 했지? 지금 꼴을 보면 답이 없었다. 강연 준비 내내 그 생각이 떠나지 않았다.

마지막 강연이 시작되고, 객석에 앉아 열심히 경청하는 내 또래의 청춘남녀들을 보며 나는 언제나처럼 마음이 뿌듯해졌다. 나는 그 일을 좋아하고 있었던 것이다. 그리고 순간 떠오른 생각에, 쥐구멍에라도 들어가고 싶은 심정이 되었다.

이렇게 좋아하는 일을 왜 그만둬? 친구들까지 끌어들여 결국 하고 있으면서? 왜? 그 답이 떠올랐던 것이다. 내가 그만둔 이유는 멤버들의 불성실한 태도 때문이 아니라, 바로 떠나던 선배의 뒷모습 때문이었다. 나는 그냥 그를 따라한 것이었다. 나는 아직도 앵무새, 복제품 그 이상이 아니었다.

내 행동의 이유를 나에게서 찾지 못하고, 어떤 것에라도 의지해야 하는 반푼이었다. 아마도 그의 뒷모습이 멋있게 보이기라도 했던 모양이었다. 그때 그 강연장에서, 나는 정말 죽고 싶었다. 그리고 강연이 끝나고 회식자리까지, 그런 마음을 감추느라 어색한 표정으로 연기를 하는 내 모습이 또 얼마나 초라했는지 모른다.

집으로 돌아와 내 방에 틀어박혀 일주일을 보냈다. 내 진짜 모습을 마주하고 웅크리고 앉았다. 처음에는 나에 대한 분노에 울기도 하고 혼자 소리를 지르기도 했다. 하지만 그리 오래 가지는 않았다.

답이 없었다. 그냥 그게 나였다. 아무 생각도 나지 않았다. 어머니가 밥을 먹으라면 먹었고 청소를 하라면 했다. 그리고 씻으라면 씻었다. 그렇게 일주일이 지났다.

어머니께서 '얼마 전까지 바쁘다고 그렇게 난리를 피우더니, 왜 집에만 있느냐.'며 조심스럽게 물으셨다. 나는 벌떡 일어나, 정확히 8일 만에 집을 나섰다.

단 한 가지 생각만이 내 머릿속을 꽉 채우고 있었다.

'다시 한 번 해 보고 싶다.'

다시 한 번 제대로 리더의 역할을 해 보고 싶었다.

다른 방법이 없었다. 그것이 나를 살리는 길이었다. 나는 씽유의 권기용 대표를 직접 찾아갔다.

**진짜 리더, 노자를 만나다**

"다음 기수에서 다시 한 번 정말 제대로 단체를 이끌어나가고 싶습니다."

대표님은 고개를 끄덕이시더니, 흔쾌히 승낙해 주셨다. 그렇게 나는 다음 기수의 운영진 대표가 되었다. 그리고 처음부터 장기적인 계획들을 하나 둘씩 짜기 시작했다. '씽유'라는 단체와 함께 나를 성장시키고 싶었다. 새로운 로고를 제작하고 웹 페이지를 리모델링했다. 또 체계적인 기수제를 도입하면서 운영진을 새로 모집했다. 20여 명의 대학생 운영진들이 들어오며 씽유는 이전과는 확연히 달라진 모습이 되었다.

그리고 얼마 뒤, 설립자인 권기용 대표가 씽유에 대한 모든 권한을 나에게 넘기고 자리에서 물러났다. 권 대표는 이제 대학생이 아니었고, 사회인으로서 또 다른 도전을 준비하고 있었다. 그런데 그때 어디서 굴러온 내가 열심히 일하는 모습이 눈에 띄었던 모양이다. 그렇게 나는 운영진 대표직을 겸하며 씽유의 대표가 되었다.

내 욕심이 과한 건가? 아니면 내 용기가 만들어준 기회인가? 부담감은 이루 말할 수 없었다. 내 부족함을 깨닫고 절박한 심정으로 다시 시작했지만, 이것은 다른 차원의 일이었다. 나는 어린 시절부터 반장 한번 해 본 적이 없었다. 내가 7만 명의 회원을 둔 커뮤니티의 리더가 될 수 있을까? 두려움도 컸지만 그때와 같은 실수를 되풀이하고 싶지 않았다. 적어도 물러설 수는 없었다. 나는 학교에 휴학계를 제출했다.

새로운 대학생 운영진에게 흔들림 없는 리더의 모습을 보여줘야 했지만 나를 이끌어줄 사람이 없었다. 무슨 일이 생길 때마다 누군가에게 전화를 할 수도 없었다. 나에게는 진짜 따라 해야 할 사람, 선생님이 필요했다. 그래서 내가 선택한 방법은 세계 각국의 리더를 모범으로 삼는 것이었다. 서점에서 리더십 관련 서적들을 열심히 찾아 읽었다. 그러던 중에 한 권의 책이 눈에 들어왔다. 노자의 《도덕경》이었다. 고전이라 리더십과는 멀어보였지만 '동양고전에서 리더십을 배운다.'라는 문구가 마음을 사로잡았다. 노자와의 만남은 그렇게 시작되었다.

## 노자에게 배운 리더의 자세

동양철학을 처음 접했던 나에게 《도덕경》은 신선한 충격이었다. 도덕경은 읽을수록 마음을 차분하게 하는 힘이 있다. 그리고 현대인들이 충분히 공감할 수 있는 '리더의 자질론'을 담고 있었다.

> 구부리면 온전해지고, 휘면 펴지게 된다.
> 패이면 꽉 차게 되고, 낡으면 새로워진다.
> 줄이면 얻게 되고, 늘리면 미혹된다.
> 이치가 이러하기 때문에
> 성인은 일一을 가지고서, 천하의 통치 방식으로 삼는다.
> • 《도덕경》 22장

리더(Leader)로서 처세가 필요할 때 이 구절은 정말 많은 것을 생각하게 했다.

대표는 선택의 경계에서 결정을 내려야 하는 사람이기에 냉철함과 과감한 결단력이 필요하다. 하지만 사람들과의 관계는 늘 경계에 있어야 했다. 내 경우에도 특히 운영진과의 관계에서 어느 한쪽으로 치우치면 파(派)가 형성되고 멀리 하면 원망을 들었다.

구부리면 온전하다는 말은, 자신을 낮추고 구부려야 온전하게 지낼 수 있다는 말이다. 리더가 자신의 권위만을 내세우면 온전한 조직을 이끌 수 없다고 나는 해석했다. 리더가 자신을 드러내지 않고 몸을 낮춰 주변을 대하면 온전해진다는 뜻이다.

'곡즉전'에는 "자신의 관점으로 보지 않기 때문에 최고의 인식에 도달하고, 자기를 옳다고 하지 않으니 오히려 빛나게 되며, 자기를 드러내지 않기 때문에 공이 있게 되고, 자기를 내세우지 않기 때문에 지도자가 된다."라는 또 다른 표현이 있다.

리더가 쉽게 자신을 보여주면 구성원들도 리더에 대해 쉽게 '결정'한다. 즉 선입견을 갖게 되고 리더가 결정을 내리기 전에 미리 판단해버린다. 이는 좋은 일이라 할 수 없다. 중요한 결정의 시기에 그 선입견이 기업의 사활로 이어질 수도 있다.

리더는 자신을 드러내는 데에 신중하고 또 신중해야 한다.

### 귤을 까먹을 때도 신중해지다

도덕경을 책상 한 편에 올려두고, 씽유 대표로서 활동을 시작했다. 갑자기 맡게 된 큰 책임에 대한 나름의 대비책이었다. 리더가 필요한 순간은 도처에 있었다. 운영진의 의견을 수렴할 때도 질서와 체계를 잡는 역할이 필요했다. 그럴 때마다 나의 생각에 노자의 사상을 별첨하며 비교하고 부족한 점을 보충했다. 노자의 말씀들이 나의 구석구석에 스며들어 빈곳을 채워주는 느낌이었다. 그러면서 나의 행동도 달라지기 시작했다.

운영진 회의 때는 한 시간 전에 도착해서 회의실을 점검했고, 아침을 먹지 못한 친구들을 위해 간단한 요깃거리도 준비했다. 회의 시간이 되면 사담은 금하고 '씽유의 강연과 콘텐츠'라는 주제에서 벗어나지 않는다는 기준을 반드시 지켰다. 그리고 어느 한쪽으로 치우치지 않으려 했고 크게 보려고 노력했다.

▶ 내가 대표로 활동하던 때 씽유 4기 운영진들과 함께

하지만 무엇이든 단계는 있는 모양이다. 배워가는 과정이 즐겁고, 하루하루 충실한 느낌으로 생활했지만, 갑자기 큰 책임을 맡고 무엇보다 다시 실수하지 말아야 한다는 생각이 너무 컸다. 내 얼굴에서 웃음기가 사라졌다. 내가 보아도 가끔은 어색했다.

그래서 운영진 친구들은 내가 딱딱하고 재미없는 사람이라고 생각할 것이다. 함께 어울리고 싶은 마음이 굴뚝같았지만, 예전의 나처럼 큰 기대를 갖고 참여한 친구들을 실망시키고 싶지 않았다. 그래서 아쉽고 미안하기도 하다.

그래도 한 가지 변명은 있다. 도덕경을 읽다보면 나도 모르게 말수가 적어지고 고개가 절로 숙여진다. 이유는 알 수 없지만, 그 말들을 새기며 생활하다 보면, 귤 하나 까먹는 데도 신중해진다.

## 최대 수혜자는 누구인가?

씽유는 더욱 다양한 주제로 강연을 개최해 나갔다. 대학생들에게 정말 필요한 발표(presentation) 잘하는 법부터 자전거로 세계 일주에 도전하기로 대한민국 20대 청춘들의 열정을 일깨우고, 사람과 사람 사이의 관계에 대해 고찰하고, 사진 잘 찍는 법을 배우고, 현직 아나운서에게 스피치를 배웠다. 또한 참석자 수가 늘어나면서 강연의 규모도 커졌다. 대학교 강의실에서 20~30명으로 시작한 것이 컨벤션 센터에서 200~300명 규모로 성장했고, 서울의 강동구 민회관에서 대규모로 개최하기도 했다. 대한민국의 청춘들에게 필요한 것이라면 어떤 분야라도 강연의 주제가 되었다.

그중 한 가지 기억에 남는 강연이 있다.

나는 2년 전 독일에 있는 친구를 찾아, 한국 탈출을 시도한 적이 있었다. 3주 정도의 일정이었지만 의미 있는 여행이었다. 세계적인 경제 위기라고 했지만 독일은 활기에 넘쳐 있었다. 뮌헨의 맥주와 소시지, 호쾌한 사람들, BMW, 택시가 벤츠였다. 아우토반과 정감 있는 시골길, 드레스덴 기차역과 벤츠 박물관 그리고 1990년 통일 이후, 역사적 의미를 되찾은 베를린은 놀라웠다. 거의 20년에 걸쳐 진행된 도시계획으로 건물 하나하나가 현대 건축의 모든 것을 보여주고 있었다. 나는 설렘 이상의 감동을 받았다. 그리고 이 경험은, 2년 후 나의 결정에 큰 영향을 미쳤다.

한국에 돌아와 여행의 흥분을 가라앉히느라, 까맣게 잊고 있었던 사진을 정리할 때였다. 사진이 없었다. 나는 당황했다. 내가 직접 보고 찍었는데? 이건 뭐지? 독일의 멋진 모습과 사람들이 내 사진에는 없었다. 이렇게 다를 수 있을까? 그때 나는 '내가 얼마나 사진을 못 찍는 사람'인지 처음 깨달았다. 디자인을 공부하는 사람으로서 더욱 부끄러웠다. 그래서 사진을 배우기로 결심했다. 혼자 방법을 궁리하다 '기왕에 나 혼자가 아니라, 사진을 잘 찍고 싶어 하는 다른 친구들과 함께 배우기'로 마음먹었다. 요즘은 디지털 카메라와 스마트 폰 덕분에 남녀노소가 모두 사진작가다. 분명히 많은 사람들이 필요로 할 주제였다. 하지만 내 이유를 들킬까봐 우선 운영진 몰래 혼자 강연 준비를 시작했다. 사진을 진짜로 공부하면 몇 년이 걸려도 부족할 일이지만 '딱 한 번의 강연으로 사진 잘 찍는 법 배우기'를 컨셉으로 정했다.

직접 사진 강의를 듣기도 하면서, 사진작가들에게 강연을 부탁했지만 번번이 실패했다. 내 계획대로 되지 않는다고 누구의 탓을 할 수도 없었다. '구부러지면 온전해진다.'는 노자의 말씀을 생각했다. 서점으로 향했다. 사진관련 책들을 내 기획과 비교하며 읽고, 몇 분에게 기획의도를 정성껏 적어 이메일을 보냈다. 그 중에서 사진작가 노아 유재천 씨가 흔쾌히 수락해 주셨다. 나의 기획을 가볍게 생각하지 않으셨고 "사진에 의미를 더하는 시간은 한 시간도 충분하다."고 말씀해 주셨다. 그렇게 〈사진과 친해지는 법〉이라는 강연 타이틀이 만들어졌다. 운영진들에게 잠시 미운 털이 박혔지만 주제에는 모두가 적극 찬성해 주었다.

전문적인 내용이어서 청중 20명의 소규모 강연으로 기획했다. 청중이 많으면 질문이 힘들어지고 집중도도 떨어지기 때문이었다. 〈사진과 친해지는 법〉 강연은 공지를 올리자마자 참가 신청이 마감되었다. 그만큼 많은 사람들에게 필요한 주제였던 것이다. 작은

▶ 사진 잘 찍는 법 배우기 강연, 유재천 작가와 함께

규모였지만 알찬 내용의 강연이 이루어졌다. 돌아오는 길 내내 '내 문제가 다른 사람과 다르지 않구나.'라는 생각에 고개를 끄덕거렸다. 그리고 이제 제법 볼 만한 사진도 찍을 수 있게 되었다.

나는 씽유의 이런 순수한 활동이 좋았다. 찾기 어려운 주제거나, 돈을 내야만 들을 수 있는 강의를 정말 필요한 사람들에게 제공해 주는 것. 또 그 강연을 준비하며 얻게 되는 수많은 알맹이들. 예를 들면 강연을 듣고 보내준, 청중의 감사 문자메시지 같은 것들이 내게는 소중한 가치가 되었다.

대부분의 사람들이 강연의 최대 수혜자는 청중이라고 생각한다. 하지만 내 생각은 조금 다르다. 강연의 최대 수혜자는 바로 준비하는 사람들, 우리였다. 운영진과 나야말로 수혜자였다. 강연을 통해 얻는 성취감, 대학이라는 울타리에서 벗어나 더 큰 세상에서 다양한 사람들을 만났고 후원이나 협찬을 위해 여러 단체나 기업을 만나면서 사회적인 실무 경험도 쌓을 수 있었다. 이런 활동들은 20대의 대학생에게는 가치를 따질 수 없는 특별한 자산이었다.

그렇게 나의 20대 초반은 '씽유'에 물들어가고 있었다.

# 리더는 다투지 않는다

물과 같은 이런 덕을 가진 사람은
살아가면서 낮은 땅에 처하기를 잘하고,
마음 씀씀이는 깊고 깊으며,
베풀어 줄 때는 천도처럼 하기를 잘하고,
말 씀씀이는 신실함이 넘친다.

• 《도덕경》 8장

---

## 씽유, 인문학에 빠지다

2012년 2월.

'멋진 일들을 하는 대학생'들이 연사로 나섰던 강연을 마지막으로, 내가 대표를 맡았던 운영진 기수 활동이 끝났다. 운영진들에게 수료증을 전달하던 날, 회의실에 수료증을 들고 가면서 그간의 일들이 필름처럼 스쳐 지나갔다. 내게는 인생의 첫 시험 같은 무대였고 열심히 연기했다. 후회는 없었다. 나의 열정이 처음으로 불꽃을 사른 시간이었다.

'과연 잘 해 온 걸까? 내가 수료증을 전달할 자격이 있는 걸까?'
스스로를 돌아보며 회의장으로 향했다.

내 앞에는 나와 가장 가까운 사람들이 있었다. 생사를 함께 한 전우처럼 모두들 만감이 교차하는 표정이었다. 내가 부족한 만큼 더 열심히 해 준 친구들이었다. 이때는 아무 말도 할 수 없었다. 지금이라도 그 감사함을 전하고 싶다.

새로운 운영진에게 역할을 물려주고 우리는 운영진 활동에서 완전히 물러났다. 그들도 우리처럼 치열한 한때를 보내게 될 것이다. 나는 그때부터 지금까지 씽유 대표로서의 역할만 맡고 있다.

처음부터 노자의 가르침에 큰 도움을 받았지만 아직은 미숙한 나만의 철학일 뿐이었다. 차분히 나를 돌아볼 계기가 필요한 시기였다. 그리고 기회가 찾아왔다.

씽유는 회원 수가 7만에 이른다. 그래서 대표의 중요한 역할 중의 하나가 씽유의 목적에 부합하는 좋은 내용의 이벤트나 방송 강연 프로그램 등을 회원들에게 홍보하는 일이다. 자체 강연만으로 모든 회원에게 만족을 주기는 어렵기 때문이다. 그러던 중에 평소 많은 도움을 받고 또 자주 뵈었던, 모 기업의 대표님으로부터 연락이 왔다. "좋은 인문학 강의 방송 녹화가 있는데 씽유 회원들이 방청객으로 참여하면 좋겠다."라는 말씀이셨다. 바로 MBN의 〈지식콘서트〉라는 인문학 특강프로그램이었다.

씽유에도 인문학에 관심이 있는 대학생들이 많을 것으로 보고 강의 공지를 홈페이지에 게시했다. 반응이 좋았다. 평소 인문학과 철학에 관심을 가지고 있던 20대 대학생들의 신청이 늘어갔다. 녹화 당일 참석자들과 함께 상암동 스튜디오로 향했다. 참석자들의 자리 배정이나 식사 등을 챙기는 것도 나의 역할이었다.

'최진석 교수와 함께 걷는 인문의 숲'이라는 주제로 첫 녹화 강의가 시작되었다.

"이제는 인문학적 통찰력이 필요하다. 그렇다면 인문학이란 무엇인가. 인문이란 사람이 만드는 무늬이다. 인문학은 좋고 나쁘다와 같은 개념을 깨고 '왜'라고 질문하는 것에서 시작된다."

나는 몰입했다. 도덕경에서 시작된 나의 철학적 관심은 노자를 배우니 장자가 궁금해졌고 하나를 알게 되면 두 가지, 세 가지 의문이 생겼다. 그리고 노자를 읽으며 공부한 리더십에 대한 내 판단이 옳았는지에 대해서도 확신을 갖고 싶었다.

매 강의마다 나는 씽유 회원들과 함께 녹화에 참여했다. 그리고 그때 만난 배양숙 상무님의 초대로 또 다른 인문학 강의에 참여할 수 있었다. 정말 감사한 배움의 기회였다. 나는 그렇게 '수요포럼 인문의 숲'에 첫발을 내디뎠다.

### 물과 같은 리더가 되라

가장 훌륭한 덕은 물과 같다.
물은 만물을 이롭게만 하지 다투지는 않고,
주로 사람들이 싫어하는 곳에 처한다.
그러므로 도에 가깝다.
• 《도덕경》 8장

리더십에 대한 도움을 얻고자 접했던 노자의 도덕경. 이제는 그 내용이 너무 광범위해졌고 공부할 것도 많아졌다. 수요포럼에서 노자를 배우며 가장 인상 깊었던 구절이다.

상선약수(上善若水). 노자의 철학을 단순하게 정의하면 '물의 철학'이라고도 할 만큼 너무나 유명한 구절이다. 노자가 물을 최고의 선과 같다고 한 까닭은 크게 나누어 세 가지로 볼 수 있다.

첫째로 만물을 이롭게 한다는 것이다. 만물에 생명과 활기를 불어넣을 수 있는 것은 바로 물이라는 원천이 있기 때문이다.

둘째는 서로 다투지 않는다는 것이다. 다툼의 이유 자체를 존재시키지 않기 때문이다.

셋째는 사람들이 꺼려하는 곳에 존재한다는 것이다. 가장 필요한 곳에 처하여 다른 존재를 지탱해 주기 때문이다.

이와 같은 노자의 말씀을 요약해 보면, 겸손과 자비의 철학이 아닌가 싶다. 물처럼 사는 것이 즉 도(道)의 실천이며 리더가 가져야 할 삶의 태도인 것이다.

## 리더는 상대적인 관점에서 본다

나는 '수요포럼 인문의 숲' 40강을 통해 도가 철학의 방대함과 깊이를 경험했다. 노자와 장자에서 시작하여 순자, 한비자 그리고 진시황에 이르기까지 다양한 인물과 사상을 공부했고 더불어 중국고대사에 대하여 배운 것도 큰 소득이었다. 또한 〈조조와의 해후〉와 〈당 태종을 찾아서〉라는 주제로 중국 학술탐방도 두 차례 있었다. 인문의 숲은 당시 철학적 목마름이 있던 내게는 정말 사막의 오아시스와 같은 역할을 해 주었다.

단순히 리더십에 끌려 배우고자 했던 노자는, 이제 단순한 리더의 행동지침이 아닌 더 깊이 생각하고 깨달아야 할 가르침이었다. 그리고 내게 전혀 다른 관점으로 세상을 볼 수 있게 해 주었다. 모든 인위적인 것들을 배척하고 자연의 순리에 따르는 '무위자연', '상선약수' 그리고 또 한 구절, 늘 머릿속에서 떠나지 않는 말씀이 있다.

'유무상생'(有無相生), '있고 없음은 서로 상대하기 때문에 생긴다.'는 뜻으로 세상만물을 상대적 관점에서 더 넓게 전체적으로 보라는 가르침이다. 아름다운 것은 추함에서 생기고, 착하다는 것은 악에서 생기고, 쉽고 어려운 것은 서로를 보완하고, 짧고 긴 것은 서로를 분명하게 해 주고, 낮고 높음은 서로 의논하며, 소리와 음은 서로 조화를 이루고, 앞과 뒤 서로를 따른다고 했다.

상대방의 입장에서 한 번 더 생각하고 내 생각만 옳다고 하지 않는 자세. 내가 가장 많이 되새기는 구절이다. 그리고 나는 이것이 리더에게 가장 필요한 덕목이라 생각한다. 누구라도 유무상생의 자세로 조직을 이끈다면 조금 더 성숙한 자신을 발견할 수 있으리라 믿는다.

### 최고의 디자인 멘토, 노자

나는 대학교를 휴학까지 하며 20대 초반을 씽유에 온전히 쏟았다. 나와 같이 방황하는 20대의 친구들과 함께하려는 단순한 바람으로 시작했지만, 어느새 나는 7만 명의 회원을 가진 커뮤니티의 대표가 되어 있었다. 하지만 여전히 학생이었고, 내 인생의 항로를 찾아야 했다.

나는 썽유 활동을 하면서도 디자인에 관한 활동은 쉬지 않았다. 그 중 하나가 디자인 공모전에 참가하는 것이었다. 대한민국에는 수많은 디자인 공모전이 있다. 기업의 광고 포스터에서 로고 BI, CI 혹은 제품의 패키지, 실제 제품 디자인까지 그 종류도 천차만별이다. 나는 디자인 내용에 관계없이 최대한 모든 분야에 지원했다. 아직 확실히 방향을 정하지 못한 디자인에 대한 나의 꿈을 제한시키지 않기 위해서였다. 그리고 몇 개의 공모전에서 수상했다. 그 중 하나가 '도박중독예방 현상공모전'이었다.

사행산업통합감독위원회에서 주최한 공모전이었다. 나는 포스터 부분에 응모했다. 공모전의 주제는 '일반 국민에게 도박중독의 위험성을 알리고, 건전한 게임문화에 대한 필요성과 중요성을 인식시킬 수 있는 내용을 나타내시오.'라는 것이었다.

나는 '도박은 나빠요.', '도박은 사람을 망쳐요.'라는 단순한 표현보다 좀 다른 관점에서 표현하고 싶었다.

나는 노자 선생님의 '유무상생(有無相生)'을 따랐다. 모든 사물은 서로 의지하여 존재한다. 그래서 '관계'를 떠올렸다. 도박을 통해 가장 큰 피해를 입는 건 본인이지만 주변사람들 특히 가족의 상처가 크다. 나는 곧바로 도박하는 아버지와 그의 아이를 주제로 잡았다.

그저 평범한 발상이지만, 내가 생각을 풀어가는 과정에서 큰 차이가 있었다. 나는 이 발상을 계속 다듬기 시작했다. 도박을 하는 아버지와 그런 아버지를 둔 아이가 있다. 이것을 뒤집어 표현하면 어떨까? 아버지가 아니라 아이의 시선에서 바라본 도박. 그렇게 제작하게 된 작품이다.

아이가 크레파스로 그린 그림일기다. 그 속에서 아버지는 늘 도박에 빠져 허우적대고 있다. 아이의 아픔이다. 그리고 묻는다.

"어떤 아버지입니까?"

이 문장은 아버지가 그림을 볼 수 있도록, 아이의 마음을 볼 수 있도록 의도했다. 전체에서 도박이라는 단어는 한 번만 사용했다.

"자식은 부모를 닮는다고 합니다. 그런데 좋지 않은 모습을 자녀에게 보여준다면 어떻게 될까요? 이제부터라도 가족들의 기억에 좋은 아버지로 남는 것은 어떠세요? 도박 중독. 비단 나뿐만 아니라 우리 가족에게도 좋지 않은 영향을 끼칩니다."

▶ 도박중독예방 현상공모전 출품 포스터

이미 도박 중독자라면 가정을 돌보기는 어렵겠지만, 한 번이라도 자기 아이를 떠올리고 아이의 아픔을 느낄 수 있다면 조금이라도 달라지지 않을까라는 생각에서 착안한 것이다.

'도박은 나쁘다.'가 아니라 '그의 소중한 것을 일깨운다.' 그리고 도박을 돌아보게 한 것이다.

그렇게 '유무상생'은 포스터의 영감을 주었다.

밤샘 작업을 하고 나오다, 출근하시는 아버지께 인사 대신 "도박

하지 마세요."라는 말이 튀어나왔다가 뒤통수를 맞은 일도 있었다.

똑같은 발상과 내용이라도 생각의 과정과 크기에 따라 결과가 달라진다. 예전의 나라면 이런 생각도 설명도 불가능했을 것이다. 그렇게 제작된 포스터를 제출했다. 그리고 며칠 후, 수상소식과 수상식 참가 여부를 묻는 전화를 받았다. 나는 포스터 부분 최우수상과 상금을 받았다. 소식을 들은 친구들과 축하모임이 있었다. 질문이 쏟아졌다.

"아이디어는 어디서 얻은 거냐?"

"도와준 사람 있지? 누구냐?"

"노자."

"뭐, 놀자? 장난하지 말고 진짜 도와준 사람이 누구냐니까?"

"진짜! 노자 선생님!"

친구들은 처음에 믿으려 하지 않다가, 나의 설명을 한동안 듣고 나서야 고개를 끄덕였다. 아마도 그들 중 누군가는 도덕경을 읽고 있을 지도 모른다.

이렇게 '유무상생'은 내가 나와 다른 세상을 보는 창이 되었다. 아직은 그 의미를 다 안다고 할 수 없지만, 늘 생각하며 나를 일깨우고 앞으로 나아갈 것이다.

# 독일로 가는 길

성인은 세상에 있으면서 자신의 의지를 거두어들이고
세상을 위하여 자신의 마음을 흐릿하게 한다.
그러면 백성들은 그들의 눈과 귀를 그쪽으로 돌리니,
성인은 모두 그들을 어린애 상태로 회복시켜 준다.
• 《장자》 소요유편

---

## 나에게 생긴 신념 하나

아직은 갈 길이 멀고 한창 배워야 하는 입장이지만, 이제 나에게도 확실한 신념 하나가 생겼다. 바로 '단체의 장이나 회사의 대표여서 리더가 되는 것이 아니라. 자기의 삶을 스스로 이끄는 사람이 진정한 리더'라는 것이다. 우리는 언제나 자신을 남과 비교하며 스스로가 누구인가를 잊고 산다. 방향도 모른 채 그저 시키는 대로 걷는다. 나도 대학입시를 준비할 때, 대학에 입학하고도 스스로에 대한 확신이 없었기 때문에 힘든 시기를 보내야만 했다. 항상 누군가에 의해, 누군가와 비교하며 살았다. 하지만 한 번의 버림과 한 번의 용기가 계기가 되어, 썽유를 만나고 노자를 만나고 인문의 숲을 만났다. 그리고 내가 원하는 것이 무엇인지 알게 되었다.

평소에 좋아하는 문구가 있다.

"열정이 끓어오르지 않으면 가르치지 않고, 표현하려고 더듬거리지 않으면 말을 거들어주지 않는다. 하나를 가르치는데 세 개를 깨우치려 하지 않으면 더는 가르치지 않는다."

《논어》술이 편에 나오는 이 문구를 볼 때마다, 지금까지 세상을 이끌어 온 리더들의 모습이 떠오른다. 그들은 열정을 가지고 있었다. 자신이 인생의 주체였다. 그래서 기꺼이 가르침을 받는다. 원하는 바를 표현하려고 애쓰다 못해 더듬거린다. 이런 모습을 보고 도와주지 않을 사람이 있을까? 그리고 이미 하나를 알았다고 만족한다면, 더 배울 것도 더 이상의 발전도 없다.

우리 모두가 단체나 기업의 대표가 될 수는 없다. 그리고 계속할 수도 없다. 리더에게 필요한 덕목이란 결국 나 자신을 스스로 세우는 덕목이라는 것을 깨닫게 된다. 특히 20대라면 비록 눈에 보이는 성과가 없을지라도, 리더의 마인드만 갖춘다면 절반은 성공한 것이다. 그리고 스스로 찾은 길을 걷고 있다면, 언제 어느 위치에 있더라도, 그가 바로 진정한 리더라고 말하고 싶다.

## 독일로 가는 길

과연 세상에 정해진 길이 있을까. 학창 시절에는 어른들이 "여기가 길이다. 이곳으로만 가면 된다."고 하는 길만 걸었다. 하지만 모든 길은 누군가 처음 걷기 전에는 길이 아니었다. 비록 길이 아니라 해도, 진정 원하는 삶이 있다면 그곳을 향해 갈 수 있는 용기가 필요하다. 스스로를 찾는 과정, 내가 내딛는 첫 발걸음이 하나의 길을 만든다.

지금 나는 '마페'를 그리고 있다. 암행어사의 마패가 아니라, 자신이 직접 그린 심사용 작품을 독일어로 마페(Mappe)라고 한다. 독일의 미술대학에 입학하려면 보통 20~30장의 '마페'를 미리 보내 교수의 심사를 받는다. 작품이 마음에 들면 교수가 자신이 가르칠 학생을 직접 뽑는다고 한다. 이미 브라운슈바이크와 다른 몇 개의 대학에 마페를 국제택배로 보내놓은 상태다. 독일어 자격 능력시험(ZD)에도 합격했다. 나는 이렇게 독일 유학 준비를 하고 있다.

최근에 씽유 7기수(나는 2, 3, 4기 활동을 했다.) 운영진들과 MT도 다녀왔다. 대한민국의 대학생들 이야기, '씽유'의 과거와 현재, 미래에 대해 그리고 내가 겪었던 일들까지 많은 이야기들을 나눴다. 그 중에 한 친구가 특히 기억에 남는다. 그녀는 씽유를 통해 자신을 한층 더 성장시키고 싶다고 했다. 나는 그녀의 눈빛에서 열정을 느낄 수 있었다. 딱딱한 내 표정보다 훨씬 밝고 좋았다. 나는 떠나는 날까지, '그들만의 씽유'를 만들 수 있도록 최선을 다해 도울 생각이다.

독일 미술 유학은 나의 선택이며, 내 인생에서 가장 중요한 결정이었다. 이제 출국일이 두 달도 채 남지 않았다. 독일에서 나는 또 다른 모습으로 살아갈 것이다. 삶의 주인으로, 스스로를 세우는 진정한 리더로, 하고 싶은 공부를 즐겁게 최선을 다해 할 것이다. 그리고 독일에서 만나게 될 수많은 인연들을 소중히 할 것이다.

나의 여정은 이제 시작되었을 뿐이다. 그 길을 노자와 함께 간다는 것, 더 많은 배움과 깨달음이 기다리고 있다는 것이 나를 설레게 한다.

나는 아마도 비행기 안에서 이 책을 읽고 있을 것이다. 그러다 문득 고개를 돌리면, 옆자리에 노자 선생님이 빙그레 웃고 계실 것만 같다. 그리고 등이라도 토닥여 주시지 않을까.

지금 내게 떠오르는 하얀 도화지 위에는 노자, 장자, 공자, 순자 선생님이 연주하는 흥겨운 가락에 맞춰 부모님과 배담샘님, 씽유의 친구들과 인문의 숲 멤버들이 환하게 웃으며 함께 춤추고 있다.

나를 내 인생의 첫 번째 신세계로 이끌어주신 모든 분들께 진심으로 감사드린다.

# 2세 경영인, 영원한 기업을 꿈꾸다

박치웅

1. 나는 벽돌이었다
2. 기업이 인문학에 열광하는 이유
3. 한비자, 신상필벌(信賞必罰)이 답이다
4. 도가, 삶의 나침반이 되다

# 나는 벽돌이었다

만약 하늘과 땅의 참 모습을 타고
날씨의 변화를 부림으로써 무궁함에 노니는 사람이 있다면
그는 또 어디에 의지하는 데가 있는가?
• 《장자》 소요유편, 김학주 옮김, 연암서가

---

### 벽돌의 고민

학창 시절 나는 '벽돌'이었다. 천편일률의 교육 환경에서 사고와 삶의 방식이 벽돌처럼 똑같아지는 대한민국의 학생들. 나 역시 그중 하나였다. 그 무거운 벽돌을 머리와 가슴에서 내려놓고 화려한 사회생활을 즐기리라 맘먹었던 대학 신입생 시절, 학점을 따기 위해 어쩔 수 없이 신청한 '철학개론'은 내게 고민거리를 던졌다. 거창하게 말해 '존재'와 '삶의 방향'에 대한, 그 이전에는 생각조차 못했던 고민이었다. 내가 왜 미적분이나 한계효용 체감을 배워야 하는지, 고등학교 때까지의 모든 학업에 대해 회의가 들었다. 그럴수록 철학수업에 진지하게 임했고 틈만 나면 각종 철학 입문서를 뒤적였다.

그런데 처음부터 '철학이라는 학문과 현실의 괴리'라는 큰 벽에 부딪치게 되었다. 당시에는 동서양의 많은 철학자들의 말씀이 역

사연표나 수학공식처럼 단순히 암기해야 할 것으로 비춰졌다. 내게 철학은 실생활과는 관계가 없는 관념의 학문이었다. 점점 철학에 대한 흥미를 잃어갔고 본 것은 있어서 무위도식을 실천한다는 핑계로 빈둥대기만 했다. 겉핥기식 철학 공부의 결과는 형편없었다. 대학에서도 주입식 교육을 받아야 한다는 실망감으로 술만 늘었다. 그렇게 철학에 대한 오해와 갈증을 안은 채 입대를 했다.

군대만큼 '현실에 대한 절절한 자각'을 주는 곳이 또 있을까. 이젠 철학적 질문은 현실과는 거리가 먼, 그저 뜬구름 잡는 소리일 뿐이었다. 군대에 다녀온 이들이 그렇듯 '이제는 현실을 자각해야 한다.'는 정체모를 사명감으로 나는 다시 벽돌이 되었다. 대한민국이라는 견고한 벽돌집의 어엿한 한 부분이 되기 위해, 세상이 제시하는 틀에 삶을 맞췄다. 철학적 고민은 머릿속에서 사라져 갔다.

### 인문의 숲을 만나다

철학과 다시 마주하게 된 것은 꽤 시간이 흐른 뒤였다.

2011년 여름, 한 대학선배가 2세 경영인들을 위한 멘토링 코스를 권해 주었다. 수업의 커리큘럼도 좋았지만 강의를 진행할 멘토들의 명성에 끌려 흔쾌히 수락했다. 그리고 회사에만 묶여 있던 터라 바깥 구경도 하고 싶었다.

한 주 한 주 수업은 만족스러웠다. 항상 같은 업종에서 20년 정도 연상인 분들과 업무로만 만나왔던 나는, 다른 분야에서 일하는 또래들과의 네트워크를 통해 세상을 바라보는 시야를 더욱 넓힐 수 있었다. 멘티들과의 소통은 전혀 다른 분야 간의 결합도 이뤄냈다(실제로 함께 추진 중인 프로젝트도 있다). 그리고 매 수업마다, 각 분야의 마스터가 전해주는 정열적인 강의는 감동과 전율 그 자체였다. 당시 나는 회사의 주 사업이 정점을 찍고 내리막을 걷고 있는 현실 때문에 고민이 컸던 만큼, 다양한 분야의 폭넓은 경험에서 우러나오는 그분들의 강의 내용이 더욱 피부에 와 닿았다.

특히 수업 중에 들은 "역사는 인간이 그리는 무늬에 의해서 만들어진다. 이것이 인문이다. 인간의 역사는 기존의 이념과 개념이 아닌 그것에서 벗어난 인간의 활동, 즉 주체성을 확립한 인간에 의해 그려진다."는 말씀에서 나는 작은 빛을 보았다. 대학시절부터 그때까지 여러 수업들과 많은 책들 속에서 발견하지 못했던 '철학이라는 학문과 현실의 괴리'에 대한 해답을 찾을 수 있다는 기대로, 강의 내내 넋을 잃을 정도로 몰입했다.

마지막 수업이 끝난 후, 아쉬움에 손을 번쩍 들었다. 다음에 좀 더 심도 있는 강의가 있다면 꼭 다시 듣고 싶다는 말이 튀어나왔다. 나를 괴롭히던 오랜 의문이 말끔히 해소되는 순간, 한 단계 업그레이드될 것이라는 확신이 들었다. 그리고 2012년 '수요포럼 인문의 숲'에서 동양철학 40강이라는 1년간의 긴 여정에 동참할 수 있었다.

많은 우여곡절과 회사 사정으로 모든 수업에 참석할 수는 없었지만, 철학은 결코 현실과 동떨어져 있는 학문이 아니고 그 어떤 학문보다 현실에 기초한 학문임을 깨달았다. 또한 나 자신의 존엄성에 대한 진지한 고민과 사유라는 선물도 받았다. 이러한 배움과 깨달음은 단순히 자기만족에 그치지 않았다. 나의 가족들과 현재하고 있는 일, 나아가 미래에 하고 싶은 일과 꼭 해야만 하는 일에도 영향을 미친다는 것을 알게 되었다.

    이제 도가철학을 공부하며 깨달은 것을 풀어내고자 한다. 비록 내가 받았던 감동과 울림을 고스란히 전달할 수는 없겠지만, 이 글을 읽는 분들의 삶에 조금이나마 보탬이 되리라 믿는다.

## 기업이 인문학에 열광하는 이유

화로구나! 거기에는 복이 기대어져 있다.
복이로구나! 거기에는 화가 잠복해 있다.
누가 그 궁극을 알겠는가?
정해져 있는 것은 없다.
• 《도덕경》 58장

### 인문학적 통찰이 필요한 시대

강의 첫 시간, 소위 인문학의 위기라고 일컬어지는 이 시대에 기업가들 사이에서 인문학이 열풍인 이유를 듣고 뒤통수를 얻어맞은 느낌이었다. 간략히 소개하자면 다음과 같다.

"동서고금을 막론하고 상인들은 항상 '망한다.'는 위기감을 느낀다. 그래서 특유의 '더듬이' 즉 망하는 것을 항상 경계하고 대비하는 통찰력을 발달시켰다. 상인들은 직관적으로 자신에게 주어진 상황에 대하여 해결책을 모색하는데, 이는 인문학적 통찰이 발휘되는 한 모습이다. 인문학적 통찰이란 거창한 게 아니다. '세상의 흐름을 주관적 관념에 사로잡혀 보고 싶은 대로 보는 것이 아니라, 있는 그대로, 보이는 대로 보는 힘'을 말한다. 이는 나아가 작은 현상이라도 그 내면의 흐름을 꿰뚫어보는 능력을 키워준다."

교수님은 이것을 '척 보면 아는 힘'이라고 표현하셨다. 사업을 성공으로 이끌기 위해 너무도 필요한 능력. 인문학이 기업가들에게 왜 인기인지 알 수 있었다. 시대의 한 현상에 대한 이러한 명쾌한 분석은 항상 눈앞의 일에만 매달리던 내게 신선한 충격이었다.

'인문학적 통찰을 통한 주체성의 발현은 인간의 생존에 중요한 역할을 한다.'는 주제를 중심으로 중국에서 탄생한 사상들에 대한 고찰이 수업의 큰 흐름이었다. 덕과 천명론이 등장하게 된 배경과 공자로부터 노자, 장자, 맹자, 순자를 거쳐 법가와 한비자까지 중국의 사상가들을 차례로 만나면서 그들의 사상이 시대적인 요청에 의해 필연적으로 등장했음을 알 수 있었다. 그 과정은 마치 잘 만들어진 한 편의 대하드라마처럼 웅장하게 다가왔다.

진정한 리더라면 세상의 흐름을 있는 그대로 볼 수 있어야 한다. 그래야 세상을 움직이는 힘을 쥘 수 있다. 사상가들은 주체성을 확립한 사람들이었다. 시대를 있는 그대로 바라보고 그 흐름을 이해했다. 인문학적 통찰력이 사상이 되고 그 시대를 움직였던 것이다.

교수님이 수업 중에 던진 질문이 있다.

"만약 길거리에서 귀걸이에 치마를 입고 짙은 화장을 한 남자를 보면 당신은 어떤 생각이 떠오르는가?"

나는 '정신병이 있거나 이상한 사람이겠지.'라고 생각했다. 결론부터 말하자면 너무나 인문학적 소양이 부족한 답이었다. 인문학적 통찰력을 가진 진정한 리더라면 현상을 전체적으로 보고 질문하고 그 이면의 흐름을 탐색한다.

'왜 지금 우리 사회에 저런 모습을 한 사람이 나타난 것일까?'
'비슷한 사람들이 더 나타날 수 있지 않을까?'
'그렇다면 저런 패션이 유행하여 시대의 변화를 가져오는 것은 아닐까?'

이렇게 '더듬이'를 민감하게 움직이는 것이다. 나도 그런 리더가 되고 싶고, 될 수 있다는 자신감이 들었다. 첫 수업만으로도, 철학이 내 곁에 살아 숨 쉬고 있다는 것을 느낄 수 있었다.

## 철학은 현실에서 완성된다

중국사상의 발전은 신권을 향한 맹목적인 복종으로부터 독립하려는 인간의 의지에서 시작된다. 은나라와 주나라의 세력교체가 이루어지던 혼란스러운 시기, 제정일치 사회였던 은나라는 하늘의 뜻(天命, 천명)으로 통치되었다. 그리고 이를 멸망시킨 주나라가 통치이념으로 내세운 것이 바로 덕(德)이었다. 즉 천명에서 벗어나려는 인간의 의지가 '덕'으로 발현된 것이다. 그리고 유가와 도가가 나와 '도(道)'의 개념을 구축하고 인간은 초월적 존재로부터 비로소 독립하게 된다.

공자의 유가(儒家)가 사물의 실체를 파악하기 위해 '본질'을 탐구했다면, 노자의 도가(道家)는 세계를 유(有)와 무(無)의 '관계'로 파악했다. 인간의 보편성을 자연과의 관계로 드러내고 자신의 본성에 충실한 삶을 주장한 것이 노자의 무위자연(無爲自然)이었으며 이는 춘추전국 시대를 지배한 사상적 기초가 된다. 당시에는 도가가 주도권을 갖게 되었지만 그 개념의 모호함으로 인해 백성들이 받아들이기 쉽지 않았다. 도가사상은 법가(法家)에 이르러서야 비로소 완성된다. 한마디로 노자 사상의 보편성을 구체적이고 명료하게 현실에 반영한 것이 법(法)인 것이다.

  나는 수업이 거듭되면서 시대의 흐름을 이해하게 되었다. 당시 사람들의 생각과 삶의 방식 그리고 더 나은 세상을 만들려는 사상가들의 노력이 만났을 때 비로소 하나의 철학이 완성된다는 것도 알게 되었다. 철학은 관념의 학문이라고 말만 들어도 머리가 지끈거리고, 암기를 공부의 전부로 여겼던 것은 나의 착각에 불과했다.

  이제야 철학이 무엇인지, 어떻게 공부하고 삶에 적용할지 조금이나마 깨달은 기분이었다.

# 한비자, 신상필벌(信賞必罰)이 답이다

군주가 싫어하는 것을 겉으로 내비치면 신하들은 싫어할 만한 단서를 숨기고 군주가 좋아하는 것을 겉으로 내비치면 여러 신하들은 능력이 없어도 있는 척한다…. 군주가 자기 의욕을 겉으로 드러내면 신하들은 자신을 꾸미는 기회를 얻게 되는 것이다. 만약 군주가 본심을 가리지 못하고 생각하는 단서를 숨기지 않은 채로 남의 신하가 된 자로 하여금 군주의 권한을 파고들 계기를 준다면 신하들이 자지나 전상이 되는 것은 어렵지 않다. 그러므로 말하기를 '좋은 표정도 짓지 말며 싫은 표정도 짓지 말라. 그러면 여러 신하들이 그 본바탕을 드러낼 것이다.'라고 한다. 신하들이 본바탕을 드러내게 된다면 군주의 눈이 가려지는 일은 없을 것이다.

• 《한비자》 한비, 이운구 옮김, 한길사

### 아버지가 일군 회사에 입사하다

도가 사상 중 현실에 가장 쉽게 적용할 수 있는 것이 법가와 한비자가 아닐까? 이 사상이 정말 춘추전국시대에 만들어진 학문이 맞는지 의심이 들 정도로 현실적이다. 군주와 관료들 그리고 그 주변인들에 대한 깊은 이해와 신랄한 충고는 현재의 정치와 기업에 대해 말하고 있는 것이 아닌가라는 착각이 들 정도였다. 도가 수업을 듣고 나서야, 왜 주위에서 한비자를 한번쯤 읽어보는 것이 회사생활에 도움이 될 것이라고 했는지 알 수 있었다. 특히 내가 처해 있는 상황과 맞물려 도가와 한비자는 큰 공감과 깨우침을 주었다.

그 이야기를 시작하려면, 꽤 오래 전 부친이 회사를 설립하던 시기까지 거슬러 올라간다.

아버지는 겨우 열여섯 살 때 쌀 한 가마니를 짊어지고 상경하셨다. 전국 각지의 건설현장을 떠도는 일용직 터널공으로 건설업계에 첫발을 내디뎠고, 3년 후엔 건설현장에서 터널 발파만을 전담하는 작업반장이 되셨다. 26살에 컨테이너 박스에 무허가로 차린 사무실은, 2년 후 건설업 면허를 등록하고 정식 회사가 되었다. 그리고 채 20년이 걸리지 않아, 토목건설업 분야에서 국내 1, 2위를 다투는 기업으로 성장했다. 아버지의 엄청난 추진력과 리더십 덕분이었다.

대표 사업들을 보면 국내에서는 중부고속도로와 영동고속도로가 만나는 만종분기점 공사, 우리나라 최초의 광폭터널인 서울외곽순환도로의 수리터널 시공 등이 있다. 이외에도 한국도로공사, LH공사 등에서 발주하는 다양한 공사를 성공적으로 수행했다. 해외공사로는 동아건설과 처음부터 끝까지 함께한 리비아 대수로 공사와 대만의 철도공사도 있다. 현재는 한화건설과 이라크 도시재건공사에 참여하고 있다. 그리고 2000년대에 들어서면서 아버지는 건설업의 한계를 느끼시고 사업영역을 확장하셨다. 먼저 고속도로 휴게소와 주유소 운영을 통해 유통 사업에 진출했다. 현재는 중국의 고속도로 휴게소도 운영하고 있다. 국내와는 달리 적자를 면치 못하고 있지만, 세계 최대의 시장인 만큼 장기적 안목으로 다양한 사업을 진행 중이다. 국내에서도 유아산업, 실버산업 등 관련 사업 개발에 역량을 집중하고 있다. 그리고 골프장 건설과 운영을 통한

레저사업도 현재 주요 사업영역이 되었다.

2005년, 나는 아버지가 일군 이 회사에 입사했다.

## 문제는 사람이다

입사 당시의 회사 상황은 현재와 크게 다르지 않았다. 그간 계열사의 매각과 매입을 반복하며 지금에 이르렀지만 큰 틀은 유지하고 있다. 그리고 어느덧 8년이 흘렀다. 길다면 길고 짧다면 짧은 그 시간 동안 끊임없이 내 앞을 가로막는 장벽이 존재했다. 사업의 구조적, 기술적 문제가 아니라 바로 '사람'이었다. 더 정확히 말하면 '사람과의 관계'라고 해야 옳을 것이다. 바로 아버지, 직원 그리고 친인척과의 관계였다.

당연히 아버지와의 관계가 첫 번째다. 나는 대학을 졸업할 때까지, 고등학교 때 연애를 하다 성적이 떨어졌을 때를 제외하고, 단 한 번도 아버지께 꾸지람을 들어본 적이 없다. 어린 시절, 어머니께서 나를 꾸중하시면 바로 아버지께 쪼르르 달려가 이르곤 했다. 그때마다 아버지는 "어린애가 무얼 안다고 혼내느냐."며 도리어 어머니께 화를 내셨다. 아버지께서 나를 그렇게 애지중지 키우신 이유는 시름이 깊었던 가족사도 한몫했다. 사실 우리 집은 내가 태어나기 전까지만 해도 하루하루 그날 먹을 끼니를 걱정해야 할 형편이었다. 형은 어릴 적에 황달을 앓았다. 나을 수 있는 병이었지만, 집에는 병원비가 없었고 제대로 치료를 받지 못해 결국 뇌성마비에 걸렸다. 나는 본 적도 없는 누나도 같은 병으로 세상을 떠났다. 지금도 아버지는 약주만 드시면 늘 그때의 이야기를 하신다. 그런 까닭에 건강하게 자라난 나는 아버지에게 너무도 소중한 자식이었고 그만큼 버릇없이 키워졌다.

그러나 상황은 입사와 더불어 일순간에 변했다. 말로만 들었던 회사에서의 아버지는 내가 알던 '아빠'가 아니었다. 엄청난 카리스마로 직원들을 이끌며 자그마한 실수도 용납하지 않는 완벽주의자이셨다. 나 역시 한 명의 직원으로서 굉장한 스트레스를 받았다.

그런 아버지의 나를 향한 기대 역시 큰 압박이었다. 또 경험이 없던 나는 의사를 결정하는 데 있어 수치에 의존한 반면 아버지는 동물적인 직감으로 업무를 처리하는 경우가 많았다. 분명 주변 상황이나 과거 데이터, 미래의 전망 등을 살펴보면 내 판단이나, 다른 임직원들과 상의해서 내린 결론이 맞는 것처럼 보일 때가 많았다. 하지만 아버지는 당신의 '감'만으로 그 판단을 쉽게 뒤집곤 하셨다. 아무리 설명해도 고집불통처럼 도통 듣지를 않으셨다. 그런데 아버지의 결정이 옳은 경우가 더 많다는 사실은 이해하기 힘들었다.

회사에 조금씩 적응해가던 2006년의 일이다. 내가 입사 후 처음으로 맡은 일은 일본 사이타마현 골프장과 호텔 사업이었다. 회사 내에서도 꽤 공 들인 사업이었고, 나 역시 한 달에 한 번씩은 꼭 출장을 다니며 애정을 쏟았다. 그 결과 2005년에는 흑자로 전환했고 2006년에도 꾸준히 이익이 늘어가는 상황이었다. 그런데 아버지는, 나는 물론이고 회사의 어느 누구와 한마디 상의도 없이 전격적으로 매각을 결정하셨다. 비록 많은 매매차익을 얻었지만, 앞으로가 더 기대되는 나의 첫 사업이었기에 굉장히 아쉬웠다. 당장 아버지에게 달려가 그 사업의 과거 실적, 현재 실적, 미래 예상수치까지 뽑아 보여드리며 재고를 요청했다.

하지만 아버지는 "일본에 몇 달 있어보니 경기가 계속 안 좋아질 것 같다. 경기가 지금 이상으로 나빠지면 골프장 사업은 바닥을 모르고 내려갈 것이다."라며 단칼에 나의 수많은 자료들을 휴지조각으로 만들어버리셨다. 여러 임직원들도 내게 팔 이유가 없는 법인이라며 직언을 하는 상황이었다. 일본의 매스컴에서도 자국 경기가 바닥을 치고 회복세에 접어들었다며, 골프산업도 활성화될 것이라고 보도하고 있었다. 그래서 더욱 아버지의 결정을 받아들이기 쉽지 않았다. 하지만 아버지의 판단이 옳았다는 것을 확인하는 데는 채 1년도 걸리지 않았다. 그 골프장은 2007년부터 적자로 돌아섰다. 일본 경제는 결국 반등하지 못했고 골프산업도 악화 일로로 치달았다. 게다가 2011년 원전 사고의 영향은 치명적이었다. 지금은 모두가 그 결과에 감탄하고 있는 상황이다.

급변하는 환경에서의 기업 경영에는 숫자보다 사회의 흐름을 읽는 감각이 더 중요할 수 있다는 것을 깨우쳐 준 사건이었다. 지금도 여전히 아버지와 나는 숫자와 감각 사이에서 계속 부딪치고 있다. 하지만 도가철학을 공부하며 아버지의 직감이 앞서 말한 '더듬이'이며 인문학적 통찰력이라는 사실을 알았다. 그리고 한 사람의 사업가로서 아버지를 객관적으로 인정할 수 있게 되었다.

두 번째로 직원들과의 관계이다. 나는 초등학교 시절부터 많은 직원 분들을 만났다. 지금도 회사에는 그 시절부터 보아온 분들이 꽤 있다. 그분들에게 나는 여전히 어린아이였고 나 역시 공적인 관계로 대하기 어려웠다. 그리고 어떤 경우이든 회장의 아들이라고 회사의 중요한 자리를 차지하는 것은 직원들에게 거부감을 주기 마련이었다. 입사한 지 8년이 지났지만 지금도 내게는 이 관계가 가장 어렵다.

'멘토링코스'가 시작되고 얼마 후의 일이다. 수업이 끝나고 근처 호프집에 모여 맥주를 마시던 자리였다. 20대 초반의 앳된 멤버 한 명이 다가와 "이제 대학을 졸업하고, 아버지 회사에 들어가려는데 직원들과의 관계가 걱정입니다. 어떻게 해야 직원들에게 우습게 보이지도 않고, 그렇다고 깐깐해 보이지도 않게 처신할 수 있을까요?"라며 내게 물었다. 그때 내게는 준비된 답이 있었다.

"임직원들에게 가장 중요한 것은 실적입니다. 그냥 보여주시면 됩니다. 회사는 각각의 위치에서 맡은 일을 철저하게 해나갔을 때 유기적으로 돌아가게 됩니다. 일단 자신에게 맡겨진 일이 무엇인지 정확하게 파악하는 것이 우선이고, 그 이후에 그 일을 완수함으로써 그들에게 보여주는 것만이 인정받는 가장 빠른 길입니다. 또 직원들이 하지 못하고, 할 수 없는 일들이 회사 내에 분명히 존재할 겁니다. 2세이기 때문에, 오로지 그 위치에서만이 해결할 수 있는 문제가 무엇인지 파악해서 해결한다면 많은 직원들이 힘을 실어주지 않을까요? 저도 그러기 위해 애쓰고 있습니다."

정확히 말하자면, 이 얘기는 내가 처음 입사했을 때 아버지가 해주신 말씀이다. 그리고 그대로 따라 말했을 뿐이었다. 하지만 이제는 그 의미를 정확하게 파악하고 있다. 물론 2세 경영인이기에 생기는 문제는 여전히 산적해 있다. 이제 아버지가 주신 답이 아닌 나만의 답을 찾아야 할 때다.

셋째는 친인척과의 관계이다. 중소기업은 회사의 시스템이 제대로 갖춰지기 전까지 믿고 의지할 만한 친인척들에게 관리를 맡기는 경우가 많다. 우리 회사도 마찬가지였고 실제로 성장에 큰 역할을 했다. 내가 대표를 맡았을 때도 많은 분들이 있었다. 정답은 아니겠지만 내 방침은 확고했다. 인력 채용은 가급적 공채나 외부 영입을 원칙으로 하고 친인척은 최대한 배제했다. 득보다는 그에 따른 폐해가 더 크다고 판단했기 때문이다. 친인척이라는 이유로 직책을 넘어서는 권력을 가지는 이도 있고 또 대표의 의사결정에 직접적인 영향을 끼치기도 한다. 나는 공채 직원과 동일한 기준으로 판단했고 현재는 전적으로 신뢰할 수 있는 최소 인원만 남았다. 그 결과 친척들로부터 좋지 않은 얘기를 듣곤 한다. 그럴 때마다 내 마음도 편치 않았다.

이렇게 사람과의 관계 속에서 나는 갈등과 화해를 반복해 왔다. 그리고 확실한 관계 정립이 절실할 때 '수요포럼 인문의 숲'에서 한비자가 내게로 왔다.

## 반드시 화근이 생기는 이유

대저 정치 요로에 있는 자가 그 중추부를 장악하여 마음대로 조종한다면 나라 안이나 밖에서 모두가 그를 위하여 움직이게 될 것이다. (중략) 따라서 중인(重人)이란 자가 군주에게 충성하기 위해 자신의 적인 법술지사(法術之士)를 추천할 리가 없고 군주 역시 네 가지 편역드는 벽을 넘어서 그 사악한 신하들을 꿰뚫어 볼 수가 없다. 그러므로 군주는 더욱 더 눈이 가려지고 신하는 더욱 더 권세가 강해지는 것이다.

• 《한비자》 한비, 이운구 옮김, 한길사

한마디로 기득권을 가진 자가 지혜롭고 현명한 선비와 법을 잘 지키는 선비를 가로막고, 온갖 술수로 정치의 중추적 역할을 하게 되면, 군주는 눈과 귀가 막히고 그들의 뜻대로 국가의 대사가 좌지우지된다는 뜻이다.

2005년 여름, 회사에 이와 관련한 큰 문제가 터졌다. 임원 한 명이 회사에 막대한 피해를 입힌 사실이 드러난 것이다. 그는 사주의 두터운 신임을 등에 업고 권력을 쌓았고 막강한 영향력을 행사했다. 회사의 시스템을 무시하고 개인적인 판단 혹은 이득에 따라 사업 방향에 큰 변화를 주도했다. 외부에서는 그를 통하지 않고는 우리 회사와 일할 수 없다는 것이 공공연한 비밀이었을 정도였다.

한비자는 '사람을 실제공적과 사실조사를 통해 평가하지 않고, 재능이나 과거 행적, 측근의 말만을 믿고 판단하면 반드시 화근이 생긴다.'고 했다. 결국 그는 심각한 잡음을 일으키고 회사를 그만두게 되었다. 그는 누구보다 오랜 시간 아버지와 함께했고 인정받았던 사람이었다. 또 그의 과거 행적을 봤을 때 절대 그럴 리 없다며, 많은 사람들이 믿으려 하지 않았다. 하지만 그 결과는 오랫동안 회사를 괴롭혔다.

이러한 경험에도 불구하고 나 역시 똑같은 전철을 밟은 적이 있다. 내가 하는 일은 크게 건설, 유통, 레저로 나눌 수 있다. 각기 다른 분야의 업무이다 보니 실무까지 꼼꼼히 검토하는 데는 어려움이 있었다. 또 업무는 각각의 현장에서 이루어지고, 통합본사에서 보고받는 시스템이었다. 때문에 현장 스케줄은 출장으로 해결해야 했다. 어떤 곳에도 상주할 수 없는 상황이었다. 그렇다 보니 현장에서는 책임자의 말을 위주로 들었고, 다른 직원들은 나에게 말 붙일 기회도 많지 않았다. 본사에서도 임원들과 자주 만나는 팀장들의 의견만 듣게 되었다. 그 결과 내 의도와는 상관없이 회사 내에서 특정인이나 혹은 특정부서에 힘이 실리게 되는 것을 알았다.

나는 모든 직원들에게 이러한 상황을 설명하고 첫 번째 대책을 공표했다. 이는 '순환보직제'로 현장과 본사, 현장과 현장 간에 정기적인 인사이동을 시행하는 것이었다. 득과 실을 따지는 주변의 의견도 있었지만 더 이상 미룰 수는 없는 문제였다.

## 좋은 표정도 싫은 표정도 짓지 마라

> 그러므로 말하기를 '좋은 표정도 짓지 말며 싫은 표정도 짓지 말라. 그러면 여러 신하들이 그 본바탕을 드러낼 것이다.'라고 한다. 신하들이 본바탕을 드러내게 된다면 군주의 눈이 가려지는 일은 없을 것이다.
> 
> • 《한비자》한비, 이운구 옮김, 한길사

리더는 겉으로 마음을 드러내지 말고 정확하게 중심을 잡아야 한다. 리더가 자신의 감정을 표현하는 순간, 구성원들의 과잉 행동을 불러올 수 있다. 그리고 누구를 조금이라도 편애하면 그에게 지나친 권력이 생길 수 있기 때문이다.

작년에 퍼블릭 골프장을 오픈했을 때의 일이다. 새롭게 공채로 직원을 모집하고, 기존 회원제 골프장에서 아버지가 선별한 직원을 함께 배치했다. 초기에 발생할 수 있는 시행착오를 줄이기 위해서였다. 문제는 여기서 발생했다. 회원제 골프장에서 선별하여 데

▶ 퍼블릭 골프장은 회원제와는 달리 회원권이 필요없고 캐디동반의 의무가 없어 비용부담이 크지 않다.

리고 온 직원과, 공채로 뽑은 직원들 간의 보이지 않는 알력다툼이 생긴 것이다. 공채 직원이 기존 직원보다 직책이 높아도, 회장님의 눈에 들었다는 이유로 나무라지도 못하고 업무에 있어서도 오히려 눈치를 보는 경우까지 생겼다. 나는 두 사람 불러 문책했다.

　이러한 문제들이 어디 작은 회사에서뿐이랴. 역대 대통령들도 자신들의 의지와는 달리 주변 인물들이 재임 기간 동안 문제를 일으키는 것을 예외 없이 지켜보아야 했다. 또한 친인척들의 비리 문제 역시 단 한 번도 터지지 않은 적이 없으니, 앞으로의 대통령은 한비자를 꼭 한 번쯤은 읽어봤으면 하는 바람이다.

## 상도 벌도 공정하게 하라

현명한 군주는 처벌을 분명하게 한다. 이런 까닭으로 상은 후하게 틀림없이 하여 민이 이득으로 여기도록 하는 것만 못하고 벌은 중하게 반드시 행하여 민이 두려워하도록 하는 것만 못하며 법은 일정하게 확고히 하여 민이 알도록 하는 것만 못하다. 그러므로 군주가 상을 베풂에 변경하지 않고 처벌을 행함에 용서가 없으며 칭찬이 그 상을 도와주고 비방이 그 벌에 따르게 한다면 현자나 어리석은 이가 모두 힘을 다하게 될 것이다.

- 한비, 이운구 옮김, 《한비자 I》, 한길사

한비자는 현명한 왕은 이병(二柄) 즉 상과 벌을 잘 사용해야 한다고 했다. 신상필벌(信賞必罰)을 군주가 기본적으로 지녀야 할 필수불가결의 덕목으로 여겼다. 그리고 그 평가에 있어서는 누군가의 말은 물론 왕 자신의 의견조차도 주관이 개입될 여지가 있기 때문에 구체적 증거를 나열하여 이를 객관적 기준인 법(法)에 근거하여 처리해야 한다고 했다. 상을 주는 일에 인색하면 사람들이 움직이지 않고, 벌을 주는 데 중하지 않으면 각성의 효과가 없다. 들을수록 피부에 와 닿는 구절이다.

우리 회사에는 이러한 신상필벌의 체계가 오랫동안 제대로 자리 잡지 못했다. 거기에는 이유가 있었다. 2000년대 초까지 회사를 크게 성장시킨 아버지는 건설 이외 분야의 계열사까지 운영하시며 상벌의 중요성을 몸소 체득하셨다. 그리고 평소에도 내게 "상을 줄 땐 기대치의 3배 이상을, 벌을 줄 때도 기대치의 3배 이상을 주어라."고 가르치셨다. 그 당시 회사의 복리후생제도는 대기업 이상이었다. 전 직원 보너스가 연 400%, 우수사원에 대한 추가 보너스, 장기 근속자에 대한 해외여행 제공 등 중소기업으로서는 파격적인 제도로 인해 타사 직원들의 부러움을 샀다. 그러나 국내 건설업이 사양길로 접어들면서 곧바로 매출과 영업이익의 감소로 이어졌다. 따라서 복리후생제도를 그대로 유지하는 것은 쉽지 않았고, 내가 입사했을 때에는 그러한 제도들이 거의 사라졌던 것이다. 나 역시 이 부분에 크게 신경을 쓰지 못하고 매출에만 매달려야 했다.

문제는 계열사였다. 대표적인 것이 유통과의 갈등이었다. 유통 사업은 2005년에 처음 흑자를 낸 후, 해마다 매출이 급성장했다. 이에 따라 직원들에 대한 처우가 좋아지자, 건설 쪽 직원들이 이를 곱지 않은 시선으로 바라보기 시작했다. 유통 사업 자체가 건설업의 이익유보금으로 시작된 것인데 성과가 좋다고 유통 쪽만 대접해 준다는 불만이 생긴 것이다.

수요포럼에 참석해 도가공부를 시작하면서, 나는 회사에 작은 변화를 줄 결심을 했다.

이미 작년 12월, 인사고과 제도에 대해 근무태도와 같은 객관적 지표는 물론이고 업무 능력, 성취도와 같은 주관적 지표도 누구나 한눈에 볼 수 있는 시스템을 만들도록 지시했다. 그리고 징계위원회를 보완해 재해나 과실뿐 아니라 목표 매출과 이익을 달성하지 못했을 경우에도 감봉, 연봉 삭감 등을 시행하기로 했다. 반대로 성과에 대한 보상도 강화했다. 잘하면 모두에게 상을 주고, 못하면 모두에게 벌을 주던 지금까지의 관행에서 보면 쉽지 않은 결정이었다. 하지만 직원들도 꼭 필요한 일이었다며 적극적으로 지지해 주었다.

그리고 유통에도 변화를 주었다. 현재 유통 분야는 우리 회사의 중추 사업으로 매출과 현금 흐름면에서 가장 내실이 있다. 지금까지는 횡으로 모두 같은 인센티브를 받고 연한이 차면 승진이 되는 무난한 내부 인사 시스템을 가지고 있었다. 하지만 변화를 늦출 수는 없었다. 유통에도 새로운 인사고과 기준을 만들었다. 평소라면 무난히 승진이 될 직원들도 근태나 자격증 취득 등과 관련하여 기대에 미치지 못할 경우 승진을 유보시켰다. 항상 상만 받았던 유통 부문 직원들은 잘했을 때의 더 큰 보상보다 받아야 할 상을 못 받는 데 대한 실망이 더 커 보였다. 건설 분야와는 다른 반응이었다.

마지막으로 작년 한 해 동안 가장 신경을 크게 썼던 레저 부문이다. 아버지는 30년간 회사를 이끌면서 10원 한 푼 빌린 적이 없으신 분이다. 하지만 퍼블릭 골프장 사업에 처음으로 외부 차입을 할 만큼 공을 들이셨다. 나 역시 그런 아버지의 기대에 부응하기 위해 최선을 다하고 있다. 시범운영 당시부터 인력품귀현상으로 인원 구성에 많은 어려움을 겪었다. 이 분야에서는 한번 직원이 그만두면 대체 인력을 구하는 것이 쉽지 않았다. 그래서 직원들을 잘 다독여 계속 일하게 하는 것이 가장 어려운 일이었다. 그렇게 직원들을 형, 동생처럼 편하게 대하고, 쓴 소리는 가급적 관리직원들에게 대신하며 2012년 한 해를 보냈다.

지난 일 년을 돌아보니 직원들이 고생한 모습이 생생하게 다가온다. 원인은 나 때문이었다. 조직이란 리더가 사업에 대해 정확히 파악한 후 지시를 내려야 유기적으로 움직인다. 하지만 나는 골프장 운영에 관한 경험이 일천했고 오히려 직원들이 풍부한 경험을 가진 상황이었다. 나는 분명히 상식선에서 지시를 내렸는데 골프장 운영과 맞지 않는 경우도 있었다. 직원들은 '잘못 말했겠지.'라고 생각하고 원래의 방식대로 일을 했고, 나는 내 판단이 틀린 것도 모르고 지시를 따르지 않았다며 크게 화를 낸 것이다. 추후에 사실을 알고 직원들에게 정식으로 사과했다. 아마도 내가 잘못된 지시를 해도, 내 입장을 고려해 일단 따라주고, 그 후에 원상 복구시키느라 고생한 일이 종종 있었을 것이다. 1년간의 시행착오로 운영 사항을 깊이 숙지했으니 그나마 다행한 일이다.

직원들의 노력에도 불구하고 결과는 부서별로 차이가 있었다. 레저 부문에도 새로운 기준을 적용했다. 최고의 성과를 낸 팀에게는, 직원들이 상상하기 어려운 수준의 상과 해외여행 등의 특전을 주었다. 반면 성과를 내지 못한 부서는, 원칙대로 부서장은 물론 팀원들과 시스템까지 모두 변화를 주려고 했으나, 아직 1년도 안 된 사업장에서 그 정도도 대단한 것이라는 주변의 의견을 받아들여 최소한의 조치만으로 마무리하였다.

그리고 2012년 연말 종무식에서 임직원들에게 다시 내 의지를 분명하게 피력했다. 지금까지 인사고과, 승진승급, 급여 등에 명확한 기준이 없어 회사에 많은 병폐가 생겼기 때문에 이제부터는 온정주의에서 벗어나 신상필벌에 기초한 회사체계를 만들겠다고 한 것이다. 그리고 각 계열사 간의 선 긋기도 분명히 했다. 최대한 객관적 입장에서 트러블을 최소화하겠다는 말 역시 잊지 않았다.

## 리더는 토끼를 기다리지 않는다

성인은 옛 것을 따르기를 기피하지 않고 일정한 법을 지키려 하지 않으며 시대 사정을 문제 삼아 알맞은 대책을 세운다.

송(宋) 사람으로 밭갈이하는 자가 있었다. 밭 가운데 나무 밑동이 있어 토끼가 달아나다 나무 밑동에 걸려 목이 부러져 죽었다. 그래서 그는 (밭갈던) 쟁기를 버리고 나무 밑동을 지키며 다시 토끼 얻기만을 바랐다. 그러나 토끼를 다시는 얻을 수 없었으며 송나라의 웃음거리가 되었다.

- 《한비자》 한비, 이운구 옮김, 한길사

자수성가하시고 막 은퇴하신 선배님들일수록 이런 말씀들을 많이 하신다. "예전에 내가 한창 일할 때는 말이야…." 하지만 현대의 경영에서 과거의 영광을 추억할 여유 따위는 없다. 변화의 주기도 점점 짧아진다. 최근에는 1, 2년 사이에 과거 10년 이상의 변화가 이루어진다. 디지털의 발전은 사회의 모든 변화를 과거에는 상상도 하지 못한 속도로 이루어내고 있는 것이다. 그래서 우리는 이런 변화를 종종 놓치곤 한다. 나 또한 예외는 아니었다.

일 년 전 고속도로 휴게소에 올라온 품의를 보고 직접 내려간 일이 있었다. 가판대 코너에서 파는 음식들마다 따로 계산대를 만들겠다는 품의였다. 매출액 평가의 투명성이 확보되는 장점도 있지만 반대로 규모가 작은 휴게소의 경우, 계산대 앞으로 손님이 몰려 다른 이용객의 이동에 불편을 끼칠 수 있었고 휴게소 손님의 특성상 기다리는 것을 꺼려해 매출 감소로 이어질 수도 있었다. 그래서 3년 전 계획했다가 취소한 업무였다. 처음에는 바로 반려했다.

하지만 다시 현장 관리자들의 적극적인 요청이 있었다. 그래서 달려간 현장은 나의 예상 밖이었다. 이미 시스템 자체가 3년 전과는 너무 달랐다. 버튼 하나로 주문이 이뤄지고 로스 타임도 거의 없었다. 게다가 휴게시설 고급화라는 상급기관의 지침도 내려와 있는 상황이었다. 나는 현장에서 즉시 결정해야 했다.

리더는 과거의 토끼를 기다려서는 안 된다. 지체 없이 물러나거나 적극적으로 뛰어들어야 한다. 리더는 항상 현재를 살아가며 미래를 대비해야 한다는 기본을 되새긴 경험이었다.

## 리더의 자격, 나아갈 때와 물러날 때

대저 호랑이가 능히 개를 굴복시킬 수 있는 까닭은 발톱과 어금니를 가졌기 때문이다. 가령 호랑이가 발톱과 어금니를 버리고 개로 하여금 그것을 쓰도록 한다면 호랑이가 도리어 개에게 굴복할 것이다. 군주란 형과 덕을 가지고 신하를 제어하는 자이다. 만일 군주가 형과 덕의 권한을 놓아두고 신하로 하여금 그것을 쓰도록 한다면 군주는 도리어 신하에게 제어당할 것이다.

• 《한비자》 한비, 이운구 옮김, 한길사

자신이 알고 있지만, 애서 자위하며 외면했던 사실을 이렇게 명료한 글로 만났을 때 느끼는 충격은 상상 이상이다. 가슴속을 파고드는 문구가 아닐 수 없다.

우리 회사의 건설 분야는 올해로 창립 31년째가 되는, 중소기업으로서는 꽤 오래된 회사이다. 건설업은 특성상 현장에서 이루어지는 작업들에 대한 구체적인 이해 없이는 대표를 맡기가 쉽지 않다. 그래서 나는 그동안 자금운용에만 신경을 기울였다. 시공에 있어서는 해당분야 임원들의 말을 전적으로 신뢰하고 따랐다. 이러한 까닭에 상벌지침과 인사고과에 있어서도 임원들의 입김이 크게 작용했다. 비전문가인 내가 현장에서 땀 흘려 일하는 직원들을 평가를 한다는 것 자체가 아이러니로 느껴졌던 것이다.

나는 이렇게 스스로의 권한을 포기하고, 다른 임원들의 의사가 나와 다를 때에는 '그들의 경험이 옳겠지.'라며 하고 싶지 않은 결정을 한 적도 있었다. 하지만 이는 잘못된 판단이었다. 한 회사의 리더가 자신이 부족한 부분을 채우지 않고 그 결정을 남에게 미룬다면 자격미달인 것이다. 중소기업에서 의사결정에 대한 결과는 누구보다 대표이사의 책임이다. 잘 되었을 때는 문제가 없지만 잘못된다면 주변의 잘못된 판단을 그대로 용인한 어리석고 무책임한 CEO가 되고 만다. 그 결과가 회사의 존립을 위태롭게 할 수 있기 때문이다.

어떤 군주도 모든 신하의 관직에 대해 결정하지는 않았을 것이고, 어떤 대기업의 회장이라도 임직원의 상벌을 모두 결정한다는 것은 불가능하다. 어느 선까지, 어떤 형태로 상벌을 결정하느냐, 이를 잘 판단하는 것이 리더의 역량이다. 그리고 여기에는 리더 자신에 대한 냉정한 평가도 포함되어야 한다. 도가수업을 통해 나의 부족함과 문제를 볼 수 있었다. 그리고 내 위치에서 역량을 발휘하는 방법을 배웠다. 아직 갈 길이 멀지만, 자신에게도 공정한 신상필벌을 행할 수 있는 능력. 이것이 기업가에게 반드시 필요한 자질일 것이다.

# 도가, 삶의 나침반이 되다

남의 신하 된 자가 어떤 일에 대하여 자기 의견을 진술하면 군주는 진술한 말에 걸맞은 일을 맡겨주고 오로지 그 일에 맞추어 성과를 요구한다. 성과가 그 일과 들어맞고 일이 그 말과 들어맞으면 상을 준다. 성과가 그 일과 들어맞지 않고 일이 그 말과 들어맞지 않으면 벌을 준다.

• 《한비자》 한비, 이운구 옮김, 한길사

### 한비자가 경영에 필요한 이유

올바른 목표설정과 그에 따른 포상에 대한 문제이다. 대기업에 다니는 한 친구가 "어느 정도 실적을 내면 더 이상 일을 크게 만들지 않는다."는 말을 한 적이 있다. 참으로 착잡한 말이다. 비단 나만의 문제가 아니다. 모든 경영인들이 하는 고민일 것이다. 적당히 통과될 정도의 기획안만 올리고, 획기적인 아이디어가 있어도 일이 많아질 것을 염려하여 덮어둔다는 이야기다. 기업을 넘어 정부의 각종 산하 기관에서도 이런 일은 비일비재하다. 사회 전반적으로 만연한 이 문제의 해법은 뭘까?

나는 강의가 끝나고 고민 끝에 다음날 교수님께 연락을 드렸다.

"법가에서는 모든 것을 법의 기준에 맞춰 신상필벌 하라고 했지만, 경영자로서 고민이 하나 있습니다. 애초에 조직원들이 목표를 낮게 잡고 그 목표 이상의 성과를 내려 하지 않는다면 어떻게 대처해야 할까요?" 돌아온 말씀은 간단했다.

"그래서 정기의 함양과 무위의 태도가 필요하죠. 높지도 낮지도 않으면서 자기 조직에 맞는 가장 적절한 목표 수준을 정할 수 있기 위해서…."

결국 리더가 잘 하면 된다는 뜻이었다. 리더에게 '정기의 함양'이란 관념적인 것이 아니다. 기본적으로 조직의 인사, 관리, 자금, 연구개발 등 실무를 충분히 파악하는 것이다. 그리고 조직원들 개개인의 능력과 숨은 역량을 꿰뚫어보고 그에 맞는 적절한 목표치를 제시할 수 있는 능력을 키우는 것이다. 또한 업계의 상황과 흐름까지도 냉정하게 파악해야 한다. 또 리더에게 무위의 태도란, 예기치 못한 어떤 상황이나 주변의 잡설에 흔들리지 않는 중용의 자세다. 그래야 상황에 맞는 정확한 판단이 가능해진다는 것이다. 쉽지 않은 일이지만, 가장 어려운 문제의 답은 바로 리더 스스로에게 있다는 말이다.

지금까지 한비자의 철학과 이를 현실에 적용하려는 나의 모습이, 인간성의 부정이나 기업의 경영과 이윤에만 우선순위를 두는 것이라고 오해받을 수도 있겠다. 모든 사람에게는 착한 심성이 자리하고 있다는 것은 분명한 사실이다. 다만 이익과 권력 앞에서 사람들이 너무 쉽게 그 본성을 숨기거나 잃게 된다는 데 문제가 있는 것이다. 내가 추구하는 회사의 변화는 결코 독선적인 경영을 의미하는 것이 아니다. 오히려 리더라고 거만하게 내려다보지 않고, 주변의 기득권자들 혹은 한쪽 편의 말만 듣지 않고, 나의 눈높이를 항상 직원들 가까이에 두는 것이다. 최대한 객관적인 시각으로 판단하고 누구에게나 공정한 대우가 있어야만, 신상필벌의 진정한 의미를 구현할 수 있기 때문이다.

온정에 휘둘리는 기업은 더 크게 성장하지 못한다. 세계 경제와 모든 여건이 기업에게 불리한 상황에서는 더욱 그러하다. 지금 리더에게 한비자의 철학이 필요한 이유이다.

## 좋아하고 잘할 수 있는 일을 하라

돌아보면, 나는 지금까지 미래에 대해 스스로 결정한 적이 없었다. 다른 길은 생각하지도 못하고 그저 주변에서 제시해 주는 방향만을 향해 걸어온 삶이었다. 이제는 달라져야 한다. 지금 내가 운영하고 있는 회사들도 성장의 한계가 명확하다. 새로운 분야를 개척하고 몇 배의 공을 들여야 미래를 기대할 수 있다.

노자는 "자신의 몸을 천하만큼이나 귀하게 여기는 사람에게 천하를 줄 수 있고, 자신의 몸을 천하만큼이나 아끼는 사람에게 천하를 맡길 수 있다"고 했다.

자신을 소중히 여기는 사람이 다른 사람도 소중히 여기며 그래야 그들을 제대로 이끌 수 있다는 말이다. 즉 리더의 가장 중요한 덕목이 주체성의 확립인 것이다. 그래서 좀 더 자신에게 집중하고, 자신에게 돌아가기 위해 노력해야 한다. 사업도 다르지 않을 것이다. 나는 이제 내가 좋아하고, 잘할 수 있는 일을 찾고 그것을 사업에 반영하려 한다. 그것이 나 자신은 물론 회사라는 공동 운명체를 살리는 방법이라고 판단했기 때문이다. 자신이 좋아하는 일만큼 잘할 수 있는 일이 또 어디에 있겠는가? 너무도 자명한 성공의 길이다. 바다를 항해하는 배들의 북극성처럼, 도가의 가르침은 내 삶의 나침반이 되었다.

2012년 송년회 때 나의 인사말은 유독 길었고 평소와 많이 달랐다.

"나는 우리 회사가 사회적으로 존경받는 기업이 되는 것까지는 바라지 않습니다. 최소한 우리 직원들이 자기발전과 자기만족, 즐거움을 위해서 최선을 다하길 바랍니다. 퇴사를 해도 생각나고 다시 돌아오고 싶은, 청춘을 바친 회사가 아닌, 청춘을 함께한 회사로 기억되길 바랍니다. 회사와 직원들이 함께 발전하고 서로가 서로를 지켜줄 수 있기를 기대합니다."

나는 이제 모든 직원들이 자기 자신을 위해서 즐겁게 일하는 것이야말로, 최고의 회사를 만들기 위한 최선의 방법이라고 생각한다. 얼마나 많은 직원들이 동의할지는 아직 모르겠다. 단 한 사람이라도 나의 진심을 들어주길 바랄 뿐이다.

마지막 수업에 들었던 시 한 구절이 아직도 가슴을 울린다. 정말 이렇게 살고 싶다.

춤 춰라, 아무도 보고 있지 않은 것처럼
노래하라, 아무도 듣고 있지 않은 것처럼
일하라, 돈이 필요 없는 것처럼
사랑하라, 한 번도 상처받지 않은 것처럼
살아라, 오늘이 마지막 날인 것처럼

## 아버지와 더듬이

나에게는 아직 '척 보면 아는 힘'은 없다. 이제 겨우 그 첫발을 내딛었을 뿐이다. 하지만 나의 작은 결심이 회사의 큰 변화로 이어지는 모습을 보았다. 그것은 '철학과 현실의 괴리'라는 나의 오랜 의문이 해소되는 순간이기도 했다. 많은 사람들이 내게 말하곤 한다.

"2세는 잘해야 본전이고, 아버지가 이룬 업적이 많으면 많을수록 자식은 그와 비교되기 마련이다."

정말 맞는 말이다. 나는 2세 경영인이다. 하지만 이제 내 삶의 혹은 내 업무의 가장 큰 동기이자 최종목표는 주변이나 사회의 평가가 아니다. 그것은 다름 아닌 '아버지의 인정'이다.

2013년 첫 날 아침, 아버지 집에서 눈을 떴다. 결혼 후 분가했지만 연말에는 온 가족이 모여 함께 저녁식사를 한다. 그리고 아버지의 기분에 따라 술자리로 이어지기도 한다. 보통 취기가 오르신 아버지의 경험담과 애정 어린 충고, 내 입장에서는 일방적인 훈계로 마무리 된다. 하지만 이날은 내 목소리도 곧잘 커졌다. 도가철학 공부 좀 했다고 문자도 꽤나 섞여 있었다. 빈 수레가 요란했다. 공식적인 자리에서는 그렇지 않은데 가족들 특히 아버지와의 대화에서는 유독 감정이 앞서곤 한다. 그렇다고 호락호락 져 주실 아버지가 아니셨다. 그렇게 늦게까지 아버지를 이겨보려 애를 쓰다, 제야의 종소리를 듣고서야 잠자리에 들었던 것이다.

간밤의 취기가 남아 이마를 찡그리며 거실로 나오다가 나는 깜짝 놀랐다. 햇살 가득한 거실 소파에서 아버지가 신문을 읽고 계셨다. 그런데 그 모습이 마치 긴 더듬이가 펼쳐진 신문 위를 움직이며 세상의 흐름을 살피고 있는 것처럼 보였던 것이다. 정신을 차리려고 눈을 크게 떴다. 아버지가 고개를 들어 그런 나를 물끄러미 쳐다보셨다. 나는 민망해서 아침인사도 제대로 못하고 급히 화장실로 도망쳤다.

코밑에 막 솜털이 자라기 시작할 무렵, 아버지의 검고 굵은 수염이 부러웠다. 그리고 지금도 나는 아버지가 부럽다. 정직하게 말하면 이제 아버지의 그 더듬이가 탐이 난다.

세수를 하다 말고 거울에게 나지막이 기원했다.

"새해에는 저에게도 아버지보다 더 '예쁜 더듬이 한 쌍'이 자라게 해 주세요."

"안 되면 아버지와 같은 거라도 괜찮습니다."

거울 속에서 내가 바보처럼 웃고 있었다. 땡큐! 도가

## 후기

세상의 모든 방패를 뚫을 수 있는 창이 있다고 한다. 그런데 모든 창을 막을 수 있는 방패도 있다고 한다. 이 둘이 함께 존재할 수 있을까? 노자는 '그렇다'고 말하고 있었다. 원래 하나였던 것이 둘로 나뉘어서 서로 대립하고, 서로 대립하던 것들이 만나서 화해한다. 타고 남은 재가 다시 기름이 되듯이 살아 있는 생명이 죽어서 다른 생명으로 태어난다. 처음 접하는 도가 공부는 즐거웠다. 나이 들어 학생이 되었지만 공부는 여전히 숲길의 산책처럼 행복한 시간이었다. 숲에는 형형색색의 들꽃이 피어났다가 시들어가고 있었다.

    모든 일이 계획대로 되는 것은 아니다. 작년에 〈수요포럼 인문의 숲〉 학생이었다가 올해는 미래비전 경영을 강의하게 된 것도, 내가 계획했던 것은 아니었다. 나는 원래 기계공학 전공으로 미국 GE에서 항공기 엔진부문 디자인 엔지니어로 11년간 일하다가 항공엔진 개발 프로젝트를 위해 한국기업에 영입되었다. 그러던 중 그룹 차원의 디자인 프로그램을 맡아서 디자인 연구원 원장이 되었다. 지금은 대학에서 디자인경영을 15년째 강의하고 있다. 엔지니어링, 매니지먼트, 디자인의 경계를 넘나들면서 나만의 특이한 융합 커리어를 갖게 된 것이다. 보이지 않는 어떤 힘이 커리어의 경계를 넘나들며 나의 삶을 변화시켜 온 것이다.
    키워드는 '변화'다. 도가를 들으면서 '세상은 항상 변한다.'는 사실만이 '변하지 않는 사실'임을 새삼 확인했다. 나는 2012년 '인문의 숲'에서 '변화'라는 키워드를 이어받아 2013년 '인문의 숲'에서 '미래비전 경영'을 강의하게 되었다.

　미래는 더 불확실해지고 변화는 더 가속화될 것이다. 때문에 변화가능한 모든 영역의 경계에서 사람과 사물을 관찰해야 한다. 이와 같은 꾸준한 관찰 습관이 앞을 내다보는 통찰력을 갖게 해 준다. 지금은 세계적인 저성장 기조로 국가 간, 계층 간에 야기되는 다발적인 갈등과 국내적으로는 새 정부의 패러다임 전환 압력이 고조되는 때이기도 하다. 향후 20년은 전 세계가 사회, 기술, 정치, 경제, 환경, 제도 등 모든 면에서 패러다임의 축이 완전히 바뀌면서, 크고 작은 위기가 반복적으로 발생하는 경련적인 세계 격동의 시기가 될 것이다.

　이처럼 불확실성이 증가하고 글로벌 경기 침체에 따른 위협요소가 예견되는 상황에서는, 국가나 기업의 의사 결정 하나가 바로 운명을 좌우할 수 있다. 따라서 리더의 강력한 개입과 주도 아래, 미래 위기 대응 체제를 시급히 구축하는 게 절대적으로 필요하다. 순발력 있는 전략적 대처가 무엇보다 절실한 시기이기에, 변화의 경계에 서서 미래를 보는 눈과 마음을 준비해야 한다. 미래 예측은 변화에 대한 통찰력을 기르는 것이 핵심이다.

　미래에 대해 깊은 관심을 갖는 것과 위대한 미래 비즈니스 아이디어를 도출하는 것은 정말 깊은 관계가 있는 것일까? 옛말에 "사람들은 보고 싶은 것만 본다."라는 속담이 있다. '보고 싶은 것만 보는 작동 원리'를 고칠 수 없다면 이를 거꾸로 활용할 수도 있다. 우리 뇌는 '보고 싶은 것'이 생기면 저절로 모든 집중력을 그곳으로 동원하는 놀라운 능력을 발휘한다. 미래에 대해 끊임없이 관심을 갖고 주목한다면, 우리의 뇌는 지금까지 보이지 않았던 '미래에 대한 새로운 영감'을 구할 것이다. 이러한 프로세스는 변하는 것과 변하지 않는 것을 구별하고, 그 변화의 힘들을 찾아 미래를 예측하는 능력을 향상시켜 줄 것이다.

물은 100℃에서 단박에 끓는다. 1℃에서 99℃까지 물의 형태는 아무런 변화가 없다. 100℃에 이르러서야 물은 그 형태를 기체로 바꾼다. 세상 일이 그렇다. 변화는 순간에 일어난다. 그러나 그 순간에 이르기까지 격렬한 떨림의 과정을 내재한다.

100도를 향하여 1℃도씩 뜨거워지는 물의 온도를 감지하는 사람만이, 그 물이 이윽고 끓어오를 것을 예측할 수 있다.

**김원택** 교수 홍익대 미래디자인연구소장

## 후기

모든 것은 변한다. 시대도 변하고 인간도 변하고, 변화를 보는 시각도 변한다. 변화를 어떻게 대하는가가 생존의 모양과 질을 결정한다. 사람들은 왕왕 변화하는 세계를 보면서도 자기는 변하지 않거나 변화에 실패한다. 자기가 자기로 존재하지 않고, 자기를 지배하는 이념이나 신념 혹은 가치관의 대행자로 살기 때문이다. 사실은 외부적인 것이면서 자기 안에 들어와 주인 행세를 하는 것들 때문에 행복도 길을 잃고, 자유도 옆길로 새고, 창의적이지도 못하다. 상상력의 자유로운 활동도 제한 받는다. 어떤 것도 자기가 자기로 존재할 수 있는 것에서부터 비로소 '생명'이 된다.

현대가 집단에서 개별로, 이성에서 감성으로, 실체에서 관계로 이동하고 있다는 것은 니체의 후예들이 아니더라도 인정한다. 이는 단순히 정신적인 의미에서만 하는 얘기는 아닐 것이다. 과학 기술 문명도 함께 가는 노선이다. 현대의 시간이 압축적으로 급히 흐르는 것도 맞다. 여기서 인류는 기존의 길이 끊어져 가고 있다는 것을 감각적으로 느낀다. 사실 모든 길의 존재성은 원래 끊어짐과 이어짐의 경계일 뿐이다. 가름과 이음의 경계이기도 한다. 경계가 두려움이 아니라 빛으로 다가오면서 새로워지는 그런 길을 찾으려 모두들 부산스럽다. 하지만, 부산스러우면서도 왜 부산스러운지를 알기는 쉽지 않다. 결국 당황스럽다. 이제 자기가 당황스러워하고 있다는 자각을 하는 사람들만이라도 모여보자. 그러면 천천히 '길'을 생각해 볼 수 있겠다.

각계각층에서 이미 리더의 자리를 굳힌 분들과 장래의 리더로 성장해 가는 분들이 모여들었다. 도가에서 길을 찾고자 하였다. 도가를 이야기하겠다는 그 사람이 도가가 곧 현대라고 말하고 있기 때문이었다. 노자는 세계가 대립면의 긴장으로 되어 있다고 말한다. 이 긴장이 세계 존재와 변화의 동력이다. 인간도 이 긴장을 감당하고 있으면, 외부의 것이면서 자기 내부에서 주인 행세를 하는 가치관이나 이념을 극복할 수 있는 힘을 가질 수 있거나 혹은 그것들에 휘둘리지 않거나 지배할 수 있게 된다. 이렇게 형성된 자아는 자율적 자아이며 독립적 자아이다. 이런 자아의 품에서 창의성과 상상력은 둥지를 튼다. 결국에는 세계를 보아야 하는 대로 보거나 보고 싶은 대로 보지 않고 보여 지는 대로 볼 수 있게 된다. 중요한 의사 결정을 해야 하는 시점에 필요한 힘은 바로 이것이다. '리더, 도가에서 길을 찾다'라는 부제가 붙은 이유였다.

인간이 꾸리는 다양한 교육의 현장에서 하나의 주제로 40주간이나 이어지는 강좌가 있을 수 있을까? 단순하고 무모해야만 가능한 일이다. '수요포럼, 인문의 숲'에서 나는 40주를 보냈다. 적지 않은 의미와 다양한 경우들 그리고 큰 즐거움 등등이 함께했던 이 풍요롭고 감격적인 감정을 모두 표현할 수 있는 단어가 아직 없다. 겨우 "40주를 보냈다."는 말로 표현할 수밖에 없다. 이 표현에 담긴 '소박함'이 수요포럼의 정신이기도 하다. 소박함은 바탕이다. 인문학은 바탕이자 소박함이다. 그래서 힘이다. 함께 했던 수요포럼 식구들의 눈빛은 점점 진실해졌고 단단해졌으며 깊어졌다. 앞에 서서 도가 철학을 이야기하면서 그런 눈빛들의 변화를 보는 일은 내가 나를 벗어나버리는 것 같은 희열을 주었다. 행복했다. 내 어찌 그분들께 감사하다는 말씀을 드리지 않을 수 있겠는가!

순전히 자비로 '수요포럼, 인문의 숲'을 이끄는 삼성생명 FC 배양숙 상무님께서 내 생각을 자유롭게 이야기 할 수 있는 자리를 마련해 주었다. 인문학의 의미와 역할을 알아채기도 쉽지 않은 일이지만, 그 의미에 자비를 들여 '포럼'까지 만드는 일은 이미 일반을 훨씬 넘어서는 일이다. 그 '비범'이 '일반'이 되는 날, 우리나라는 더 독립적이며 큰 꿈을 꿀 수 있으리라.

함께 꿈을 꾸었던 우리의 '숲 멤버'들이 자랑스럽고 그리워지는 일이 오히려 나를 깨우고 있다.

**최진석** 서강대 철학과 교수

## 2012〈수요포럼 인문의 숲〉 멤버 후기

'수요포럼 인문의 숲' 2012년 과정이 막바지에 이르렀을 무렵, 강준석 회장님의 소개로 늦깎이로 동참한 나는, '인문의 숲'이 다른 강좌나 포럼과 다르다는 걸 금방 깨달았습니다.

각종 CEO 포럼과 전문적인 직능 교육 등에 두루 참석한 사람으로서, '수요포럼 인문의 숲'에 들어온 순간 인문학 삼림욕 그린샤워(Green Shower)에 빠지고 말았습니다.

나름 틈틈이 고전 원문 읽기를 해왔던 터라, 깊이 있는 '장자' 강의는 내 인생을 되돌아 볼 수 있는 좋은 기회가 되었습니다. 무엇보다도 나를 매료시킨 것은, 사회에 선한 영향력을 확산시키려는 '수요포럼 인문의 숲'의 철학이었습니다.

인문의 숲 공부스토리 모음집 출간을 진심으로 축하하며, 수요포럼의 철학을 우리 수강생들이 계속 이어나가기를 기대해 봅니다.

• 김사모, 前 Digital YTN 대표


'칠정(七情)인 기쁨, 분노, 슬픔, 즐거움, 사랑, 증오, 욕심을 다스릴 수 있는 지혜가 유무상생(有無相生)에 있다는 것인가?' 하는 의문을 던져준 도가의 가르침은, 내게 익숙함에서 벗어날 기회를 주었습니다. 조화로움을 꿈꾸며 살아갈 수 있는 희망을 인문학적 사유(思惟)에서 찾을 수 있었다는 행운에 감사드립니다.

• 김태용, (주)컴윈스 부사장

지인의 배려로 접하게 된 인문학. 고등학교 때도 이과 공부만 하고 치과의사라는 직업상 공부도 편식만 해오던 저에겐 참으로 신선한 1년이었습니다. 철학이라는 단어는 저에게는 매우 어렵고 생소한, 저와는 상관없는 세상을 의미했었지만, 인문의 숲을 통해 철학은 이미 생활 속에 녹아 있었음을 알았습니다. 가장 기억에 남아있는 한 문장.

"보고 싶은 대로 보지 말고, 보이는 대로 보라."

이것이 실제로 가능할지 아직도 걱정이지만, 적어도 그렇게 하려고 노력하며 많은 변화를 느낍니다. '수요포럼 인문의 숲' 감사합니다. 파이팅!

• 박정현, 보아치과 대표원장

사람은 방황하는 존재입니다. 스스로 무엇인가를 하려고 목표를 세우지만 그 목표대로 살아가는 것은 너무 힘이 듭니다. 그래서 사람들은 방황을 합니다. 저도 그랬습니다. 삶의 목표를 달성하기 위해 온힘을 다한다고 생각했지만, 힘을 쓰면 쓸수록 거대한 세류에 밀려 어디로 가는지도 모르는 시기였습니다.

이러한 시기에 만난 '수요 인문의 숲'은 내 인생의 희망의 홀씨가 내려앉을 수 있는 비옥한 토양이었습니다. 짧을 글을 빌어 일년 동안 서로에게 빛이 되고 양분이 되어준 수요 포럼 가족 분들께 다시 한 번 감사의 말을 전합니다.

• 이수재, (주)루키스 팀장

매주 수요일 밤. 강남역엔 수많은 이들이 달립니다. 집에서 안락한 휴식을 위해, 사랑하는 애인과의 약속을 위해, 그리고 누군가는 음주가무의 뜨거운 밤을 위해서 걷고, 달리고, 탑니다.

같은 시각, '수요포럼 인문의 숲'에서는 뜨거운 지식의 향연이 펼쳐집니다. 공자, 노자, 한비자 등 지혜의 폭탄주를 긴 시간 동안 잘도 말아왔습니다.

배움의 취기가 사라짐에 아쉬워하던 찰나, 우리 모두의 배움의 순간들을 엮어 책이 나온다니 무척이나 반갑습니다. 이젠 책으로 지식의 향연 2차를 즐겨볼 차례입니다. 어디서도 경험하기 힘든 지식교류 모임을 경험할 수 있다는 건 큰 축복입니다. 개인적인 2029년의 비전을 이루어 가는 데 큰 자극이 되었습니다. 함께 공부할 수 있었던 모은 분들께 감사드립니다.

• 류창봉, 멀티콘텐츠기업 (주)넥서스 팀장

2012년의 가장 즐거웠던 일은 '수요포럼 인문의 숲'에서 장자를 듣는 일이었습니다.

복잡한 머릿속에 시원한 바람이 부는 것 같았지요.

공부가 참 즐거운 일이라는 것을 새삼 깨달았습니다.

이렇게 즐거운 공부라면 끝없이 하고 싶다는 생각이 들곤 했습니다.

앞으로 나의 작업에도 적지 않은 영향을 미치겠지요.

'수요포럼 인문의 숲'을 통해 세상은 조금 더 풍요롭고 즐거워졌으리라 생각합니다.

수요포럼, 진심으로 감사드립니다.

• 이순종 작가

2012년 매주 화요일 밤은 데이트 약속이 있는 전날 밤이었습니다.

두근두근 심장소리에 뒤척였던 그 설렘! 솔직히 첫 만남은 여자 친구와의 데이트보다는 덜했습니다. 그런데 날이 갈수록 설렘이, '수요포럼 인문의 숲'을 향하여 지하철을 타고 가는 동안의 '콩닥거림'이 이상하게도 늘어났습니다. 이를 일러 '신묘(神妙)'라 부르고 싶습니다.

매주 만날수록 더 콩닥거릴 수 있다는 것을 난생 처음으로 느끼게 해준 나의 첫 사랑!

인문의 숲, 바로 너와 1년 동안 연애했던 나날들이 책자가 되어 나온다니 기쁘지 아니한가!

초등학교 일기장을 들추어 보는 애틋한 마음으로 당신을 기다립니다!

우물 확장 공사에 도움을 주신 숲 멤버 모든 분께 감사드리며….

• 이민규, 한국체육대학교

## 땡큐도가

| | |
|---|---|
| 초판 2쇄 | 발행 2013년 5월 23일 |
| 지 은 이 | 구범준 · 이동훈 · 오종철 · 김양곤 · 양준철 · 김준범<br>정장환 · 김진욱 · 김종선 · 하영목 · 김규동 · 박치웅 |
| 펴 낸 이 | 정철기 |
| 책임편집 | 사기순 |
| 편 집 | 이창주 · 한복전 · 김정인 · 김현화 · 김정웅 |
| 펴 낸 곳 | 도서출판 h2 |
| 출판등록 | 2001년 10월 8일(제 2010-000223호) |
| 주 소 | 서울 마포구 마포대로 127, 1404호(공덕동, 풍림브이아이피텔) |
| 전화번호 | 02-745-9213 |
| 팩스번호 | 02-745-9214 |
| 인 쇄 | 동양인쇄주식회사 |

ISBN 89-89884-61-3  13320
ⓒh2, 2013

• 파본이나 잘못된 책은 바꾸어드립니다.

가격 17,000원